U0347904

财务数字化

全球领先企业和 CFO 的经验

[英] 米歇尔·哈普特（Michael Haupt）著

王兆蕊 译

The Contemporary CFO
How Finance Leaders Can Drive Business Transformation,
Performance and Growth in a Connected World

机械工业出版社
CHINA MACHINE PRESS

北京市版权局著作权合同登记　图字：01-2022-3178 号。

图书在版编目（CIP）数据

财务数字化：全球领先企业和 CFO 的经验 /（英）米歇尔·哈普特（Michael Haupt）著；王兆蕊译 . —北京：机械工业出版社，2024.5

书名原文：The Contemporary CFO: How Finance Leaders Can Drive Business Transformation, Performance and Growth in a Connected World

ISBN 978-7-111-75482-4

Ⅰ . ①财⋯　Ⅱ . ①米⋯ ②王⋯　Ⅲ . ①财务管理 – 数字化　Ⅳ . ① F275-39

中国国家版本馆 CIP 数据核字（2024）第 063670 号

机械工业出版社（北京市百万庄大街 22 号　邮政编码 100037）

策划编辑：石美华　　　　　　责任编辑：石美华　　刘新艳
责任校对：郑　婕　牟丽英　　责任印制：任维东
北京瑞禾彩色印刷有限公司印刷
2024 年 5 月第 1 版第 1 次印刷
170mm×230mm · 17.75 印张 · 1 插页 · 218 千字
标准书号：ISBN 978-7-111-75482-4
定价：89.00 元

电话服务　　　　　　　　　　网络服务
客服电话：010-88361066　　机　工　官　网：www.cmpbook.com
　　　　　010-88379833　　机　工　官　博：weibo.com/cmp1952
　　　　　010-68326294　　金　书　网：www.golden-book.com
封底无防伪标均为盗版　　机工教育服务网：www.cmpedu.com

| 序 言 |

　　我撰写本书之时，全球经济正在经历一场深刻的变革，它迫使我们重新思考，我们的公司是如何运作、如何创造价值的。事实上，这让我们发问："工作"和"价值"，其根本含义是什么。每家公司都在谈数字革命，无一例外。好消息是，大多数公司，无论规模大小，都可以从中受益——如果它们进行相应转型的话。更确切地说，这是一个机会，让我们可以利用多方汇聚的趋势，为社会做出更加以人为本、更具包容性和可持续的贡献。

　　新冠疫情明显加速并放大了这些趋势。一些企业领导者迫不及待地想要"回到旧态"，而另一些人已经开始意识到，如今有机会与旧事割裂，重新设想如何运作组织——不仅要在下一波动荡中生存下来，还要在日新月异的互联世界中繁荣兴旺。这本书就是为"另一些人"而写的，特别是为大型老牌公司的现任和下一代首席财务官（CFO）以及财务领导者而写——我有幸与他们共事多年，我相信他们不仅在财务方面，而且在整个商业和社会中都能做出有意义的贡献。也就是说，这本书同样适用于范围更广的商业、运营和技术领域的企业领导者群体，他们在推动组织数字化业务转型、绩效和增长方面承担着战略角色和责任。

在充满动荡的变化和不确定性的环境中，写书乃是一项挑战。没有可借鉴的最佳实践、现成标杆，也没有可分享的救急策略。然而，应对动荡和不确定性并非新鲜任务；重要的关键经验，再加上互联世界的新现实，可以为财务领导者提供宝贵的新视角和新见解，从而帮助他们绘制前进的路线。基于我在全球领先组织中实现变革的经验，以及与财务、商业和技术领域的高级领导者进行的无数次对话，还有对最新研究和相关文献的大量回顾，我致力于探索这些关键的经验、新的现实和观点。

我并非想要提供一本详尽易懂的行动手册，教人如何成功实现业务转型、绩效和增长。倘若试图做这样的手册，其结果有可能失败——每家公司的情况都不一样，尤其当前正处于巨变之时。相反，本书的目的是帮助领导者在为其公司制定独特转型旅程时提出正确的问题。

虽然从原始理论层面探索数字革命可以获得很好的见解，但本书并不是一本哲学研究著作，而是对行动的召唤。本书重点关注的是，为帮助组织为明天做好准备，领导者今天可以做什么、应该做什么。展望未来，时代极有可能继续动荡；然而，正如彼得·德鲁克在 1980 年出版的《动荡时代的管理》一书中提醒我们的那样："动荡时期最大的危险不是动荡本身，而是刻舟求剑，按照昨天的逻辑行事。"

撰写本书，是一次收获颇丰的旅程，它极大地丰富了我的思维，活跃了我与客户、我与团队的交流和工作。我希望，通过分享自己的发现，其他人会受到鼓励，提出新的问题，产生新的想法、见解和灵感，这将帮助他们引领必将到来的变革。

|致 谢|

和所有书籍一样，这本书也是由许多直接或间接因素促成的，也是许多人善意支持的结果，我很感谢他们，在此我要向他们致谢。

我要感谢乌尔里希·克劳伯特博士和马克·沃勒博士给予我的持续鼓励、建设性意见和激励。

身为作者，我能收到的最有价值的礼物之一，就是目标受众的反馈。通过热点访谈、工作相关对话或个人交流，许多经验丰富的财务和商业领袖分享了宝贵见解，这些见解对本书的写作大有帮助。我特别感谢我的"财务领导者圆桌会议"成员的意见，特别是马克·沙德拉克、萨拉·豪尔和阿诺普·阿格瓦尔提供的意见。

在许多方面，德勤都是一个杰出的组织，所以不可能列出所有为本书的撰写做出直接、间接贡献的人。然而，有些人必须特别提及。

首先，我很幸运能与一个非常有才华的团队合作，他们对书稿的建议和反馈是直接贡献，但更重要的是，他们为众多客户所做的工作，这是间接贡献。"德勤合伙人"是一个工作强度相当大的职位，如果没有一个强大的团队，就不可能找到写一本书所需的额外能力和精力，因此，我感谢且特别感谢爱丽丝·斯蒂芬、斯里尼·拉古纳汗、蒂姆·梁、佩亚尔·沙阿、马特乌斯·贝戈西、马特·斯塔拉德、安德烈·詹森、纳巴尼塔·戈什、凯瑟琳·古德斯、斯蒂芬·弗莱瓦汉、克里斯·里斯、吉维·帕拉马纳坦、埃德·德米西勒和博伊卡·科姆苏洛娃，感谢他们过去几年中的出色工作和支持。

其次，还有我的合作伙伴西蒙·克尔顿-约翰逊、尼尔·琼斯、西蒙·巴恩斯、罗伯·卡伦、戴维·安德森、乔纳森·卡拉西奥内和奈杰尔·威克西，我的德勤全球同事、财务咨询领袖杰森·戴斯、迪恩·霍布斯、马修·皮耶罗尼、穆罕默德·布克以及更多的人，他们提供了宝贵的见解、指导和观点。

然后，是斯蒂芬·马歇尔和山姆·艾克斯滕，他们在指导德勤内部合规和法律要求方面，以及建立我们与 Kogan Page 的正式合作伙伴关系方面，都发挥了巨大的作用。

最后，我还要感谢两位德勤前合伙人。首先是斯蒂芬·埃伦哈特，感谢他在我们构建"数字世界中的财务"的早期想法时提供的支持，以及在关键时刻对我和我的团队提供的支持。其次是乔纳森·R.卡普斯基，2016 年我在乞力马扎罗的一次登山探险中认识了他。乔纳森自我介绍说是我们美国公司的高级合伙人，当时他看到我拿着一支有着德勤标识的钢笔，坐在山上的护林小屋前，正在准备我的合伙人案例；从坦桑尼亚回伦敦后的次日，小组讨论中要用这个案例。我们不仅谈到了眼前的石头山（几天后我们两人都成功登顶）和我面前的职场山（我也在那一年"成功登顶"），还谈到了知识山和写书的满足感（在 2011 年，乔纳森作为德勤合伙人曾出版了一本书《品牌弹性：高速增长时代的风险管理与价值恢复》）。自 2016 年我们在坦桑尼亚的首次会面以来，乔纳森就如何写作出版一本书，以及如何同时胜任合伙人和作者等方面，提供了进一步的鼓励和指导——所有这些，对我来说都是非常宝贵的。或许还应提及的是，乔纳森在 2019 年与他人合著并出版了他的第二本书《数字化战略推演》——这本书是以研究为基础的、对数字化成熟度和数字化业务转型的探索，也是本书灵感的源泉和多次引用的见解的来源。

此外，我要感谢我的文案和出版团队给予我的杰出指导和支持。感谢艾玛·默里和菲利普·怀特利，他们非常耐心地向我介绍了写作和出版界的全貌。感谢艾米·明舒尔和亚当·考克斯，以及 Kogan Page 的高度专业、高度协作、高度支持团队——我期待着在未来与他们再次合作。

最要感谢的是我的妻子朱莉安——我最大的灵感源泉、最大的支持和最好的朋友。以我最深切的爱、喜悦和感激，将这本书献给她，献给我们的孩子们。

| 版税捐赠以及免责声明 |

版税捐赠

这本书的所有版税都将捐给需要帮助的人。按照 2021 年 3 月撰写本书时的计划，捐款将用于以下两个慈善组织。

德勤未来 500 万人计划

德勤未来 500 万人计划（5MF）是德勤南北欧（NSE）的社会影响战略，旨在帮助 500 万人通过接受教育和就业，达到他们想要的目标。5MF 旨在克服教育和就业障碍，赋予个人在经济领域获得成功所需的技能。5MF 以专注于包容性为重点，并与联合国的可持续发展目标保持一致，5MF 是"德勤全球世界级"承诺的一部分，即到 2030 年，强化 5000 万人的能力，这是德勤以重要影响来实现公司宗旨的方式之一。

希望与儿童之家

希望与儿童之家的愿景是达成这样一个世界：在这个世界中，儿童可以不再受到机构的照顾，每个孩子都能在充满爱的家庭中成长。在孤儿院中，大约有 80% 的儿童其父母至少有一位尚在人世，只要提供适当的支持，他们就可以更好地保护和照顾孩子。帮助家庭团聚、建立新家庭，并与政府合作提供基于家庭生活的支持和服务，希望与儿童之家正在努力实现这样一个目标：每一个孩子都能在充满爱的家庭中成长。

免责声明

本书是以通俗易懂的方式撰写的，虽然作者和主要撰稿人都在德勤工作，但建议您在根据本书的任何内容采取行动或不采取行动之前都务必获得专业建议。德勤会计师事务所对因本书中的任何内容而采取任何行动或未采取行动的人所遭受的所有损失概不负责。德勤有限责任合伙公司是一家在英格兰和威尔士注册的有限责任合伙企业，注册号为 OC303675，注册办事处位于英国伦敦，新街广场 1 号，邮政编码 EC4A 3HQ。德勤有限责任合伙公司是德勤南北欧有限责任合伙公司（德勤会计师事务所（DTTL）的成员公司、一家英国私人担保的有限公司）的英国子公司。DTTL 及其各成员公司在法律上是独立的实体。DTTL 和德勤南北欧有限责任合伙公司不向客户提供服务。

The
Contemporary
CFO

|目　录|

| 导　言 |

互联世界

　　我们正生活在一场数字革命中，没有哪个行业能够免受其影响。新技术的出现对我们做事的方式产生了深远的影响——无论是个人事务还是职业工作。到 2030 年，预计将有 50 亿人加入数字世界，这意味着，预计 85 亿的 6 岁及以上人口中，大部分人将通过万维网彼此连接。[1]我们中的大多数人都将拥有并同时使用多件高度连接的设备，这将为呈指数级增长的"智能"机器生态系统添砖加瓦。受益于快速增长的全球网络基础设施，预计其运行速度将比现在至少快一百倍，人类和机器都将以全新的、不断扩展的方式进行交互。

　　曾经的科幻小说，正在迅速成为现实。2002 年，科幻电影《少数派报告》（以 2045 年为背景）带给我们若干看似古怪的未来主义概念，[2]但其中大多数已经开始成为我们日常生活的一部分，仅举几例，以提醒我们人类深陷思维指数化的弱点：无人驾驶汽车、家庭智能语音控制、人脸识别以及多点触控界面等。据谷歌董事雷·库兹韦尔所说，人们直觉上倾向于以线性的方式思考问题，因此，尽管能有更好的判断，但人们却大大低估了未来扩张、发展的速度和程度。"今天，每个人都期待技术进步能够持续线性地发展，但未来带给我们的将比大多数观察家想象的更让我们惊讶，"库兹韦尔说，"很少有人理解，变革步伐更快意味着什么。"[3]

事实上，据预测，自 2017 年起，"数字世界"的规模至少每两年翻一番，从而导致数据爆炸——创新、全球合作、知识共享，都是让增长加速的"原材料"和"燃料"，这种增长貌似是深不可测的。[4] 只有完全拥抱数字革命的组织，才能从互联世界带来的无限机遇中受益。

转型式变革的需求

事实上，互联世界已经在重塑我们的经济格局，其程度之深，导致大多数企业现在就要被迫从根本上进行改变，否则就要接受被甩在后面的现实。早年曾经通过持续提供可持续的增长和利润而成为行业龙头的企业，如今却将突然面临失去客户的风险，因为新的、快速增长的数字化企业将进入并重建其行业和市场。

对这一现实，有些公司视而不见，我们已经目睹了它们的命运。视频和游戏租赁服务公司百视达、摄影专家柯达和宝丽来、连锁书店博德斯，只是几个常见例子，它们都遭受了数字创新带来的破坏性影响。但受影响的不仅仅是媒体和图书行业：所有行业都面临着干扰。任何人，如果希望自己所在的行业和组织不受到影响，并选择像以前一样继续发展下去，都可能是在冒极大的风险。每个公司都可能受到影响（这只是什么时间受影响、严重程度如何的问题），随后旧的商业模式受到挑战，并且在许多情况下，它们都有被淘汰的风险。这并不一定意味着每家公司都必须在一夜之间改变它的商业模式，但大多数公司都需要更快地发展，以跟上快速发展的互联世界，而且大多数公司可能会发现，它们必须以迥然不同的方式来开展业务。而且，随着经济的变化、演进速度进一步加快，预计到 2030 年，标普（标准普尔）500 上市公司的平均寿命将缩短至 12 年以下，就并非完全妄言了。[5]

在这个变革加速且往往出现意外变革的时代，组织必须学会茁壮成长，并规避被时代甩掉的风险。它们必须做好准备，利用新的、往往出乎意料的增长机会；主动地、不断地在根本上重塑自身和商业模式，以应对当前的无形风险和挑战；并承担更大的责任来解决当今时代所面临的重大社会挑战、环境挑战。要做到这一切，组织最需要的，可能是强有力的领导。尽管这一层面的变革需要企业领导者和利益相关者的广泛支持。但在为即将到来的变革做准备时，CFO 可能会发挥特别重要的作用——不但是在他们自己的财务团队中，而且在公司整体的业务中，都是如此。

CFO 的作用和职权不断扩大

虽然 CFO 继续负责管理财务职能部门，但他们的作用和影响力，都远远超出了财务职能范畴，并且也超出了财务组织边界。CFO 仅仅是个"记账员"，这种陈旧刻板的印象早已过时。在大多数公司中，CFO 的影响力之大，只有首席执行官（CEO）能够与之相比。当然，董事会内其他高管们，大多也都扮演着重要角色，但他们的职责往往集中于推动特定的业务部门或职能，这限制了他们推动整个公司进行"端到端"转型变革的能力。

对 CFO 所做调查中发现，越来越多的 CFO 受命承担责任，来推动全公司数字化业务转型，这表明 CFO 的作用和影响力在不断扩大。[6]很明显，在领导或共同领导以技术为支持、全公司范围的转型方面，CFO 具有独特的优势：他们拥有丰富的跨业务职能部门运营经验，并由极具影响力的领导团队提供支撑——在大多数公司中，该团队不仅包括在公司、业务部门和市场层面起作用的、覆盖面广阔的财务领导者体系，通常还包括首席信息官（CIO），首席数据官和全球业务服务总监。

在某些公司，CFO 承担了首席运营官（COO）的主要职责——事实上，研究表明，在 21 世纪 10 年代和 20 年代，创建 CFO/COO 一体化职位的趋势开始显著增长。[7]在这两个角色彼此独立的公司中，CFO 必须与 COO 以及其他高管更紧密地合作，以推动转型式业务变革。最后，由于要让投资者、董事会和监管机构等广泛的外部利益相关者参与这一旅程，CFO 需要处于中心位置，为互联世界制定长期的、多利益相关者的价值创造战略——在这个不断变动的时代，这是一个强大但充满挑战的前景。

在组织日益数字化、跨职能运营的背景下，财务工作的未来可能需要进一步明确和细化（我们将在本书中深入探讨这一主题），但 CFO 及其直管团队的职权范围仍在快速扩大，与此同时，对 CFO 的期望也在不断增加。一项又一项的研究证实，CEO 对 CFO 的期望在显著提高。根据沃尔玛前 CFO 查尔斯·霍利的说法，CEO 们要寻找的 CFO，除了要承担所有传统的职责之外，还要能够帮助同事做出正确的决策，并帮助他们了解这些决策对整个公司的影响。[8]这些 CFO，是孜孜不倦的变革推动者和强有力的沟通者，能够与广泛的利益相关者有效互动。

有时，CFO 的门槛似乎比公司其他职位都高，这主要是因为他们肩负着保护公司的责任，同时还要推动转型变革，以满足互联世界中不确定的需求。但是，此时此刻以及未来，CFO 如何应对这些不断上升的期望呢?

从 CFO 视角看

2020 年，在德勤英国 CFO 愿景会议期间，全球领先公司的 CFO 们表示，平均而言，他们已经将超过 50% 的时间用于推动业务转型——大多数财务领导者预计，这一趋势还会进一步增长。[9] 当被问及转型的主要重点领域时，他们表示，除了持续关注公司范围内的降本和业务组合的不断变化之外，核心业务的数字化转型已成为当务之急。在对 CFO 的访谈交流中，谈及在推动数字化业务转型中，CFO 的角色和职责的不断变化，CFO 们特别指出，需要转型的是核心业务流程和运营（尤其是核心流程、核心数据、核心系统平台的标准化和数字化），需要开发新的管理措施以在日益变幻莫测的商业环境中提高绩效和促进增长（尤其是采用新的、更具活力的资源分配、规划和绩效管理方法），需要整合新的数字商业模式（尤其是管理新的收入和利润模式），需要进行风险管理（尤其是网络安全以及与新业务和利润模式相关的新风险）和可持续性管理（尤其是满足与环境、社会和公司治理（ESG），以及"净零竞争"相关的要求）。

尽管大多数 CFO 似乎都接受了这些新的职责并越做越好，但大多数财务领导者也强调，要在速度和规模上取得进展，还是会遇到一些挑战，特别是陈旧、分散的基础运营设施造成的限制，以及缺乏才华和实力来实现复杂的、以技术为支持的业务转型，与此同时，企业还要在越来越难以预测且经常动荡的商业环境中前行。也就是说，CFO 们也认识到了与此相关的、持续演变的相关困境：虽然大家都认为这些普遍存在的挑战可能会对变革造成重大障碍，但是，这些挑战通常只能通过变革本身来解决——因此，必须提前予以解决。

从业务角度看

针对 CFO 角色的快速发展之事，德勤向全球领先企业中的约 150 名高级企业领导者（非财务部门）提问，近 80% 的人表示同意或强烈同意他们的财务领导者在塑造和推动企业更广泛的数字化转型方面发挥着重要的关键作用；[10] 然而，不到 50% 的人认为，他们的财务领导者和团队尚未具备满足这些期望的必要能力。企业领导者还表示，在这三个方面缺乏财务支持：制定整体转型战略和商业案例（56%）、投资规划和执行（50%）以及数字战略中投资回报率的衡量和沟通（52%）。此外在其他方面也缺乏财务支持。

在对高级企业领导者（特别是负责推动数字化业务转型关键方面的高级企业领导者）进行的一系列后续采访中，他们进一步强调，为了实现或者直接支持企业实现更广泛的代表性转型变革，当前和未来的财务领导者，必须将工作重点从推动短期降本和利润最大化，转向实现长期业务绩效的改善和增长。此外，尽管风险管理被认为是一项越来越重要的关键业务能力，但大多数企业领导者表示，CFO 将不得不放弃"以严格控制来规避风险"的做法，转而采取更具企业家精神的方法，将承担风险作为创造价值的关键先决条件和驱动因素，这为以实验驱动的学习和创新创造了用武之地。大多数企业领导者普遍相信，他们的CFO能够代表企业领导数字化转型的关键方面，但也表示，他们希望现任和未来的财务领导者将更多的时间用来发展人员能力和领导技能、推动文化变革以及核心业务和财务管理流程的调整，以帮助提高公司业务的整体速度、灵活性和弹性。

本质上，大多数财务和企业领导者都认识到企业转型变革的迫切性，认识到CFO及其团队在推动转型变革的关键方面可以发挥重要作用。然而，尽管大多数财务领导者对管理转型变革习以为常，但双方都承认，数字革命带来了一系列前所未有的新挑战，它不仅需要现代化的基础设施，还可能需要全新的商业战略方法、全新的（绩效）管理实践、全新的人才、领导能力，以及企业文化的变革。在此背景下，大多数企业和财务领导者强调，企业的（持续）商业变革，其所需达到的水平之高，正在给他们自己、他们的组织、他们的员工带来巨大压力，尤其是在经济和社会动荡时期，然而，任何试图"按老规矩稳妥行事"的行为，都可能给他们的组织带来重大的长期风险。简单地"无为"，甚至只是"有事可干"，或者"只做财务工作"，对大多数企业来说都不是正确的选择。正如《财富》杂志100强公司中的一位CFO所言："作为高管，我们仅仅需要明白，世界将继续以更快的速度发展。我们需要做好准备以满足业务需求，而对这种业务，我们甚至连听说都没听说过。"[11]

提升数字化成熟度以及本书能提供的帮助

本书的目标是帮助CFO解决范围更广的转型式业务变革的关键驱动因素，具体而言，本书要探索并指明当前和未来的财务领导者在推动企业数字化成熟方面可以发挥的作用。

正如本书中定义并使用的概念，数字化成熟度，不仅仅是指技术问题，也不仅仅是指技术能带来什么的问题。数字化成熟的企业，能够适应并调整其战略、结构、能力和文化，以适应依赖技术的商业环境。如研究所示（见数字化成熟度是长期业绩和增长的关键驱动因素），数字化成熟度高的公司，往往会从持续的数字技术创新中获得更大的商业利益，并且也会从它们对以技术为支撑的业务转型投资中获得更大的商业利益。

有鉴于此，本书的重点不再是精通和实施具体的数字技术，而是更多地关注财务领导者在互联世界中推动可持续业务转型、增长和绩效方面可以而且应该发挥的作用。

数字化成熟度是长期业绩和增长的关键驱动因素

数字化成熟度的定义，借鉴了现成的组织理论，该理论最初由大卫·纳德勒和迈克尔·塔希曼于 1980 年提出，[12] 并被一系列相关研究项目和报告所采纳，其中包括《麻省理工学院斯隆管理评论》自 2015 年以来与德勤数字（Deloitte Digital）合作开展的年度全球高管研究，以及德勤在 21 世纪 10 年代末和 20 年代初进行的一系列相关的高管调查和研究[13]，这些调查和研究强调：企业绩效的主要驱动因素是企业组织的协调一致，此事至关重要。[14]

组织一致性意味着，只有当战略、交付战略的工作、执行工作的人员以及有利的组织结构、能力和文化得到充分发展和协调时，组织才能获得成功。这不仅适用于组织自身的环境，而且——也许更重要的是——也适用于快速发展的经济环境。在这种背景下，数字化成熟度并不是一个固定的目标，而是描述了企业的这种能力：企业的灵活性，企业适应不断变化且主要由技术驱动的商业环境，并从中受益的能力。

虽然数字化业务转型的战略和方法，就每个公司而言都是独特的，但数字化成熟的组织，往往具有一些共同的特点。为了寻找这些特征、寻找促成数字化成熟的关键因素，《麻省理工学院斯隆管理评论》和德勤进行了一系列全面的调查和研究，包括在四年内对 16 000 多名企业领导者进行的全球调查。[15] 此外，德勤旗下的成员公司也做了一些相关的区域调查。

从这项研究的关键发现，再加上提供数字化转型的实践经验，以及与商业、财务和技术领导者的持续对话中，已经找到了一系列核心特征和关键因素。这些特征和关键因素，似乎有助于企业借助其数字化转型的努力而获得更大的业务影响，并受益于此。换句话说，企业因这些特征和关键因素成为一家数字化成熟的公司。

- **有形因素**：数字化成熟的公司有几个明显的特征和关键因素。其中一些因素是基础性的，这也就是说，它们是发展其他因素的必要条件，因此，在制定数字化转型战略时，应优先考虑这些因素。这些因素包括智能流程自动化、数据掌握、人员和组织发展，以及可扩展、安全的基础技术设施。这些基础因素一旦到位，就可以使公司加快发展能提升、强化数字化成熟的特征和因素，如一体化的客户体验、发展数字化商业模式、参与数字化商业生态系统。

- **无形因素**：虽然发展上述有形因素至关重要，但与此同时，企业需要做更多的工作来实现更高级别的数字化成熟度。根据德勤的研究，具备了大部分有形因素的企业，只有约 60% 能够达到数字化成熟度的中等水平。[16] 这表明，还有其他一些"无形"因素发挥着重要作用，如发展新的数字领导技能、采用其他规划和绩效管理方法，以及促进创业、跨职能协作和持续学习所需的文化和行为变革。

总之，企业若要实现高水平的数字化成熟度，就必须采取这样一种转型战略：平衡发展有形和无形特征、因素。应该鼓励 CFO，支持这条道路：正如德勤进行的研究，将高水平的数字化成熟度与卓越的财务业绩结果清晰地联系起来。事实上，约半数接受调查的成熟度较高的企业报告称，它们的净利润率和收入显著高于行业平均水平。

尽管如此，德勤的研究还指出，为了实现高水平的数字化成熟度，大多数组织及其领导者（尤其是财务领导者），都必须采取新的思维方式，这就鼓励他们养成用新的眼光看待旧问题的习惯。高管们采用新的观点和新的思维方式，在培养这种观念方面发挥着重要作用——这些都是影响本书结构的关键因素。

CFO 的新视角以及本书的结构

并不是说，为实现数字化业务转型，每一位 CFO 都需要成为一名成功的数字化领导者；然而，财务领导者及其团队可能会发现，一些有用的新观点、新经验、新见解有助于他们提高公司的数字化成熟度。对这些观点、经验和见解的探索，构成了本书的基础。

本书第一部分，将讨论 CFO 可以做些什么，来为数字化成熟组织打下基础。通过运用数字工程师的视角（特别关注以客户为中心、设计思维艺术），我们将探索重新构想和改造核心业务流程（第 2 章）、数据（第 3

章）和人员能力（第 4 章）的必要性。

本书第二部分，考虑到日益复杂和不可预测的互联世界的新需求，将重点讨论 CFO 在推动企业范围内的业务增长和绩效方面可以发挥的作用。从数字企业家的角度出发，并引入系统思维艺术，我们将探索当今的财务领导者如何创建一种更为人性化、全面和系统化的绩效管理方法，同时使他们公司能够更灵活地运营。我们将讨论 CFO 可用来推动企业转型的关键杠杆：改变战略绩效和运营绩效对话（第 7 章和第 8 章）以及建立以成长和学习为导向的绩效文化（第 9 章）。

在本书第三部分中，我们的视线将超越单个企业的边界。通过运用数字经济学家的视角，观察网络思维艺术，我们将发现新的力量、新兴的数字商业模式，它们正在迅速重塑互联世界中的经济和社会。在此背景下，我们将讨论财务在管理数字商业平台和数字商业生态系统中的作用（第 12 章和第 13 章）。

本书的结尾，总结了企业通过长期的、多方利益相关者价值创造产生更大经济和社会影响的需求与机会，并讨论 CFO 在为其业务、经济和社会创造多方利益相关者价值（第 14 章）方面所能发挥的重要作用。

图 0-1 是本书结构的概括性展示，说明了本书三大部分所涵盖的关键主题、构建模块如何互相促进，从而形成一套整体、综合观点，该观点论述了财务领导者在互联世界中如何进行前瞻性思考并推动业务转型、推动增长和绩效。本书每一部分的结尾，都总结了怎样实际应用、怎样进一步研究的关键要点和指导性问题，并给出如何开始的建议。

为了充分汲取这本书的益处，我建议，首先，至少把全书三部分（尤其是第 2 ～ 4 章、第 7 ～ 9 章和第 12 ～ 14 章）阅读一遍，以了解各部分之间的主要依存关系，然后，回顾并研究与贵公司最相关的主题内容。

互联世界

第一部分：工程师视角以及设计思维艺术

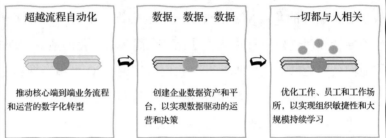

超越流程自动化	数据，数据，数据	一切都与人相关
推动核心端到端业务流程和运营的数字化转型	创建企业数据资产和平台，以实现数据驱动的运营和决策	优化工作、员工和工作场所，以实现组织敏捷性和大规模持续学习

第二部分：企业家视角以及系统思维艺术

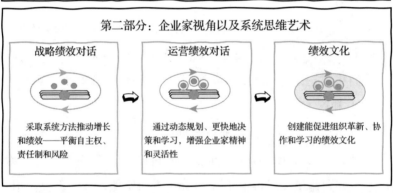

战略绩效对话	运营绩效对话	绩效文化
采取系统方法推动增长和绩效——平衡自主权、责任制和风险	通过动态规划、更快地决策和学习，增强企业家精神和灵活性	创建能促进组织革新、协作和学习的绩效文化

第三部分：经济学家视角以及网络思维艺术

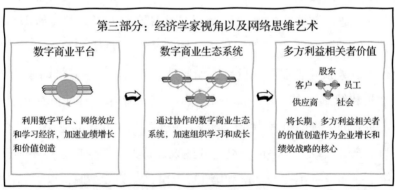

数字商业平台	数字商业生态系统	多方利益相关者价值
利用数字平台、网络效应和学习经济，加速业绩增长和价值创造	通过协作的数字商业生态系统，加速组织学习和成长	将长期、多方利益相关者的价值创造作为企业增长和绩效战略的核心

可持续经济增长

图 0-1   本书的结构：互联世界

注释

1　United Nations Department of Economic and Social Affairs (2017) World population projected to reach 9.8 billion in 2050, and 11.2 billion in 2100, UN, New York

2　Loughrey, C (2017) Minority Report: 6 predictions that came true, 15 years on, *The Independent*, 25 June

3　Kurzweil, R (2001) The law of accelerating returns, Kurzweil Accelerating Intelligence, 7 March

4　Inside Big Data (2017) The exponential growth of data, Inside Big Data, 16 February

5　Anthony, SD, Viguerie, SP, Schwartz, EI and van Landeghem, J (2018) 2018 Corporate longevity forecast: Creative destruction is accelerating, *Innosight*, February

6　Deloitte (2018) Special Edition: European CFO Survey, Spring

7　Thier, J (2020) 2020 Trends: Rise of the CFO-COO, *CFO Dive*, 26 January

8　Holley, C (nd) What CEOs want – and need – from their CFOs, Deloitte

9　Deloitte (nd) The CFO Program: Step ahead

10　The data related to these statistics was collected in 2018/2019 as part of the annually conducted UK Digital Disruption Index Survey. See also: Deloitte (nd) Digital Disruption Index: Aligning strategy, workforce and technology

11　Ehrenhalt, S (2016) Crunch time: Finance in a digital world, Deloitte

12　Nadler, D and Tushman, M (1980) A model for diagnosing organizational behavior, *Organizational Dynamics*, 9 (2), Autumn, pp 35–51

13　Including a series of Deloitte UK Digital Disruption Index Executive Surveys conducted since 2017. Deloitte (2019) Digital Disruption Index: Aligning strategy, workforce and technology

14　Kane, GC, Phillips, AN, Copulsky, JR and Andrus, GR (2019) *The Technology Fallacy: How people are the real key to digital transformation*, p 40, MIT Press, Cambridge, MA

15　Gurumurthy, R and Schatsky, D (2019) Pivoting to digital maturity: Seven capabilities central to digital transformation, *Deloitte Insights*

16　Gurumurthy, R and Schatsky, D (2019) Pivoting to Digital Maturity: Seven capabilities central to digital transformation, *Deloitte Insights*

第 一 部 分

工程师视角
以及设计思维艺术

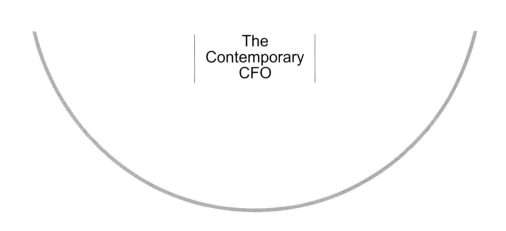

The
Contemporary
CFO

| 第 1 章 |

第一部分概要介绍

以史为鉴

历史已有若干成例，告知我们，当长期存在的传统商业模式，受到新技术革命的冲击时，会发生什么。其中最典型的例子就是 19 世纪电力能源的使用。当时，大多数工厂的机器，全部由地下室的巨型蒸汽机提供动力。使用电能的初期，大多数购买电动机的公司，只是以其简单替代蒸汽机，甚至蒸汽机以前放在哪里，电动机也就放在哪里。毫不奇怪，新电机并没让生产效率大幅提高。事实上，节省下来的能源成本，都被安装新电机耗费的投资抵消了。

大多数公司，花了 20 到 30 年的时间，或者说经历了一代经理人和工程师，才认识到，电力绝不只是一种高效的能源；它带来了一个机会，那就是解除长年以来对工厂生产组织模式的限制。例如，通用的能源，从单独一种能源，变成了互不依赖、分散各处的多种能源。这一认知，在当年引发了一场重大的革命。

工厂电气化，使得率先运用这一技术的公司，能够采用一种新的商业模式：高效率的大规模生产。在 20 世纪，这一模式在大多数行业占主导地位，并一直持续到 21 世纪。亨利·福特，应该是历史上最伟大的高效大规模生产先驱，他在 1913 年的突破性创举是，试制了高度专业化的移动装配线来生产著名的福特 T 型车。早年间，福特汽车的制造方式和别人并无不同，都是每次只造一辆。通过采用自动化生产，再结合重新设计的生产流程，福特和他的工程师们试制成功了装配线。运用亚当·斯密的劳动分工理论，福特将工人安排在指定位置，用结实的绳索，将汽车底盘在工位之间牵引。[1] 汽车底盘在每个工位停留、让工人安装零部件，直到整车组装成功。制造过程中的每一部分，都被分解为子流程和装配线，就如福特所说的那样："工厂里的一切都在运动。"[2] 因此，生产速度提高了，有时甚至快了 4 倍。

生产汽车比晾干油漆的速度还快，而成本却不到原来的一半，这对整个 20 世纪的经济学思想和管理学理论都产生了极大影响。事实上，大多数保持领先地位几十年的公司，之所以能够发展壮大并取得成功，都是因为它们运用了和福特公司相同的理论，实现高效生产、大规模交付标准化产品、大规模提供标准化服务。

跟随历史，我们不仅可追忆大多数著名公司曾经设计过的商业模式，还能在企业走向不可预测的未来时，提出三个重要的警告。而那些商业模式，曾在 21 世纪的头几十年沿用不变。

首先，在颠覆性的变革时代，许多老牌的龙头公司可能适应得很慢。电能的使用，可能造就了诸多大赢家，比如福特公司，但也带来了很多输家——主要是那些行动不迅速、不果断的大型老牌企业。在很短的时间内，电力的使用将正在经营的企业推向了破产，导致了 20 世纪仅次于大萧条的现存企业破产率。但这些大型公司之所以失败，并不是因为它们不知道技术界发生了什么，也不是因为它们找不到顶级工程师；它们之所以失败，是因为它们已经变得相当成熟、相当成功，以至于，它们中的很多公司，受到所谓的"现状偏好"的影响。[3] 它们因规模巨大而裹足不前，因曾经辉煌而无视潮流；它们没有预料到技术创新能有如此巨大的影响，所以，它们也就错过了"转型早才能活命"的机会。

其次，由历史可知，虽然实施新技术已成必要，但是许多公司并没有做好足够的准备，去应对重大的经济转变。转型式的革新，要求老牌公司必须拿出勇气，重新规划设计它们的核心业务及运营模式。这些模式的可行性将由新技术予以保障，但是，仍需同时准确把握客户的新需求，关注新的产品和服务，以及交付这些产品和服务的核心业务流程、组织能力。这就是亨利·福特的愿景：从上到下，彻底重新设计他的工厂，让他的工人不再依赖于一个动力中心，这样，工人们就能够大展身手，以最高效的方式施展他们的技能、运用他们的工具。

最后，在工业革命中获胜的企业，并不是开展发电业务的公司，而是那些专注于探索怎样利用电力提高效率的企业。那些为了发电而建造现场发电机的公司，犯了一个错误，就是将生产电力能源认定为竞争优势之源，而不是在自己的专业领域内，将电力能源生产用于推进创新、推进竞争优势。

牢记这些历史经验，我们即可将视线转向企业尚在进行之中的数字化转型。许多龙头公司，基于亨利·福特和上次工业革命其他先驱们所应用的效率扩展原理，已实现了重大增长并明显提升了生产效率。长期以来，这些企业均能够通过持续、循序渐进地改善其运营模式，来保持并扩大其竞争优势。然而，在它们的传统运营模式中，其规模已经无可避免地扩大到了收益递减临界点，这就造成了一种局限性，而数字商业模式的目的就是克服这一局限性。当然，新的数字商业模式可能需要尝试几次、需要一段时间才能产生与现有模式相当的利润，（这也是数字商业模式最初被忽视、被低估的原因），但是，一旦数字商业模式运营成功，它们就能以指数级别的速度成长，对现有市场和企业造成冲击。

传统运营模式和新兴数字运营模式之间的冲突，发生在所有行业。很难想象：事实上所有老牌企业都面临从根本上改变业务和运营模式的急迫任务。数字技术创新，从云计算到 3D 打印，为企业提供了振奋人心的新机会，使其重新构想如何在所有业务领域进行全面运营。例如，从财务角度看，这些技术创新促生了"CFO 们的新款数字工具包"，其中含有新技术平台，包括云计算、内存计算、区块链等新平台技术，先进的数据分析和数据可视化技术；其中含有新的认知技术，包括机器人流程自动化（RPA）、机器学习和人工智能（AI）、协作和众包平台（见 CFO 们的新款数字工具包）。[4]

CFO 们的新款数字工具包

以下七种数字技术，应纳入 CFO 们的数字工具包。单独使用或者合并使用这些技术，可以使财务投资、财务支持的业务能力和业务活动，实现现代化、数字化转型。其中一些技术是基础（尤其是云计算、内存计算、认知计算、协作平台和区块链），这意味着它们自身可以作为平台承载其他技术和应用（例如数据可视化、数据分析、机器学习、人工智能、众包）。

- **云计算**：一种运用互联网进行数据存储的方法，可使财务部门无须大量投资建设内部技术即可以"即服务"的方式使用关键解决方案和服务。
- **内存计算**：一种在主存储器中储存数据的方法，可实现更快的响应速度，并获得处理更大数据量的能力。

- **认知计算**：包括人工智能在内的一系列技术，用于模拟（RPA）或模拟人类技能，如语音识别、自然语言处理或学习。

- **协作平台**：用来支持员工之间协作的技术（例如通过众包方式），可用于分享知识或者获得见解。

- **区块链**：一种数字资产的平台，数字资产交易在该平台上认证，并在数字分布式账本上安全存储，无须中心化的管理机构。

- **可视化**：使用可视化技术，并强化用户界面，帮助人们研究和展现大型复杂数据集。

- **高级分析**：使用新技术、新工具，对大数据集（大数据）的分析方法继续开发强化。

关于数字化转型的不同思考

数字化转型面临的关键挑战之一是，需要解决的问题和预期的效果，都很难在事前得到明确。然而，我们大多数人，特别是财务人员，习惯于花费大量时间详细分析某个问题，认为对特定情况和潜在解决方案进行彻底的预先评估，再辅以一套详细的计划，就可以降低变革带来的风险。

这种方法存在一些问题——特别是以传统方式去解决困难，更容易形成缺乏想象力的增量解决方案，而不是转型式的变革。在这种情况下，"设计思维艺术"可以起到助力作用，因为它使用了更为流畅的、人性化的方法。设计思维，并非要塑造一个更精美的解决方案，而是更致力于研发有技术支持的多种解决方案，以满足客户和员工的新需求。这听起来可能很简单，但在实践中，它为大多数公司设置了一个高门槛，这些公司往往难以设计一种解决方案，能同时实现功能效用、易用性以及对资源和技术的有效利用，并产生有影响力的客户体验。

简言之，设计思维是通过关注人性来寻找新的解决方案。从设计师角度看，核心工作包括研究工作中的人，开发"人物形象"以了解他们的想法、他们未被满足的需求、他们遇到的挑战和他们的期望。像设计师一样思考，可以改变组织开发产品、提升服务、优化流程、规划战略的方式，方法是将从人性角度来看可取的、技术上可行的和经济上可行的产品和服务结合在一起，通常使用快速成型法来构想、开发、验证，并以迭代的方式逐渐演化出创新产品及新的解决方案。设计思维还假定，人们在沟通问题的时候就可能遇到困难，更不用说创建解决方案的时候了。亨利·福特在有意无意之中，用过一句表达设计思维核心原理的话，众所周知他说过："如果我问人们想要什么，他们会说，要一匹更快的马。"[5]

设计思维并非新生事物，它从 20 世纪 60 年代末就已经存在了。多项研究表明，在产品、服务或运营设计中成功采用设计思维的公司往往会为其业绩带来显著的积极影响。根据国际设计管理协会（DMI）2014 年发布的一项研究成果，在设计思维流程、能力和领导力方面投资最多的标准普尔 500 指数（S&P 500）公司，其业绩表现惊人，竟然比该指数中其他公司高出 211%。[6]

一年之后，也就是 2015 年，斯坦福大学的密切合作伙伴哈索·普拉特纳研究所（HPI），发表了一份对 181 家公司的研究报告，这些公司将设计思维的关键原则在整个组织中予以贯彻实施。[7]大约 70% 的公司表示，新方法改善了团队的工作文化，同时也使创新过程的效率显著提高。在这些接受调查的营利性公司中，有 29% 的公司财报披露了销售收入大幅增长的情况。麦肯锡公司对 300 家上市公司跟踪了 5 个年度，对其财务业绩和设计思维投资之间的相关性进行了研究，发现执行顶级设计的公司收入增长几乎是同行业公司的两倍。[8]执行顶级设计的公司，股东回报增长率比同行业公司高出 70%。最后，德勤在 2016 年发表的一项研究发现，在 7000 名接受调查的高管中，有高达 79% 的人认为，人性化的设计是"非常重要"的。[9]此外，那些自认为"业绩优异"的公司，在内部实施设计思维的可能性，是其竞争对手的三至四倍。

这些研究的结果令人印象深刻，并透出更多重要的数字化转型原则，如今的高管们，应该将这些原则也添加到所学的历史经验中：

- 第一，独立于技术、行业或经济形势（这些因素在所有研究和经验中都存在显著差异），设计基于技术的解决方案的关键出发点，是对人们需求的深度理解和不懈关注。例如，从客户或员工的角度来理解何处有分歧点，而不是从技术的角度来理解，这一点是极重要的，但往往被忽视。

- 第二，互联世界的转型式变革，虽集中于财务的相关方面，但并不能由既有职能部门实现，而是需要对职能部门予以整合，来形成路径和团队。

- 第三，数字化转型多由技术创新触发和推动，但数字化转型需要整合运营模式设计的所有核心要素，特别是数字化转型中和流程、数据、人员相关的所有方面。最终，只有技术创新与我们的业务经营、工作方式交织在一起，融为一体时，它才能产生真正重大的影响——就像电力产生的重大影响一样。

基于这些原则和经验，我们将继续探索 CFO、财务部门如何帮助企业重新设计企业的核心端到端流程和运营（第 2 章）、数据流和数据平台（第 3 章）以及人员能力（第 4 章）（见图 1-1）。虽说我们将继续集中关注所有这些要素对财务领导者及其团队的影响，但我们的讨论也会包括更广泛的、跨职能部门的业务场景。

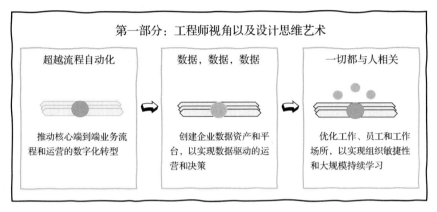

图 1-1　本书第一部分概要

注释

1　Munger, M (nd) *Division of Labor*, The Library of Economics and Liberty

2　Experience Ford (nd) homepage

3　McAfee, A and Brynjolfsson, E (2018) *Machine, Platform, Crowd: Harnessing our digital future*, pp 19–21, WW Norton & Company, New York, NY

4　Ehrenhalt, S (2016) Crunch time: Finance in a digital world, Deloitte

5　Vlaskovits, P (2011) Henry Ford, innovation, and that 'faster horse' quote, *Harvard Business Review*

6　Rae, J (2015) 2014 Design Value Index Results and Commentary: Good design drives shareholder value, Design Management Institute, May

7　Schmiedgen, J, Rhinow, H, Köppen, E and Meinel, C (2015) Parts without a whole? The current state of design thinking practice in organizations, Study Report No 97, p 144, Hasso-Plattner-Institut für Softwaresystemtechnik an der Universität Potsdam, Potsdam

8　Sheppard, B, London, S and Yeon, H (2018) Tapping into the business value of design, *McKinsey Quarterly*, 21 December (podcast)

9　Deloitte (2016) Business meets design: Creative changes starts here, Deloitte, June

| 第 2 章 |

超越流程自动化

新的需求和期望

我们在许多方面，早已依赖互联世界，依赖其为我们创造的巨大价值。我们口袋里的移动设备，其处理能力强过 1969 年指导阿波罗 11 号登月并返回地球的计算机模块，其计算引擎强过 1997 年击败国际象棋大师加里·卡斯帕罗夫的"深蓝"超级计算机。[1] 此外，它还允许我们连接、使用呈指数级增长的各种服务，这些服务为我们日常生活的方方面面提供支持。

许多领先的数字龙头企业，早在多年前就预见到了我们逐步深化的依赖性和各种新需求，现在正在所有方面，以我们渴盼的极周到的用户服务体验宠坏我们。我们希望设计、购买定制化产品而无须额外支付费用；我们希望登录银行账户或使用 App 进行金融交易时，看到实时更新的财务状况和分析；我们希望在几秒钟内就能完成贷款申请。我们希望，服务商能够自动访问我们之前提供的数据，如果无法瞬间查询到我们需要访问的任何特殊信息，我们都会立即恼火。

在意识到这一情况之前，我们已经开始期待每家公司都为我们提供全面的用户体验——特别是我们购买过产品的公司、与之互动的公司和为之工作的公司：高度数字化的用户界面、实时信息访问、24 小时个性化服务以及零差错的、全球一致的服务质量。这就是我们已经习惯的世界，也是我们的孩子们视为理所当然的世界。我们中的一些人，可能会对我们过去看重的传统品牌和企业保持忠诚，但是，如果它们不能提供同等的价值和体验，这些人就会心安理得地弃之而去。

为了满足我们快速发展的需求和期望，老牌公司不仅需要重新设计其产品和服务，还需要重新设计其全套基础业务流程。对核心流程和客户界面的重塑，远远超出将现有生产活动自动化；它需要利用尖端的数字技术，改造核心业务流程及其相关运营模式。要使重新构思和重新设计达到成功，就需要新的视角和能力——在最基础的层次上挑战现有的思维模式、假设和结构，坚持不懈地关注不断变化的客户需求以及员工需求，同时深刻理解最新的技术创造。

努力转型，能为公司带来巨大的效益、必要的好处，意义重大，略举几例：增强客户服务和客户体验、大幅降低成本、提升周转次数、提高质量、加强控制以及增进与互联世界的数字化商业生态系统进行互动的能力等。以数字软件强化或替代模拟交互和模拟流程，企业就能够收集数据，并将数据用于预测客户需求和客户体验、改进工艺性能、优化决策、防范和降低商业风险以及加快学习和改善流程。对大多数公司来说，变革基本业务流程，其必要性和益处都是显而易见的。许多公司已取得了重大进展，获得了令人赞叹的成果。然而，有太多公司，其变革速度和规模都是落后的，无法与互联世界同步。

　　大多数企业开始数字化转型时，都将重点放在前台业务上，这些业务包括核心用户和客户界面等关键领域，以及与此相关的销售、营销、供应链、电子商务和全渠道体验方面的业务流程。然而，若非有后台核心业务流程、核心业务运营予以充分支持，对前端业务的努力改造并不会特别奏效。因此，对于大多数公司而言，数字化转型要求必须从根本上改变核心商业模式——公司创造和获取价值的方式（我们将在第三部分进一步探讨）、核心运营模式——公司实现价值的方式，特别是整体贯穿前台和后台的"端到端"核心业务流程。

起点：加强流程自动化

　　核心业务流程和运营模式的转型，需要以技术赋能为支撑，这久已有之。绝大多数处于龙头地位的跨国公司，都曾大笔投资于这些方面：大规模上线ERP（企业资源规划）或CRM（客户关系管理）系统，以及建设相关的商务服务中心、流程外包，但结果并不尽如人意。虽然有些投资带来了重要的结构变化、明显的效率提升，但是许多大型的老牌公司却不得不应对僵化的流程、极其复杂和定制化的系统解决方案、低劣的数据质量、无所不在的访问受限，以及极差的用户体验。在撰写本书时，既往的流程转型留下来的记忆和伤痕仍然存在，实际上这将导致，对于技术赋能的流程转型，许多财务领导者对其真实代价和收益潜力，更持怀疑、谨慎的态度。

　　毫不奇怪，许多CFO和企业领导者，在运用更新换代的数字技术去推进流程的改善时，一直秉持谨慎态度。事实上，许多财务领导者故意不用尽技术全力，以便分别确定财务共享服务中心简约化、自动化业务流程活动的时机，尤其在应用 RPA 时更是如此。RPA 技术旨在减少这些工作中的人为错误，比如，要从多个 IT 系统中收集、输入、协调和使用数据时，就提供一种相对快捷、简单的方法，将传统上需要手动完成的工作予以自动化。根据 2017 年德勤认知调查报告，[2] 以及 2018 年发表的对 152 个认知项目的研究报告，[3] 在一些组织中，RPA 项目已经飞速取得了前途可观的效果，而其所需的投资和精力甚为有限。例如，美国宇航局（NASA）在共享服务中心试点了 RPA，用以提高其共享服务中心的效率。在特定流程领域中所做的首批实施工作，显著提高了自动化水平（远高于 80%），为更广泛地部署和推广 RPA 和其他认知技术创造了有吸引力的案例。正如项目负责人所说："到目前为止，这还赶不上发射火箭那样高难度的科学。"[4]

尽管部署 RPA 非常简单，企业也取得了很大进展，但研究表明，许多公司在获得初步进展后，为了大规模、高速度推进流程自动化，仍在付出极大努力。德勤在 2018 年所做的一项年度研究，涉及了 500 多家全球领先公司的高管；该研究发现，在已开始试点 RPA 的公司中，近 80% 的公司预计将在未来几年增加投资，以推动流程自动化，然而，只有大约 4% 的公司能够大规模部署 RPA，与 2017 年的 3% 相比，增幅微乎其微。[5] 大多数受访者认为，流程分散、IT 准备不足、数据质量欠佳以及其他运营方面的问题是进展的关键障碍。

虽然将原因归咎于运营方面的问题是符合逻辑的，并且也的确需要考虑运营原因，但回顾性分析显示，在许多情况下，缺乏进展的根本原因与缺乏明确的长期愿景、缺乏规模化战略有关。由于被早期试点的成功所鼓舞，也由于要求速成的压力一直都存在，许多组织似乎仍然过于专注于去实现初步的、递增的改进，而没有花时间对推动变革所需的根本性结构变化和能力做深入思考。毫不奇怪，这些组织会发现，在试运行阶段之后，它们举步维艰。企业长期的商业利益，趋向于被局限在小规模的、难以辨识的"这儿省一碗那儿省一勺"的节约之中。正如 HFS 在 2019 年的一项研究中所指出的："对智能自动化的碎片式推进，正在产生规模化的挑战和结果，但这些挑战和结果显然是线性的，而不是期望达成、计划获得的指数递增的效益。"[6]该机构对 590 位商界领袖进行的调查显示，只有 11% 正在使用的解决方案是将各种技术这样结合在一起的：跨越各种职能区域，将人员、流程和技术连接起来，并扩大规模以实现持续变革。

前文提到的德勤年度研究报告中，也有类似的担忧。2019 年和 2020 年，投资于智能自动化的公司数量大幅增加，但只有不到 40% 的公司制定了长期的自动化战略，描绘了实现规模化需要采用什么方法、付出什么努力，以及在什么范围内变革。[7]旨在逐步提高效率的公司和以变革为目标的公司之间，存在着许多明显的差异，这是不足为怪的。根据 2020 年调查报告，后者更有可能开启转型之路，方法就是，跨越职能边界和重新规划其核心流程、核心运营；而那些仍处于试点阶段的公司，更有可能将现有流程活动予以自动化。这并不是说，流程自动化的渐进式方法本身是不明智、无用的（例如，对于那些现有流程已经相当稳固的公司，和 / 或无须专门从更深层次重设流程的公司，渐进式的流程自动化都是明智且有用的），但这确实意味着，在希望完成变革性业务转型的企业之中，高管们需要采取不同的战略，以达到数字化成熟。

创造新的数字核心

为了应对这些挑战，企业已经着手开发、探索新的战略，以实现其核心业务流程和运营的转型。企业通常将这些战略称为"创建新的数字核心",此言意指一种转型途径,其含义是:如果要做更多的结构化改进,那就不仅要考虑更多运用数字技术,还要考虑从整体上对核心运营模式予以审视。

注意:核心业务流程的关键特征

组织若拟改变其核心业务流程和运营,则很可能会对其创造价值的核心机制形成冲击。当然,不同流程具有不同的设计理念、不同的设计目的,但我们倾向于将这样的流程称为核心业务流程:它通常包括一系列反复发生、彼此关联的活动,这些活动,是组织核心经营体系运转的根本。流程,就其本质而言,其设计初衷(或逐步发展)就是以相同的方法、尽可能高效地多次执行重复的经营活动。[8]然而,这也意味着,公司用来服务客户、创造价值的机制(即其核心业务流程和运营)本身就有阻碍,非常难以改变。更甚者,公司已经围绕这些流程设计了其核心运营模式,[9]这也意味着,要改造这些流程,公司就得重新设计整个核心运营模式。

衡量运营模式转型的新基准

大公司的核心运营模式可能已经达到相当复杂的程度了,通常涉及范围极广且错综交织的众多工作流、人员、合作伙伴和系统。尽管如此,核心运营模式及其核心基础流程的主要目标还是相对简单的:将资源转化为具有更高价值的产品或服务,以实现规模经济、范围经济和学习经济的最大化。[10]通过采用最新技术来设计、实施卓越的运营模式和流程,从而获得其他公司无法企及的规模经济、范围经济和学习经济,进而实现业务、业绩显著增长，这种模式有着相当悠久的成功史，从福特公司（Ford）到亚马逊公司（Amazon）都是藉此成功的。不断引入的数字技术创新，将推动这一历史车轮持续前进，并且很有可能还会不断加速。事实上，许多大型老牌公司都遇到了极大的障碍和错综复杂的困难，导致它们加速增长的能力受到了限制——这是一种竞争劣势，数字化成熟的企业正试图有的放矢将它克服。

一个高度数字化的运营模式，不仅能改变一个企业，还能改变整个行业，亚马逊公司也许比其他任何公司都更能证明这一模式，或许这就是最佳演示。[11] 彼时，大多数公司依旧在使用数字技术将现有的核心流程和运营予以自动化，目的是节省成本，而亚马逊却在设想，如何利用最前沿的技术创新（包括基于云的数据和流程平台、高级分析和人工智能），以指数级的速度，运行、扩展和改进其核心经营模式、业务流程和运营。从察觉和预测需求，到接收和执行订单，再到财务规划和绩效管理，自学习机器正在管理亚马逊的核心流程和运营，它的扩展潜力几乎是无限的。

数字化运营模式的根本性关键设计原则，让人既不陌生也不特别难懂：核心业务流程只要完成数字化，就会创建数据，然后将数据提供给机器和算法，而这些机器和算法，将持续地监控、改进业务流程的执行。业务流程的设计，旨在覆盖端到端的客户全程体验；业务流程也可以运用数据持续增强客户体验。此外，高级算法和 AI 可以利用这些数据来做自我改善，从而提高其优化预测、识别异常和感知风险的能力，或者利用这些数据支持其他形式的预测分析和数据驱动型决策。消除人工操作带来的瓶颈，不仅能降低成本，还能使公司更快地扩大规模，同时还能最大程度地减少对管理活动、支撑活动的需求。像亚马逊这样的公司仍然使用很多人工开展工作，但大多数人工都是在核心流程、核心运营的外缘开展工作：他们专注于设计和监督机器，处理机器无法完成的任务，处理非常规业务，或分析预测中出现的意外峰值和异常情况。[12]换句话说，人工仍然发挥着重要作用，但人与机器的关系已经发生了互换。

由数字技术赋能的企业，正在日益颠覆和重塑几乎所有的行业，使传统企业几乎没有竞争和发展的空间。这些企业能够大量获得极重要的商业利益，让许多以传统模式运营的老牌公司无法企及：围绕客户重整工作流，以强化客户体验和价值创造；创建了克服功能障碍的端到端流程；消除非必要活动以降低成本、降低复杂性；消除瓶颈以提高速度和可扩展性（这些瓶颈主要来自人工）；使用数据分析，越来越多地使用人工智能，使持续学习和持续改进成为可能；还有（也许是最有趣的）创建"流程敏捷性"，就是将流程模块化并将其转换为具有多个操作界面的平台，然后可以外包给专业供应商或合作伙伴，或者和专业供应商或合作伙伴的外部网络相连接。在许多行业，老牌公司将别无选择，只能向数字化成熟度最高的同行以及可能进入和扰乱其市场的新晋数字化公司看齐。在这样做的过程之中，许多公司可能会意识到，它们需要考虑并实施的是，对其核心业务流程和核心运营进行更深入的数字化转型。但是，这些公司应如何开始呢？

讨论核心业务流程、核心运营的转型

对大多数人而言，这听起来似乎仍是一件新事物，而对另一些人而言，却已成为新常态：他们正在重新设定数字化业务转型的基准——这正是我们这个高度互联世界的新现实情况之一。也就是说，对老牌公司而言，创建"新数字核心"可能是一项巨大而复杂的挑战。何为"最佳实践"，尚未具体化（如果企业愿意，或许真的应该将其具体化），但组织在制定转型战略时，可能的确应该对一些原则多加考虑——因为，许多原则的制定都深受设计思维的影响。

关注客户和员工

人们通常从技术的角度来看待数字化转型。似乎从一开始，人们就对"正确的技术解决方案应该是什么"很有主见。但为了实现一种全新的、更加人性化的设计，他们必须暂时放下主见，从用户的角度重新出发——例如，为客户和员工规划"用户旅程"。这种方法不仅可以帮助他们重新构思、重新设计流程，从而大大增强用户体验，继而创造价值，还可以帮助他们打破现有组织、现有技术或现有结构造成的对观点和思维模式的局限。

聚焦核心价值创造

致力于改造其核心运营模式的公司，应使其转型战略和方法，集中于最能增值的核心业务流程和用户旅程，而不是集中于大量外围设备、支撑活动和服务（实现流程自动化的增量方法可能会完成这些任务）。这种思路，迫使公司跳出业务看业务，批判性地重新评估：哪些业务流程和业务活动是真正为公司带来增值的，因而是真正的"核心"。

为了设计新的数字核心，各公司已经对全部跨职能的业务活动，做了规划和重排。例如，一家全球领先的制造公司开发了一个集成的、跨职能的"边到边"客户和运营旅程，它贯穿前台和后台运营，并连接前台和后台运营的"边缘"（比如，从数字用户到供应商界面）。该公司设计了一种新的运营模式，以支持这一新的客户和运营旅程，并通过消除职能分隔和障碍（尤其是营销和销售、生产和分销、采购和产品开发节点上存在已久的职能分隔和障碍），来使客户体验和卓越运营提升到新的水平。所以，该公司正在为其增长、增利、节税以及强化运营灵活性和可扩展性，创造大量新机会。

让核心保持精益

大多数老牌公司，都开发出了一系列额外的运营流程、运营活动和运营能力；对于（客户）价值创造而言，这些流程、活动和能力并非必不可少，也毫无个性可言，其范围可能包括了从设备管理到财务会计的各种流程，至于实际包括多少，则取决于具体的公司和部门。公司应预先花时间评估这些能力是否能成为未来运营模式的一部分，或者是否能有机会降低新数字核心的复杂性，以及这些效果是否真的来自于数字化转型。[13] 公司可以利用不同的模式来设置这些非核心流程和能力，既可以设置成按需提供的内部服务，也可以设置成完全委托的外包服务。

组合使用数字解决方案

大多数老牌公司的数字化转型起点，是标志性的高度分散的老旧数据和系统，这可能会给创建新的数字核心造成重大障碍。2019 年，德勤每两年一次的调查结果显示，目前只有约 1/4 的公司正在利用组合式的数字解决方案，来将其核心流程和运营予以强化、数字化。[14]

虽然许多公司正在订立计划，并筹备将其核心数据和系统平台迁移到云端，但大多数公司所处层级，尚不能够利用已完全成熟的基础技术设施（包括新一代 ERP 系统、高级分析和 AI）来运行核心端到端运营流程。为了加速核心业务流程和运营的转型，公司不断增加对现代工作流或业务流程解决方案的利用，这些解决方案的设计目的是：以集成方式将公司的零散的功能数据库建成一个新的中台，从而形成一个强化的用户体验平台。这些平台产生的短期效益极具吸引力，它们不仅能对核心流程的转型予以支持和提速，还能将客户的需求和期望予以明确。也就是说，企业领导者不应以使用这些新的方法为借口，而不去解决核心流程、数据和系统的潜在问题。

正如前文所示，数字化流程所生成的数据可以被加工处理，并用于优化流程、形成见解、制定决策；因此，从最广泛的意义上讲，为了让新数字核心实现长期利益，企业需要建成主要的技术平台，用以生成数据。此类技术平台可能包括新一代 ERP 系统（见利用新一代 ERP 系统推动运营流程转型），但不一定包括 RPA。

利用新一代 ERP 系统推动运营流程转型

全球领先的企业软件供应商，即将在未来几年内逐步停止其旧版本 ERP 套件的产品开发和标准支持服务，老牌公司应考虑这一契机：利用替换现有 ERP 系统的机会，去实现并有可能加速实现其核心流程和核心运营的转型。

大多数高管都认识到，他们当前使用的 ERP 系统，在灵活性和速度方面给企业带来了限制，这通常是由于庞大的高度定制化系统无法跟上公司业务和事务的变化。在大多数老牌公司中，这些系统对于核心业务流程和核心经营活动（从物料管理、制造、销售、分销到财务会计）的运转都是绝对必要的，但这些系统的运行和维护成本往往非常高，而且不够灵活，公司若想创建新的数字核心，该系统就无法提供支持。

相反，大多数公司需要的是集成度更高、灵活性更强的数据和系统平台，这样的平台才能支撑公司满足不断变化的客户需求和业务需求。与传统 ERP 相比，新一代 ERP 系统的“核心”可能要小得多（这与我们之前的观察结果一致），但开发出的应用程序可能会具备相对更广泛的功能和行业特色，这些应用程序可以在云端运行。因此，新一代 ERP 系统能够兼顾这两者之间的平衡：拥有稳定性更高的"核心"，以及增强了"边缘"的灵活性和用户体验。

- 当然这些新系统，要发展到成熟阶段尚需时日；而且一些公司可能会决定等待，并对现有系统增加更多的投资。但由于这种转型是不可避免的，并且极其耗时，因此，对于公司来说，制定长期过渡战略就是一项值得采取的举措了，这些举措包括：了解哪些流程可以借助转型实现更改，或者反过来说，哪些流程的更改可以促进 ERP 系统的重新实施。

- 高管应仔细评估的关键业务流程和关键运营包括：核心业务流程（如向数字供应链和网络、智能制造的过渡），核心支持流程（如核心财务、采购和员工管理流程的数字化转型），以及新的 ERP 平台可能帮助开发的功能，这些功能可以利用不断变化的消费者趋势实现（如电子商务和全渠道管理的预期增长）；还需要评估的是促进参与新兴数字商业生态系统的能力（例如，需要与现有供应商进行更密切的、数字化程度更高的合作）。

- 要补充说明的是，ERP 系统必然将继续在支持核心交易流程方面发挥重要作用，例如 QTC（从报价到现金）、STP（从货源到付款）和 RTR（从记录到报告）等流程。虽然公司应该仔细评估哪些流程属于新的数字核心、哪些流程不属于新的数字核心，但是，将这些流程用作上升台阶，去实现范围更广的转型，还是有很多好处的。

提升持续改善的能力

为推动其核心业务流程和核心运营的数字化转型和优化，许多公司已经建立了"智能自动化工厂""人工智能工厂"或"数字铸造厂",将范围广阔的技能汇聚一体,包括深度的业务运营洞见、设计思维、编码方法、数据科学、用户体验设计以及工程和管理技术。这些工厂往往靠近核心业务流程和核心运营的位置,并与企业的业务运营团队、卓越运营团队和/或 GBS(全球业务服务)团队互相连接。事实上,一些企业已经开始创建 GBO(全球业务运营)或 IBS(综合业务服务)组织,将所有这些能力整合到一起,旨在以集成度更高、扩展性更强的方式,对核心运营流程、经营、能力和服务进行管理和开发。不仅如此,这些新组织还对不断扩大的外部合作伙伴和供应商网络进行管理,这是传统共享服务组织出现显著发展的标志。

不可低估转型的障碍

应该提醒领导者的是,组织中有很多人,他们可能不想改变现有的工作方式,尤其是他们对无论如何都不确定的未来不抱什么期望。核心业务流程和运营的变革,不仅极其复杂和不便,而且还可能导致公司的短期效率下降,因为公司将不得不以这些变革开启预计更广泛的业务和运营模式转型,而不是坐等这些变革成为最大的业务瓶颈或者燃眉之急。因此,对于领导者来说,相当重要的事情是:要有清晰的愿景和概念明确的商业利益。

为作为转型发起人的 CFO 们提供的更多深思

核心流程、核心运营的转型,以及新数字核心的创建,其任务之复杂,需要公司各方面的广泛参与,也对高管层面的支持和治理提出了要求。CFO 通常被定位为转型的主要发起人之一,因此,特别关注公司业务的数字化转型的如下三大方面,他们可能会发现更多的价值。

鼓励从一种数字化到另一种数字化，再到数字化转型

在制定流程转型的愿景和战略时，一般而言，有用的做法是：将"数码化""数字化"和"数字化转型"这三个术语予以清晰区分，这样可以清楚地阐释公司想要达成的目标，以及为实现这一愿景可能必须做出哪些类型的决策。在许多公司中，这些术语都被当作同义词使用，并因此造成了严重的混淆，从而导致结构性变革和真正数字化转型的机会有所减少。首先，"数码化"指的是这样一种基本任务：将模拟内容翻译和编码为"0"和"1"的数字语言，以便机器能够存储、处理和传输这些内容。与此不同，"数字化"指的是使用技术手段，将现有流程予以强化、自动化或者优化。数字化远远不止技术的实施，它的目的在于，要对整个业务流程和运营模式进行更深层次的结构性变革。虽说企业领导者经常将"数字化"作为数字化转型的通用术语，但其实，这些术语均应进一步加以区分。如前文所述，"数字化转型"可能需要在更基础的层面、更广泛的范围内采用数字化技术（正如创建数字核心所需要的）。而其总体目标，与其说是技术实施，不如说是为满足客户和员工不断变化的需求而进行的核心业务和运营模式的转型。

对于大多数老牌的大型公司而言，在数字化业务转型中，对商业模式、流程和运营的重新构建，需要通过以人为本、改造更深层次结构的方法，让新客户和员工的潜力得以释放、得到增强。为了提高现有流程的效率，一家公司可能通过多措并举的方式，来实施新技术。但是，有些高管可能在犯一个巨大的战略错误：他们认为数字化业务转型并不比现有业务流程和经营活动的自动化重要。数字化转型的关键目标是助力组织在这些方面更加优秀：为了更好地应对持续不断的变化，并在其业务流程转型为以客户驱动、数据和机器为支撑的平台时，使敏捷性在本

质上成为一项核心竞争力。这种敏捷性将促进正在实施中的各种数字化活动，但不应与之混淆。因此，数码化、数字化在本质上是与技术相关的，但数字化转型却并非如此。数字化转型则是与人相关的，尤其是与客户和员工相关。

倡导设计思维艺术，创建关注长期客户和员工的价值创造的新视角

人们倾向于从自身的工作情况来看待技术创新。他们会问自己：新兴技术能否帮他们解决燃眉之急，或者帮助他们找到优化当前工作模式的机会——例如，将现有流程予以强化或者自动化。这是一个普遍现象，因为我们中的大多数人接受过的训练都是以推导方式来思考问题，例如，以详细的事前分析，辅以逻辑推理，去为清晰的问题找到解决方案。事实上，许多财务领导者，将其职业生涯的成就，归功于他们的这些能力：能够清晰地构建问题，并通过理性思考和推理得出解决方案。

遗憾的是，这种方法，虽然在财务的许多方面都很有价值，却会阻碍我们推动以技术为支撑的转型式变革。这正是设计思维非常有用的地方。设计思维不会被我们现有工作环境的局限和问题所束缚，它可以帮助领导者及其团队专注于长期客户的观点，具体方式是提出如下问题：我的客户（或员工）真正想要的是什么？为了帮他们使用这些新技术，我可能要做哪些工作？从长远来看，这种解决方案的可持续性如何？

出发点始终是在"人"这一层面——你的服务对象真正需要什么，你如何让他们有更好的体验。设计思维不是对技术进行实施，而是将技术与其他模块（如流程或组织转型）相结合而进行的转型，目的是形成新的、强化的方式，为客户创造价值。以智能手机为例。它的设计思路，并非单纯由技术驱动，而是将技术与新型软件、其他优质材料结合在一起，来增强我们在接听电话、发送信息或访问 app 时的用户体验。

这就是设计对产品构想和产品交付的帮助，这种转型变革，绝不仅止于提高企业的经营效率。这就是福特在有意无意之中对其工厂进行重新设计的方式，CFO 们应该照此对自己和团队进行培训，然后对核心业务流程和运营进行重新构思、重新设计。正如一家排名靠前的"财富百强公司"CFO 最近在一次关于"财务让运营更加卓越"的主题交流中所表达的："每项决策都必须支持以客户为中心的战略，我们在后端所做的一切，都是为了使我们这个组织更加有效、更加高效地为客户服务。"

将长期和短期的转型风险及机遇互相平衡

创建新的数字核心是为更广泛的数字化转型奠定基础，是重要步骤之一。毫无疑问，这将是一项复杂的工作，也是资源密集型的，还是时间密集型的，而且充满风险。

公司需要在必要的转型和业务的连续性之间找到平衡，需要在创造新的增长机会和保护传统模式的价值之间找到平衡，CFO 们对此都是重要的襄助角色。通常情况下，这不是一个"单选题"式的决策，而是需要决定这些要事：哪些流程可以并且需要改变，改换的顺序如何，以及何时转换、如何转换。CFO 们可能想等待新技术成熟，或等待出现最佳实践。在某些情况下，这种做法可能大有道理。也就是说，在高速发展的互联世界中，原地不动的风险可要比赶路途中犯错带来的风险，增势更猛。CFO 们及其团队需要以恰当的心态和态度来启动这段旅程，那就是：鼓励不间断的实验和学习，但同时也要包容和接受挫折。设计思维是引导这一系列活动的关键要素，应该被广泛采用、提倡。

注释

1 Puiu, T (2020)Your smartphone is millions of times more powerful than the Apollo 11 guidance computers, *ZME Science*, 11 February

2 Deloitte (2017) Bullish on the business value of cognitive: Leaders in cognitive and AI weigh in on what's working and what's next, 2017 Deloitte State of Cognitive Survey

3 Davenport, TH and Ronaki, R (2018) Artificial intelligence for the real world, *Harvard Business Review*, January–February, pp 108–16

4 Davenport, TH and Ronaki, R (2018) Artificial intelligence for the real world, *Harvard Business Review*, January–February, pp 108–16

5 Deloitte (2018) Robotic roll-outs reap results: 95% of organisations using RPA say the technology has improved productivity, Deloitte, 10 October

6 HFS Research (2019) Integrated automation: Why you've been doing it all wrong, March

7 Horton, R and Watson, J (2020) Automation with intelligence: Pursuing organisation-wide reimagination, Deloitte

8 Garwin, DA (1998) The processes of organization and management, *MIT Sloan Management Review*

9 Christensen, CM (2016) *The Innovator's Dilemma: When new technologies cause great companies to fail*, p 163, Harvard Business Review Press, Boston, MA

10 Iansiti, M and Lakhani, KR (2020) Competing in the age of AI, *Harvard Business Review,* January–February, p 30

11 Building on: Iansiti, M and Lakhani, KR (2020) Competing in the Age of AI, *Harvard Business Review,* January–February, pp 9–11

12 Iansiti, M and Lakhani, KR (2020) Competing in the Age of AI, *Harvard Business Review,* January–February

13 Deloitte (nd) Welcome to the Center Office: The future of enterprise and shared services, *Deloitte Insights*

14 Deloitte (2019) 2019 Global Shared Services Survey Report

| 第 3 章 |

数据，数据，数据

挖掘数据之矿

人们说，数据是"新的石油"。对石油这种珍贵商品的追求已经成为历史，而数据的热潮却刚刚开始。企业已然爱上了数据。我们对数据"贪得无厌"——收集的数据越多，想得到的数据就越多。企业从善如流地将所有可获得的数据都保存起来。即使无法确定这些数据是否有用，企业也愿意收集任何数据并不做删除，以免遗漏某些数据。太、拍、泽、尧，并且很快还有垓级别（一千亿亿亿字节，1 后面 27 个 0）的容量，都是触手可及的。现在，存储和处理能力都变得如此廉价，让我们更有决心使用这种"新石油"为数字发动机提供燃料。毕竟拥有最多数据的人是不会失败的，不是吗？

然而，尽管承诺能够取得惊人的收益，但似乎只有少数公司能够从

"大数据"获得预期的收益。许多领先的公司，甚至还在奋力获取最基本的常识，包括核心财务报告和业务绩效管理。造成这种情况的原因，通常不是数据量不足，而是缺乏数据质量和数据环境的数据溢出。

纳特·西尔弗是一位著名的数据科学家，在预测 2008 年和 2012 年总统选举结果时，他击败了美国最大的研究机构，并由此获得卓著的声誉，他强调说：

> 尽管我们比过去掌握更多的信息，但我们并没有比过去聪明多少。这意味着，现在的真正本领是学会如何从所有这些噪声中甄选出有用的信息。[1]

换句话说，西尔弗的预测能够高度准确，其关键点不是数据量，而是在数据分析中采用了系统的方法，他将数据分析工作的重点集中于总统选举背景下最重要的事情上：他提出了准确的问题，仔细定义了关键前提假设，并为他的预测模型仔细选择异构数据、高质量数据集。但正如统计数据所显示的那样，高质量的数据在普天之下都是相当稀缺的。

不良数据的代价

2016 年，《哈佛商业评论》发表的一项研究结果估计，每年，仅低质量的数据就会导致美国企业付出超过 3 万亿美元的代价。[2] 2017 年，《麻省理工学院斯隆管理评论》发表的另一项研究结果估计，对于大多数公司而言，不良数据带来的成本占收入的 15% ～ 25%。[3] 这些指标高得令人惊讶，并且仍在不断上升，它们产生的一个关键原因就是，不良数据在工作中会产生"滚雪球效应"：数据质量差或难以获取，在遇到紧急需要数据的情况时，就会被人操纵——他们更倾向于自己去"纠正"错误，而不是去查实问题根源所在。当这种情况发生时——我们都知道这种情况一直都在发生——就让数据接收者来应对所有常见的后果，仅举几例：日益复杂的对账、不能自动化的流程、变更和维护系统的成本倍增、不准确或误导性的管理信息和见解、潜在的合规性问题，以及执行业务组合、商业模式、运营模式变更的复杂性。

因此，根据上文所述研究，知识工作者往往要花费高达 50% 的时间来处理数据质量问题，而数据科学家则要花费高达 80% 的时间来处理数据质量问题。《哈佛商业评论》2018 年发表的一项跨行业研究表明，平均而言，一个组织中经常被用于决策的结构化数据不到一半，而被分析或被使用的非结构化数据不到 1%。[4] 70% 以上的员工可以访问他们不应该访问的数据，而分析师们要使用 80% 的时间去寻找和准备数据。此外，数据的质量问题可能很难发现、很难追溯，尤其是已然被操纵或用于分析计算的数据更是如此，因此，许多决策者对数据失去信任也就不足为奇了。根据这项研究，事实上，只有 16% 的高管肯相信他们用于重要决策的数据。

不良数据引发的这些问题、局限性和成本是巨大的，这对各地的老牌公司都是祸患。所有行业都深受其害。金融服务公司不断推出新的应用程序让客户连接，但难以计算出这些渠道、这些客户的盈利能力。公用事业行业能够以最小的颗粒度按单个客户计算能耗，但对成本进行准确跟踪的能力仍然有限。领先的医疗保健公司正在收集大量患者数据，以推动预防性、基于价值的治疗策略，但很难找到高质量的数据供其分析解决方案。诺华公司首席执行官万思瀚在接受《福布斯》采访时，一语中的："我认为人们对现有干净数据的稀缺程度、清理难度、链接难度，都低估太多了。"[5]

虽然许多公司已经开始投资于数据和分析，但是，貌似罕有公司将端到端运营模式视为一个整体。因此，获取数据的烦琐、准备数据的复杂工作仍然积压在一起，而执行这些工作的是分散的流程、割裂的系统，以及功能性数据孤岛——几十年来通过功能专业化大规模提高效率之后，大多数数据孤岛都深度嵌入在现有的组织孤岛中。这种工作积压，很可能是互联世界中最严重的运营障碍和运营危害，它阻碍了核心业务流程的数字化转型、人工智能的大规模使用、跨职能协作、消费者360度视角的开发、参与数字生态系统的能力等。在将其老旧系统转换为可扩展的数据和技术平台时，大多数老牌公司都不得不支付巨额投资。数据和技术环境已有百年历史，对其进行改变绝非易事，高管们极易低估发起这项工作的重要性和紧迫性。妥善做好此事，可能是一项昂贵而枯燥的任务，但它却很重要。有人希望获得完美方案或者灵丹妙药去解决其犬牙交错的数据和技术孤岛，他们真的会失望。

良好数据的价值

那么，所有这些是否意味着数据没有价值？错，绝非如此。然而，数据正如同石油，未经提炼加工的原油不会产生价值。将（质量可靠的）数据转化为见解，并利用这些见解改善业务决策，或者，将这些数据提供给维持公司核心运营活动的机器和算法，这些过程就产生了价值。然而，只有满足以下条件时才有可能产生这样的价值：第一，认真收集、处理质量可靠的数据；第二，在正确的环境中组合、运用——其方式可以是提出正确的业务问题，可以是开发、测试正确的假设集，还可以是开发、应用正确的数据分析和算法。试以用户分析为例。单独来看，可以收集到的关于消费者行为的大量数据可能不会为企业增加太多价值，但是，结合人口统计学和生物统计学数据，并将其设置到关键业务选择的环境中，它就可以帮助公司了解和预测该环境中的客户偏好，然后把这些数据用于优化服务、优化客户关系。

无论什么行业、什么业务，当下的互联经济将给具有高级数据管理能力、数据分析能力的公司带来显著的优势。德勤 2019 年初发表的一项研究发现，数字化成熟的公司从数据中获得重大商业价值的可能性几乎是其他公司的三倍。[6] 事实证明，"掌握数据"是公司在推动其数字化业务转型过程中需要发展的、最重要的基础能力。要掌握数据，就必须系统地发展多个相互关联的能力，从创建公司数据模型开始，到实施有效的数据治理和建成有效的数据所有权结构，再到分析数据形成见解以优化决策——不仅用于公司高管的决策，还用于整个公司员工的决策。接下来，我们更详细地研究这些能力，以及 CFO 在发展这些能力方面可以发挥的作用。

取得数据的共有权

如果你把任务交给数据科学家，他们会缺乏行业知识。如果你把任务交给企业，它们未必看得到数据的潜能和力量。因此，对于财务人员而言，能否将这两方互相结合，是一个挑战。

——富时 100 指数公司 CFO[7]

数据带来的机遇和挑战，对 CFO 而言并不陌生，这些机遇和挑战已经得到了更多的关注，原因在于为了强化绩效管理和对决策的支持，公司对分析解决方案的需求不断增加，同时 CFO 在推动数字化转型活动中扮演了新的角色。

仅有几位 CFO 在解决数据质量问题、开发数据能力方面取得成功，从而为企业提供以事实和分析为基础的见解，他们被视为决策者的"真理守护神"。[8] 这自然是奉承话，但是这种水平的信任和依赖，却绝不是可以免费获得的。大多数 CFO 都因数据质量差感到无奈，这样的数据质量往往会阻碍他们进行有效的分析。事实上，许多财务团队仍然是在某种程度上忙着收集、验证、准备复杂的数据，而不是花时间去推动业务绩效。

事实上，对于 CFO 而言，数据是福缘也是祸根。诚然，创新的数字技术将帮助 CFO，使他们运用数据推动绩效的活动更加有效，但要做到这一点，他们必须将眼光放得长远，不是先紧盯能把数据转化为有意义的见解的"非凡"能力，而是首先来解决不是那么"美貌"的数据质量问题。巴布森学院信息技术与管理学教授、德勤独立顾问汤姆·达文波特，一针见血地阐述了众多 CFO 面临的核心难题："没有数据，你就无法进行分析，没有真正精湛的数据，你就无法真正精通分析。"[9]

愿意直接或间接应对这一"数据挑战"的 CFO，可为其组织创造极大价值，还有，他们应当与其他高管和职能部门合作。毕竟，公司所有部门都必须了解（优质）数据的巨大重要性和巨大价值，这一点至关重要。遗憾的是，在一些组织中，讨论数据所有权导致了更多的摩擦，而非协作。CFO、CIO、CDO（首席数字官）、CMO（首席营销官）以及其他高管之间，无论在数据方面有何分歧（其中许多分歧源于没有真正花时间了解对方的定位），他们都应将其搁置一边，以避免这些问题给组织的能力带来负面影响，不利于组织打破现有部门壁垒和职能壁垒。

制定数据战略：全公司范围、以业务为导向

将数据转化为常用资产，需要强大的跨组织协作，以及全公司范围内合理的结构化战略、方法，具体应考虑以下关键步骤。

将数据定位为战略资产

一个经济体，越来越受到数字商业模式、数字化生态系统的影响，于它而言，掌握数据无疑是至关重要的。遗憾的是，提升数据质量、数据能力，并非一朝一夕之功，尤其是对大型老牌公司而言。虽说在全公司中，增强数据能力和数据技术的紧迫性显而易见，但创建财务投资的案例可能会很痛苦，尤其是在需要大量前期投资的情况下。虽然公司有可能具备能力，获得短期内降低成本的效果（例如提高数据资源的生产效率、降低基础设施的耗费或将数据系统和供应商予以合理化），但是，对数据能力的投资，其目标不应仅为获得短期回报，相反，其目标应为创立战略性业务资产——这是一个重要的方面，通常需要 CFO 特别有力的支持和指导。

制定业务导向的数据战略

制定数据战略，是将数据定位为企业常用资产的一个重要步骤，如果设计得当，可用于启动企业高管和管理中层之间的关键业务协作。数据战略应与整体业务战略和优先事项明确挂钩，并且其阐述方式应容易被全公司员工理解。当你深入到运营业务功能、业务单元和实施层面时，组织协调往往更具挑战性——过去，大多数此类基础性要素都形成了获取数据、管理数据的独特方式。这种数据碎片化问题，产生了大量数据孤岛，也导致了数据共享权的缺失，这一问题必须提前解决。

创建以业务为导向的信息模型和数据分类法

公司一旦着手制定和实施全公司范围的新数据战略，开发以业务为导向的信息模型和数据分类法就成为重要之事，这样，企业就能够与数据展开交互沟通，而这些数据，事关企业的头等大事、企业影响力、企业价值。信息模型和数据分类法，可以使公司减少因为指标（例如"量"的通用定义）、数据层次结构（例如通用的客户和产品等级）和报告概念（例如计算客户利润贡献度的通用方法）不一致而导致的歧义。与数据相关的交谈，往往是抽象且令人困惑的，而定义良好的信息模型和数据分类法，可以为其提供信息背景和含义，从而促使业务和技术团队之间的协作更加有效。虽说分类法的范围应覆盖多个不同职能部门，但它往往是财务领导者（如集团财务总监）能够代表公司来妥善保护的资产。

实施有力的数据治理，采用稳固的所有权模式

在此基础上，由于要将数据定位为战略性企业资产，那么开发强大的全公司数据治理和所有权模式至关重要，无论从价值创造（如数据资产和能力培育）还是价值保护（如数据保护和数据安全）的角度来看，都是如此。数据治理和所有权模式，应确立长期目标、成功标准、责任框架、方法、能力和工具，以便将数据作为资产加以建立、保护和持续改进。

在制定正确的治理和所有权结构时，要点是考虑公司的业务和运营模式（例如，分散的运营模式会需要分散的治理框架，而集中的运营模式会需要更集中的治理框架，诸如此类）。换句话说，数据治理和所有权结构，应尽可能以业务和运营模式为导向。事实上，许多公司未能创建全公司范围的数据资产和能力，因为它们的数据架构、数据治理和数据所有权结构不符合公司业务对数据进行运营和使用的方式。例如，想象一下，有一家全球消费品公司，它的运营涵盖多个商品类别、跨越多个市场。虽然一套通用的、全公司范围的数据管理战略和方法尤为重

要，但该战略的设计和执行不应忽视全球业务的复杂性——例如，需要在全球层面确立数据标准化（如核心财务管理绩效报告的通用指标或主数据），同时在本地层面考虑数据独特性（如进行数据分析使用的本地相关数据、功能相关数据、特定流程数据、内部数据和外部数据），如图 3-1所示。

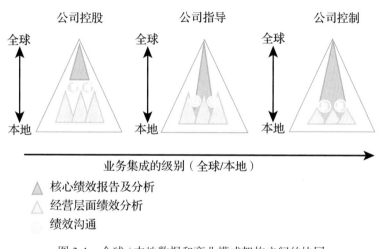

图 3-1　全球 / 本地数据和商业模式架构之间的协同

一些财务领导者认为，仅有小规模公司或者数据原生代才能掌握数据，对于一家大型的、成熟的、全球化经营的公司而言，要"掌握数据"过于困难、无法实现。但是，事实并非如此。许多大型、复杂、全球化运营的组织，在发展强大的全公司范围数据战略、资产和能力方面取得了进展，这得益于清晰的数据治理和数据所有权战略——这是一种可在互联世界中产生重大长期利益的战略投资。例如，宝洁公司一直以其专注、自律、全公司范围的数据管理和数据分析方法而闻名。[10]在共享服务机构的推动下，宝洁公司建立并植入了全球通用的数据质量标准，使公司能够在多产品、多品牌、多地区的基础上，对数据进行聚合、集成和比较。IT 系统的功能已将核心流程、数据和系统场景予以标准化，并在很大程度上将业绩报告和业绩分析的生成及其可视化予以自动化，使其可在多个业务部门中通用。有了一致的可视化效果，一个业务单元的分析师和经理，就可以代入不同的产品或地区的角色，甚至可以参加会议并快速了解具体情况。

复查数据架构和基础设施

经济界的互联互通和数据驱动，是与日俱增的，公司如想充分参与并发力竞争，必须有能力处理各种数据，这些数据来自日益多样化的内部和外部，其体量呈指数级增长，其格式也越来越多样化。基于技术经济的发展速度极快，公司必须准备好：对其数据架构和基础设施进行不间断的复查和强化。从财务角度来看，公司必须考虑其集中管理、集中控制的数据流和系统（尤其是支撑交易处理、公司计划和报告以及主数据管理所必需的核心数据和系统平台），必须考虑其应用程序以及探索性数据分析平台，如图 3-2 所示。

在复查数据架构和基础设施时，公司不应只关注自己的内部需求，还应越来越多地考虑外部发展——可以是其自身行业领域或商业生态系统内的新兴报告标准（例如，不断发展的数据标准和通用的解决方案，以满足特定行业的外部报告要求和法规要求），也可以是创新解决方案，这些解决方案可能已在数字化成熟度更高的公司和行业成功应用（例如，可以带来新竞争优势的复杂分析解决方案）。同样，公司可能更喜欢采用标准化的而不是高度定制化的平台解决方案，标准化解决方案可以经由软件供应商提供的软件更新升级而不断增强，而定制化解决方案不仅实施成本高，还由于内外部需求的变化而难以维护。

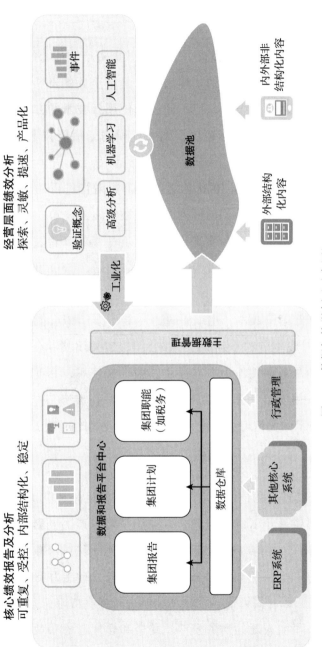

图 3-2　数据架构举例（示意图）

利用云计算

当然，数字技术的快速发展，对企业数据资产和能力的设计、发展，都产生了重大影响。云技术的快速增长，是最重要的发展之一。许多公司已开始采用、利用云技术，但不同公司使用云技术的方式仍有很大差异，从开发独立的试点应用程序，到大规模的云赋能技术和业务转型，都有很大差异。

2019年，在德勤对近3000名财务和企业高管进行的网上民意调查中，超过40%的人表示他们已经拥有或正在实施云技术。另有16%的人表示，他们正在对云这一选项进行评估，近一半的高管表示，云技术对其组织在不久之后的绩效表现至关重要。[11]但是，CFO可以从和云相关的投资中获得哪些好处呢？

例如，降低运营成本。也就是说，尽管许多组织已能实现有吸引力的IT相关运营成本节约（例如，一些公司决定关闭其专有数据中心，并将计算能力和服务软件作为按需提供的服务来使用；其他公司则在自己的数据中心采用了云计算软件，作为增加资源和加快工作速度的手段），但其实，云技术的关键好处可能来自技术、业务和运营模式的转型。

技术转型

通过改变其现有的技术环境，大多数公司的目标是提高灵活性（例如技术供应商提供基于云的服务包，以加快技术、产品创新和持续改进）、速度（例如云平台可能使公司有能力更快地进行创新与推出数字化产品和服务）、可扩展性（例如根据公司的具体需求，有能力灵活调整核心IT基础设施组件，以对其性能、资源和功能进行提高或降低）和安全性（例如，云允许公司引入新的财务模型、安全和合规考虑事项，以及服务跟踪要求）。[12]

此外，一些公司正在将云计算作为一个机会加以利用，借机加速更换其碎片状、复杂的陈旧数据和技术系统环境，这一战略举措本就举足轻重，采取了这样的策略，更是颇有前景。采用这种方法的公司已认识到，它们需要做的不仅仅是将其数据和技术解决方案"提升和转移"到云中——它们需要精心规划一种转型方法，并对其细心执行，以推动数据和系统环境的简化，此事仍然是至关重要的。例如，一家国际航空集团公司使用云技术建立了一个新的、协调的、集团范围内的数据和应用层，将集团内跨越几个国家的航空公司连接起来，但是，在很大程度上，它与各地原有系统并不挂钩。基于云的解决方案提供了一个标准化、简化、可扩展和灵活的环境，使集团公司能够"一体"规划、运营和管理业务绩效，同时为集团运营公司和航空公司提供指导和灵活性，使其可以对其核心运营流程和系统的现代化予以规划和执行。

业务和运营模式的转型

最后，老牌公司利用云技术改造其核心业务流程和运营，并创建新的数字商业模式。例如，大众汽车创建了云平台"大众工业云"，用于连接 100 多个制造厂、500 多个仓库和 1000 多个供应商及合作伙伴，其长期目标是将其全球 30 000 多个地点的供应链进行数字化并加以整合。该云平台整合了来自机器、传感器和系统的实时数据，同时应用高级分析对车间流程进行跟踪和优化。大众汽车首席信息官马丁·霍夫曼表示，在不同地区，公司的核心流程和运营都是不同的，这就造成将数据进行标准化和汇总是非常困难的。然而，正如霍夫曼所阐述的：

有了大众工业云，我们有能力做到这一点：整合来自所有地区的数据。未来，我们将能够评估与控制生产和物流的所有关键数据，无论其类型如何，并且是在全球范围内都这样做。我们将启用工业 4.0。[13]

总之，全公司范围内数据战略、数据资产和能力的开发，是一个内在的业务问题，也是一个重要的关键问题，业务和财务领导者必须熟悉这一问题。以各种形式和实例使用数字技术，特别是云技术，不仅是为了取代原有数据和技术系统，还是为了实现核心运营模式的数字化转型（如前一章所述），以及创建新的数字化商业模式（本书第三部分将讨论这个主题）。

那些要进行数据资产和能力转型的公司，若只着眼于短期成本节约，可能会面临的风险是，重蹈那些在约一个世纪前用电力取代蒸汽机以节约能源成本的昙花一现的公司的覆辙，然而，那些公司并不认为有必要为即将到来的新经济时代做好准备（如第一部分的概要介绍中所述）。简言之，想要参与互联世界的老牌公司，必须接受这样一个事实，即无论在哪个行业，数据都将是与客户、供应商或其他生态系统合作伙伴进行连接、互动和协作的关键促成因素（见图 3-3）。

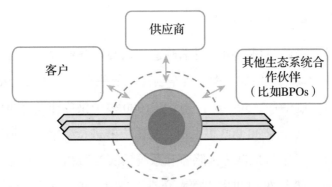

- ● 核心企业数据模型和平台（例如用于核心绩效报告及分析）
- ● 强化的企业数据模型和平台（例如用于经营层面绩效分析）
- ⟐ "共享数据"（例如连接产品、供应链、生态系统应用的数据流）
- ↔ 与客户、供应商和其他生态系统合作伙伴的持续数据交换
- ▱ 核心业务流程和运营

BPOs 业务流程外包服务提供商

图 3-3　数据支持的核心业务和运营模式（示意图举例）

将数据转化为分析见解

将数据转化为见解方面，财务部门的作用往往没有得到很好的界定，这可能会造成许多不必要的混乱和紧张——尤其是在这种情况下：已经成立了其他团队为企业提供业绩相关见解，而这却与财务部门过去宣布过的、属于自己部门的智慧重叠。在许多组织中，创建这些"数据和见解"团队不是为了挑战财务部门的作用，而是为了开发财务团队不愿或无法提供的专业分析能力。为了在分析中发挥作用（超出标准财务报告和绩效管理），CFO 及其团队必须从"管理业务"转向"经营业务"，这就需要以日常分析支持经营决策；而经营决策，通常不在 CFO 的市场和运营方面的权限之内。

虽然财务部门可以在商业决策中发挥作用，但是，财务部门若保持整体和独立的观点，应关注常规绩效周期的影响，而不是深入参与运营分析和决策，它将会为整个企业提供更好的服务。然而，企业领导者也意识到，在运营的空隙中，可能会丢失很多价值；而创建一线联合团队，将商业、财务和分析技能进行深度结合，以识别并解锁能创造运营价值的机会，这可能是对游戏规则的真正改变（我们将在第 7 章和第 9 章进一步探讨该主题）。

将数据和分析嵌入决策过程之中

数据和分析对决策的影响，以及由此对业务绩效产生的影响，我们已做了广泛讨论。数据驱动的决策和公司业绩之间，通常难以用统计数据对其相关性予以量化和证明。也就是说，有大量的实证研究认为，两者之间存在不可分割的关系。

例如，沃顿商学院（Wharton School）和埃信华迈（IHS Markit）在
2018 年进行的一项研究表明，"数据能力"企业的价值往往比低数据能
力的同行高出 3%～5%，并且数据能力企业已经建立了许多核心能力和
实践，尤其是那些使整个组织的员工能够做出更多基于数据和事实的决
策的能力和实践，与关键财务绩效指标（包括生产效率和毛利率）正相
关。[14] 弗雷斯特研究公司在 2018 年进行的一项研究估算表明，数据驱动
（并且以客户为中心）的企业年均增长超过 30%，领先于同行。[15]

当数据分析话题在许多领先的老牌公司中成为流行时，这些发现证
实了若干年前多项研究曾揭示的那些事情。例如，早在 2011 年，麻省理
工学院教授埃里克·布莱恩约弗森和他的同事，对 179 家大型上市公司
的商业实践和信息技术投资进行的调查发现，采用数据驱动决策的公司
的生产率有所提高，比采用其他投资和信息技术的公司的生产率预期要
高 5%～6%。[16] 该团队还发现了一些统计证据，表明数据驱动的决策与
其他业绩指标（如资产利用率、权益报酬率和市值）之间存在正相关性。
《麻省理工学院斯隆管理评论》和 IBM 商业价值研究院对 3000 多名高管
和业务经理进行的调查发现，与业绩较差的同行相比，业绩较好的公司
有更大可能将数据和分析结果用于决策。[17] 最后，贝恩公司 2011 年发布
的一项覆盖 750 多家全球公司的高管的调查发现，对于调查样本所涵盖
的所有国家、所有行业和所有的公司规模，决策有效性和财务业绩的相
关性都达到了 95% 或更高的置信水平。[18] 事实上，在决策和执行方面最
有效率的公司，产生的平均总股东报酬率比其他公司高出近 6 个百分点。

这些发现令人印象深刻，而且令人惊讶的是，这些发现经久不变。
当然，问题来了：CFO 能做些什么，来释放这些重要的价值机会？答案
就是：由技术创新连接并赋能，但（正如早期的发现表明的那样）要（重

新）设计决策过程以驱动之。

　　提及决策时，人们往往会想到由高管做出的少数重大战略决策。但是，企业每天都要做出成千上万的决策。事实上，组织运营的方式，正好可以被描述为并且被看作一系列决策过程。通过分解决策过程，我们可以看到，大多数业务决策，无论是战略决策还是运营决策，都趋于遵循一种相似的模式。首先，收集决策所需的数据，为决策提供信息。然后某人（或某设备）处理数据，以制订和评估备选行动方案。决策产生的结果，可收集起来形成反馈，这些反馈继而生成新的数据点，这些新的数据点可为下一个新的决策过程提供信息（见图 3-4）。

图 3-4　数据驱动的决策制定过程（示意图）

　　对决策过程以这种方式分解，表明了数据是一项重要的输入因素，但此外还需要考虑其他重要因素，尤其是数据处理者和决策制定者。事实上，我们可以看到，虽然数据可能有潜力对决策进行优化，但是，产生见解并向决策提供信息的是数据处理者，而发起执行的是决策制定者。换句话说，正是数据处理者和决策制定者解锁了数据创造价值的潜力。我们可以假设数据处理者和决策制定者都是人；然而，在一个数字化成熟的组织中，越来越多的人工会被机器支撑或取代。人和机器都可以成为强大的数据处理者和决策制定者，尽管两者并不相同，但事实上是互补的，各有重要的优缺点，在运用时应予以考虑。

　　因此，为了挖掘"数据驱动决策"的真正价值，CFO 可能需要更加自觉地努力检视并重新设计其关键决策过程。遵循设计思维的原则，他们应该对数据处理者和决策制定者都给予特别关注。从最广泛的意义上讲，CFO 可以区分以下三种决策类型。

1. 战略业务决策：这类决策的类型之一是，数量不多、至关重要的战略性业务决策。一般而言，战略业务决策是由人（例如，高管）与人的互动和判断（例如，在执行董事会会议期间）做出的。为这些决策做准备，需要全面利用数据，这些数据将会被分析、被汇总（例如，通过董事会陈述），从而为决策提供信息。换句话说，数据驱动的决策制定已经是常态，因此，未来以机器赋能进行强化的机会相对有限。也就是说，通过使用数据和机器支持的情景模拟和仿真，可以显著强化战略决策过程，这一机会如图 3-5 所示，我们将在第 8 章中对此做进一步探讨。

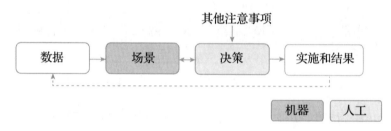

图 3-5   数据驱动和机器支持的战略业务决策（举例示意图）

2. 交易决策：这类决策的另一种类型是，CFO 可以专注于大量交易性业务决策，这些决策是驱动公司运营的引擎（见图 3-6）。如前一章所述，这些决策为强化数据驱动的决策、强化价值创造提供了重要机会。非常有趣的是，大量消费者和流程生成的数据可以为自学习算法和机器提供信息，从而运行、监控和持续改进核心业务流程和运营，却无须人工直接参与其中——像亚马逊这样的公司已然非常有效地利用了这一机会来形成竞争优势。

3. 运营业务决策：对于老牌公司，特别是对其 CFO 及其财务团队而言，最有趣的价值机会，可能出现在执行层的交易决策和高管层的战略业务决策之间：每天在前线做出的诸多运营业务决策，这些决策涵盖公

司业务的方方面面（见图 3-7）。这些决策，包括从研发中的投资组合优
化决策到销售中的定价决策。这些决策大多频繁发生，但也各自具有独
特性和复杂性，这就要求将机器支持的数据驱动分析和人工判断综合在
一起。想象一下，一台人工智能驱动的机器可以处理数据，从而进行预
测，并拟定多种可能的措施，然后人类可以利用这些措施来决策出最佳
的前行之路。[19] 这种人机协作的主要先进之处在于，人类不需要与数据直
接交互，而需要与机器处理数据之后所产生的可能结果和预测情况进行
交互。人们可以利用额外的信息或考虑其他因素，例如战略优先级、人
文偏好及价值观、动态系统复杂性，以确认机器的客观合理性，或从机
器的结果和预测情况起步。[20]

图 3-6　数据驱动和机器支持的交易决策（举例示意图）

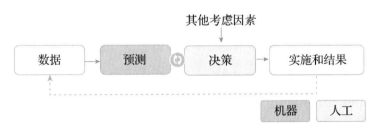

图 3-7　数据驱动和机器支持的运营业务决策（举例示意图）

　　通过强化这些运营业务决策，从而释放和保护新价值的机会，这种
机会可能是非常重要的，但在很大程度上，这种机会尚未被开发利用。
这些机会，对于财务部门的业财合作人员和敏捷运营模式中的一线业务
团队尤其重要，本书将在第 7 章和第 9 章中详细探讨这一主题。

数据驱动的销售推广管理和优化

对于任何消费品牌老板而言，销售推广费都是损益表中仅次于销售成本的第二大项目。事实上，销售费用在20世纪的头20年中增加了两倍，在许多公司，可能达到年销售额的40%。只有极少数公司成功开发了分析能力，来优化其促销支出的效果和效率。除此之外，还需要收集各种各样的数据集，这些数据集通常被围困在各种未连接的功能系统以及外部来源中，还被围困在大多数老牌公司广泛使用的电子表格中。大多数公司发现，很难把销售推广投资集中起来推动特定类别的销售增长。

现在，许多公司正在寻找新的方法，将其工作流程数字化，并使用先进的分析和人工智能优化其促销活动的支出，重点关注决策过程的两个主要方面，这两个方面彼此相关，但解决方案选项略有不同：

第一，开发使用 TPM（促销管理）解决方案，这些解决方案应用机器学习技术，将劳动密集型的数据收集和处理过程予以自动化，并将与规划、监控和优化促销活动相关的业务工作流也自动化。

第二，TPO（促销优化）解决方案，使用人工智能实现更加强化的数据驱动决策过程，以向决策者提供"假设"场景（包括价格弹性计算和同类分解建模的高级分析）和相关的"次优行动"建议，决策者可以利用这些输入信息来优化促销活动，以提高销售增长。

公司已经意识到，将这些解决方案嵌入到传统的决策过程中，人和机器能以这种方式相互支持，从而把以前难以释放的一系列重大的、明显的商业利益和价值予以释放，包括销售额增加、市场份额增长、优化促销支出的回报，显著减少了制定和跟踪促销计划所需的时间和精力。

考虑到业务问题的复杂性，可以应用人工智能驱动的决策技术，但是，这些技术为了满足公司的特定需求，往往要根据不同公司的具体情况进行设计和实施。

培养数据驱动决策的企业文化

尽管有这么多关于数据、挑战和机遇的交流，但令人惊讶的是，即使是全球领先企业，在培养数据驱动决策的文化方面，也进展极微。NewVantage Partners 进行的一项年度调查发现，认为自己是"数据驱动型"的全球性领先公司的比例已明显下降，从 2017 年的 37% 下降到 2018 年的 32.4%，再下降到 2019 年的 31%。[21] 我们似乎正在目睹令人失望的数字退化，而不是目睹企业在发展提升其数据掌握能力和数字化成熟度。为什么会这样呢？

在寻找导致这一明显下降的关键动因时，调查发现，成为数据驱动型的最大挑战显然是人（62.5%），其次是流程（30.0%）。这些发现可能会让这些人感到意外：他们原本希望仅靠投资于技术，就能帮助他们赶上更精通数据的同行。然而，虽说"做对技术方面"是必要的，但这并不足够。尽管技术创新创造了诸多机遇，但"光芒四射的新型数据驱动文化"是无法购买或租赁的，必须自行培育和发展。

在推动数据驱动文化时，公司可能面临的最难挑战是：改变领导者和员工的集体心态，让他们乐于接受数据。约 72% 的被调查者，主要是 C 级高管（97.5%）表示，他们的企业未能实现这种心理和文化变化。人类往往对自己有能力做出理性判断感到喜悦，却对未知事物感到恐惧。综上所述，许多高管及其团队仍然对"数据驱动分析"可增强其决策能力的理念予以抵制，至于先进的分析和算法就更不用提起了，这并不奇怪。事实上，许多高管将这些解决方案视为发生神奇事情的"黑箱"，这往往是弊大于利的。

改变人们对数据的看法并不容易，但这是领导者的一项重要责任，尤其是对于 CFO 而言，由于其职位的本质，他们可以作为数据驱动决策的促成者、行为楷模和大使，产生巨大的影响。如果 CFO 并不相信在决策过程中可以利用数据，那么很难期望其他人接受数据驱动的观念。以身作则是 CFO 能够撬动的最有力的杠杆之一。其他杠杆还包括展示有形成果（例如，在运营决策制定过程中选择的高价值机会），以及在更广泛的组织（而不仅仅是小业务单元）范围内发展数据技能和能力，这些技能和能力包括从基本数据管理技能到数据分析，再到"讲故事"的能力。

CFO 要兼具勤奋与耐心。创建和培育数据驱动的企业文化需要时间，不能仓促行事，但此事是绝对应该解决的，并且现在要比过去更加重视。随着时间的推移，这些投资可能会得到回报：德勤在 2019 年进行的一项高管调查发现，对数据驱动决策具有强烈文化导向的组织，其业绩"大幅超目标完成"的概率是其他企业的两倍。[22]

关于数据，本章结尾的思考

在互联世界中，数据并不稀缺，而是丰富可得的。其熵性质具有无限扩展的潜力，这意味着数据的供应实际上是无限的。事实上，获取数据的成本以及（原始）数据的价格和价值正在加速下降。从数据中产生价值，并不在于获取和存储数据，而是将数据流转换为有意义和可操作的见解。毕竟，数据不应和"新石油"相比。相反，CFO 应该将数据设想为一种无限的能量流，他们可以利用数据并将能量流转化为互联世界的

"新电力"——当与自学习算法和机器、人类的想象力和勇气结合使用时，数据能够让我们重新想象我们的业务和经济可以如何运行。

注释

1 NPR (2012) 'Signal' and 'Noise': Prediction as art and science, NPR, 10 October

2 Redman, TC (2016) Bad data costs the US $3 trillion per year, *Harvard Business Review,* 22 September

3 Redman, TC (2017) Seizing opportunity in data quality, *MIT Sloan Management Review*

4 DalleMule, L and Davenport, TH (2017) What's your data strategy?, *Harvard Business Review*

5 Shaywitz, D (2019) Novartis CEO who wanted to bring tech into pharma now explains why it's so hard, *Forbes*, 16 January

6 Gurumurthy, R and Schatsky, D (2019) Pivoting to digital maturity: Seven capabilities central to digital transformation, *Deloitte Insights*, 13 March

7 Ehrenhalt, S (2016) Crunch time: Finance in a digital world, Deloitte

8 Friedman, F (2014) Why CFOs should 'own' analytics, *CFO*, 29 October

9 Davenport, TH (2010) *Analytics at work: Smarter decisions, better results*, p 23, Harvard Business Review Press, Boston, MA

10 Smith, T, Stiller, B, Guszcza, J and Davenport, T (2019) Analytics and AI-driven enterprises thrive in the Age of With, *Deloitte Insights*

11 Deloitte (2019) Crunch time 8: The CFO guide to cloud

12 Deloitte (2018) Transform with cloud. Drive your future. The cloud journey ahead is dynamic, fast moving, and full of competitive advantages

13 Volkswagen (nd) Interview with Martin Hofmann, CIO of the Volkswagen Group, and Gerd Walker, Head of Volkswagen Group Production

14 Hitt, L and Morrow, J (2018) How to unlock the business value from data, *Management Today*

15 Hopkins, B, McCormick, J, Schadler, T with Sridharan, S (2018) Insights-driven businesses set the pace for global growth, Forrester

16 Brynjolfsson, E, Hitt, LM and Heekyung Hellen, K (2011) Strength in numbers: How does data-driven decision-making affect firm performance? 22 April

17 Kiron, D, Shockley, R, Kruschwitz, N, Finch, G and Haydock, M (2011) Analytics: The widening divide, *MIT Sloan Management Review*

18 Blenko, MW, Mankins, MC and Rogers, P (2013) Decision Insights, *Compendium* (Issues 1–5), Bain & Company

19 Agarwal, A, Gans, J and Goldfarb, A (2018) *Prediction Machines: The simple economics of artificial intelligence,* p 76, Harvard Business Press, Boston, MA

20 Colson, E (2019) What AI-driven decision making looks like, *Harvard Business Review*

21 Bean, R and Davenport, TH (2019) Companies are failing in their efforts to become data-driven, *Harvard Business Review*, 5 February

22 Smith, T, Stiller, B, Guszcza, J and Davenport, T (2019) Analytics and AI-driven enterprises thrive in the Age of With, *Deloitte Insights*

| 第 4 章 |

一切都与人相关

人工工作的概念变迁

1964 年 3 月，林登·约翰逊总统收到了一份备忘录，这份备忘录由诺贝尔经济学奖获得者、出版商和科学家组成的委员会签署，该备忘录警告总统，计算机和"自动化的自我调节机器"将在所有劳动领域逐步取代人类。备忘录的意思是，这种所谓的"自动控制"已经通过"重组经济和社会体系以满足自身需求"发生了。准确地说，委员会确信，自动控制最终会导致大量人员失业，并且这种情况是会长期持续的。[1]

委员会的预测，在许多方面是正确的：计算机已经极大地改变或取代了众多传统上由人类完成的工作。然而，这份备忘录也传递了一个重大的错误概念：自动控制非但没有造成大规模失业，反而已成为全球经济的基础性底盘，从而引发了信息驱动工作的显著净增长，创造了新的就业机会，并对劳动力进行了重大重构，从而形成了一个全球运作的工作场所。互联世界的发展进化，不仅将加速这些趋势，而且必将达到新的水平——那就是影响知识和信息驱动的工作，而承担这些工作的，是包括财务部在内的所有业务部门。

我们对"工作"的概念，因技术发展而产生如此巨大的变化，已经不是第一次了。在整个20世纪对工作的定义都是基于这一理念，即如果核心业务流程可以分解为工人可以专门从事的可预设、可重复的任务，那么产品和服务就可以"制造"得更快、更便宜、更优质。这种工作定义在许多大型组织中仍然适用，尤其是在运营和职能领域，包括财务领域。当然，这些领域的工作可以而且应该随着技术的发展而实现自动化。如果要在人和机器之间选一个来执行日常活动，例如标准流程或控制，那么机器应该每次都能胜选。

然而，技术创新既消除了人工工作，又创造出新的人工工作。世界经济论坛预测，到2025年，可以创造超过1.3亿个新工作岗位，而可能消失的工作岗位只有7500万个。[2]虽然工作本身可能会发生重大变化，但大多数工作岗位将继续存在。由于机器承接了重复性的任务，未来人们的工作将不再是例行常规，而是要么专注于创造和运行新创建的、由机器驱动的操作，要么将更加专注于机器无法执行的活动，例如复杂问题的解决、交互和交流。

为使变革成功，领导者需要花时间调整他们策划工作的方式。仔细斟酌一下，未来的工作究竟会是什么，或者确定会是什么？如果机器能够接管日常活动，那么我们如何释放和利用人工的潜力，在新的领域以新的方式创造价值？还有，需要什么样的（新）人工能力？在一个由机器经营公司的时代，这些问题都是需要提出的，这些问题重要且潜在的影响巨大，然而，似乎很少有领导者足够重视这种与人相关的变革。

根据德勤全球人力资本趋势调查，在所有参与调查的高管中，只有不到 20% 的人认为他们的员工和组织已经为未来的变革做好了准备。[3] 虽然他们承认还需要更多关注与人相关的变化，但很少有人花时间回顾和思考以下关键点：首先，"工作"（什么）本身受到影响和发生改变的方式——不仅是重新设计和自动化将如何影响现有工作，而且，非常重要的是，企业数字化转型将如何创造新的工作。其次，工人（谁）需要怎样发展未来有效工作所需的能力，以及在未来如何通过人机劳动的结合来实现这些能力。最后，需要以什么方式（怎样）重新设计工作场所，特别是如何组织工作和工人，以满足我们日新月异的互联世界的需求。

为了未来，提炼工作

领导者应该对新创造出的工作、创造价值的机会这些领域的快速发展扩大予以探索，而不是只关注现有工作的自动化，领导者应关注工作本身的完善，以及对下属员工的影响。正如约翰·哈格尔（John Hagel）所强调的："虽然，看起来高管和思想领袖们正在热烈讨论未来的工作，但很少有人提出最基本、最根本的问题：工作应该是什么。"[4]

虽然数字化转型可能是释放更多工人能力的关键催化剂，但它不仅仅是用机器替换或增加工人，或者重新组合劳动力，或者简单地将工人重新部署到其他地方。与其说是"工作的未来"，不如说是通过识别和解决（新）工作中以前未发现的问题和创造价值的机会，在所有时间、所有级别为所有人来定义"未来的工作"。

例如，随着核心流程和运营数字化转型的不断推进，运营财务中的传统角色将在 21 世纪 20 年代完全消失。然而，与此同时，也需要创建新的工作岗位，例如，正在进行的以算法为支撑的流程的持续设计、配置和维护——需要混合核心财务能力，并辅以数据科学、用户体验设计和技术架构。对于面向业务的财务领导者来说，情况也不例外：他们面临着不断快速变化的业务、运营和盈利模式，以及持续的监管变化与相关的商业机遇和风险，这将会增加对高级财务能力的需求，以助力释放和保护价值。

财务团队已经习惯于变革，但许多人尚未准备好应对如此之快的步伐。在许多组织中，准备工作缺乏以及由此导致的财务能力缺乏，造成了真正的问题，尤其是对于那些希望寻求财务部门帮助以应对重大业务动荡、机会和风险的企业领导者而言，更是如此。2014 年，德勤在英国进行的一项每两年一度的研究表明，平均不到 10% 的全球性龙头公司将财务部门提供的分析视为制定决策的主要来源[5]——这是一个令人担忧的趋势，如果没有针对性的干预措施来完善财务部门业财合作岗的工作、角色和能力，这种趋势只会持续下去。

具有讽刺意味的是，对于 CFO 来说，因为要支持不断变化的业务和展示财务工作可带来的价值，由此而产生的完善财务工作的机会之大，前所未有。但是，只有少数财务领导者已经迎接了机遇和挑战——太多的财务领导者仍然受到更具挑战性的成本限额的影响，这些限额似乎在不断表明，根据定义，最廉价的财务职能就是"世界级水平"的。

业务需求和财务驱动的业务支持之间，产生这种错配的根源何在？据德勤的研究，答案很清楚：不到 20% 的财务领导者认为，在我们快速变化的业务中，财务部门增加企业价值的机会已经得到了充分阐释。[6] 因此，财务团队仍然专注于现有的工作活动（其中许多活动已失去了相关性，并随着时间的推移变得自动化），而不是积极准备和寻求创造价值的新机遇。

此外，可用于财务的技术创新速度加快，但很少带来分析能力的相应提升，从而产生更好的业务见解。事实上，接受调查的业务和财务领导者表示，虽然他们的团队可能具备一些分析技能和经验，但他们越来越缺乏形成见解的能力，而这些能力，是与快速变化的业务相结合、实施业财合作所需的。许多受访者表示，他们的团队仍然在电子表格上花费了大量时间，主要是为了准备周期性的事后报告和预测，而不是为了准备企业领导者为解锁下一波跨业务的价值机会所需的信息。怪不得许多企业领导者决定发展自己的能力，而不是依赖财务部门。

也有一些财务团队脱颖而出——不完全在效率方面，还在对业务的影响方面。他们持续聚力于自我革新，从而为业务增加价值，这使他们与众不同。他们往往比其他人更频繁地重新配置资源，以应对不断变化的优先事项，他们在人员发展方面投资更多，他们利用技术更有效率——尽可能快速实现当期日常活动的自动化，将流程数字化，并使用数据分析来强化其决策过程，以应对新出现的诸多价值机会和风险。这些团队深信，数字化转型并非减弱而是增强了财务在互联世界中的作用——如若他们继续保持开放的学习态度，并在业务需求的驱动下不断改进工作，这种信念将持续下去，我称之为"跟随价值"。

跟随价值

几家领先的全球公司采用了"跟随价值"的思路和概念，对业务转型、绩效和增长产生了重大的积极影响。一些公司开发了简单实用的机制和工具，将这一概念付诸实践。

例如，一家领先的全球制药和消费者医疗保健公司的财务领导团队发起了这场变革之旅，将该组织各部门的关键财务和业务领导者聚集在一起，共同对新兴的、看不见的短期和长期的价值创造机会进行确定、详述、排序，并讨论财务部门需要提供哪些资源和能力，来帮助业务部门应对这些机会，从而在企业价值创造和价值保护方面再上新台阶。

被称为"财务价值地图"（见图 4-1）的图示开发出来了，体现了这些工作会议的成果，地图说明了每个业务领域的主要价值机会，例如，在公司或部门层面更动态地配置资本的机会，强化研发方面的组合投资，强化促销管理，优化销售和营销等。财务和业务领导团队，能够使用这些财务价值地图来选出数量不多的、优先级高的价值机会，这些机会可以释放重大的、尚未发现或尚未开发的业务价值，并且可以在第一批试点中予以解决和验证。

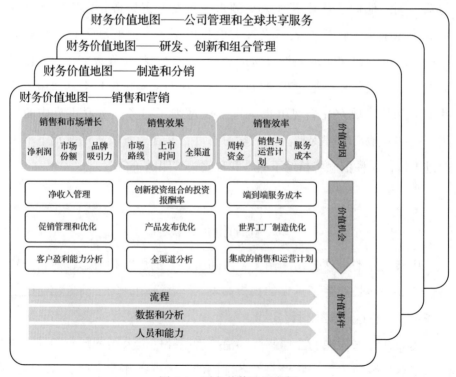

图 4-1   财务价值地图举例

对于每一个优先考虑的价值机会，都建立了一个新的一线团队，其成员来自公司业务、财务和技术领域，来源范围更加广泛。该团队的最初任务是分析如何在实践中解决和释放价值机会，纳入考虑的方式有：决策过程、使用高级分析以及其他形式的有针对性的干预措施。在试点阶段，通过实际用例提供价值创造机会的明确证据是一项关键要点，要以迭代的方法来细化、测试、验证和优化决策过程中真正的"重要时刻"，也就是大家所说的价值事件。

团队不仅要描述每个价值机会的有形的输入、活动、决策点和输出，还要描述他们认为对团队来说很重要的无形的方面，特别是他们认为对成功至关重要的心态、能力、经验和行为。立足于现实业务环境和实例，并与公司的核心能力架构相关联，该团队得出的结论和建议具有高度的针对性、相关性和可实施性。

以这种相对简单的方法，该公司能够确定约 140 个可在中短期实施的价值创造机会，这些机会代表着未开发的潜在的价值创造和价值保护，约占该公司净收入总额的 3% 至 5%。

"跟随价值"的理念为持续开展以价值为导向的工作创造了机会，这使得 CFO 能够将工作重点从可自动化的常规活动方面，转向进一步发展和新出现的业务价值机会、业务风险方面。虽然日常活动的自动化仍然是释放能力的重要转型步骤，但数字化转型中与人员和能力相关的方面，必须远远超越人工自动化，或用机器增加人力以提高生产力。"跟随价值"，意味着每个人在任何时候、任何级别都在积极主动地尝试寻找新的方法，来解锁新的业务价值机会，或降低新的业务风险。采用"跟随价值"的概念，或采用类似的方法为将来改进工作，可以帮助 CFO 及其领导团队释放和保护重要的业务价值——通常数倍于将现有工作自动化

所能带来的价值。它证实了财务团队可以发挥的关键作用和做出的贡献，同时强调了培养和发展核心人员行为和能力的必要性，但是我们需要更加重点关注并且是持续地关注工作的改进、新认知能力的发展，以及创造一个工作场所，使组织更具敏捷性和灵感，并且激励员工不断学习和成长。

为未来准备知识型员工

对于企业而言，它们面临的一项重大挑战是，需要培养更多新的人工技能，以适应不断变化的业务，并跟上技术创新的步伐。应对新的商业机会和风险所需的技能清单，其增长速度往往快于工人接受培训的速度。在此情况下，仅关注能以培训获得的技能，不足以建立一支适应未来的员工队伍。

乐于"跟随价值"的企业，应更加注重培养核心能力，如好奇心、同理心和创造力，这些技能是持续主动地识别、获取和应用新技能的基础能力。更多关注能力开发，可能会释放人的动力和想象力，以识别和探索各种新的价值创造方式，例如，联系客户、员工和其他人，了解他们不断变化的需求；识别并适应高度具体和快速变化的商业环境；与他人沟通和合作以及开发新的工作方式，均可创造价值。与技能不同，这类活动适用于多个领域，并且会随着时间的推移而实际发生。[7]遗憾的是，很少有公司对核心人员能力的开发给予足够关注——对于更具创造性的职能和角色可能会有一些例外，但通常不会在财务领域。

培养核心认知能力

核心认知能力是我们作为人类天生的、与众不同的能力，例如好奇心、同理心、创造力和想象力。它们不是固定不变的，而是可通过有意识的练习和合适的工作环境来培养和发展。然而，若被忽视，这些能力可能会变得不发达，并且会处于休眠状态。

在《全新思维》一书中，商业作者丹尼尔·平克对此做了描述：在20世纪，工作的可预测性和系统性，让人们使用和发展所谓的"左脑"能力，如分析性和系统性思维，而牺牲了"右脑"能力，如好奇心、同理心和创造力。[8]这是进入互联世界的财务团队面临的共同挑战。虽然没有从解剖学角度得到科学证明，[9]但"左脑/右脑"模型仍然是一个非常有用的框架，它提醒 CFO 注意左右两侧的能力都要开发。识别价值创造的新机会、创造新思路、重新设想新的工作方式、跨领域连接和沟通的能力和动力等，越来越需要高度发展的核心认知能力。

CFO 可以通过帮助员工发展强化的认知能力来支持他们，特别是那些需要驾驭与日俱增的组织关联性和信息复杂性的员工。随着时间的推移，强化的认知能力被建立和完善，这使人们能够在不断变化的环境中调整自己的思维方式，调整自己的沟通和协作方式。

以不同的方式思考

我们适应新思维方式的能力，在驾驭互联世界时发挥着重要作用，该能力需要发展两种重要的认知能力——语境思维和元认知。

- **语境思维**是指，我们能够以不同的视角和角度（即不同的语境）看待不断变化的需求和信息，并拓展我们的视野，在互联世界中，我们的工作环境是由各种力量、机会和风险所决定的。此外，语境思维对于从他人的角度看待世界（例如理解他人的愿望和需求）至关重要。这样做有助于我们在越来越多的此类背景下建立信任关系：跨职能、跨组织、跨部门或跨境的互动与合作。

- **元认知**与语境思维有关。它描述了这种能力：跳出问题看问题，反思新老问题的解决策略及其执行情况。它还描述了心理灵活性：快速切换到替代策略。在许多方面，它是最基本的认知学习能力，因为它指的是"对思维做思考"的能力，特别是质疑以往思维方式的能力，以及在必要时采用新思维方式的能力。元认知有助于我们避免钻死胡同，并使我们识别新的机会和风险，具体通过鼓励这些重要行为来实现：例如，提出好问题，而不是急于找到"经过验证的解决方案"；采取积极措施寻找替代解决方案；挑战和改变根深蒂固的思维模式和工作方式。

语境思维和元认知，都代表了机器无法实现的能力，因此，这是人类需要开发的重要能力。

以不同的方式沟通

在各个不同且不断变化的环境中，与各种利益相关者进行有效互动，所需的智力、同理心和认知能力往往被低估，尽管如此，这仍然是财务部门跨组织角色的一个核心方面。组织之间的联系不断加强，信息和沟通渠道的爆炸式增长，都进一步增加了需求，要求员工具有精细沟通能力和有效沟通能力。

机器承接了越来越多的日常工作、方法论和分析性任务，财务领导者及其团队应该随之做好准备，花费远多于过去的时间来发展他们的沟通能力。多项研究表明，具有强大沟通能力的人，能够以同理心进行沟通和指导，能够在情况不明时做出结论，能够为复杂的分析提供清晰的解释，或通过讲故事表达建议；对此类人才的需求正在增加，并将继续增加。

复杂度低的交流，可能会被新兴的认知技术（如自然语言识别和处理）所取代，或至少得到其帮助。但是，在未来的许多年里，感情移入和语境交流仍将是人类的领域。事实上，引入交流平台将需要新的能力，例如通过使用、组合各种语言和非语言、视觉和数字手段，来分享有意义的、清晰和简洁的信息——如果真有这些能力的话。

以不同的方式协作

在工作场所，有效进行协作从未像现在这样重要，但要正确实施却并非易事。当一个组织缺乏协作、缺乏团队合作时，它要么最终成为一堆工作筒仓的集合，要么出现另一种极端——花太多时间召开无效会议。

协作技能，是和他人一起有效协作完成共同任务的能力，是根据他人的意图、需求和贡献采取行动的能力，是协调不同观点、为团队和公司找到最有利解决方案的能力。然而，正如本书前几章所述，更加多样化的劳动力、跨职能协作、敏捷和远程工作以及与机器的"协作"，都使协作不断趋于复杂。复杂的协作，可能需要一些调整，但它为财务部门提供了一个激动人心的机会，使财务部门能为我们日益模块化的组织提供"黏合剂"。

创造鼓舞人心的工作环境

工作的精细化以及相应人工能力的培养，不是一蹴而就的，而是一个持续的过程，该过程应该成为未来工作本身的一个关键方面。CFO 应创造这样一个工作环境：鼓励和支持持续进步、能力发展和大规模的学习。

培养成长心态

鼓励持续学习，是创造未来劳动力的一个必不可少的方面。CFO 可通过帮助员工培养成长心态来支持他们，可以是个人的成长心态，也可以是团队的成长心态。具有成长心态的人相信，他们的能力将通过持续的努力和实践得到发展。斯坦福大学心理学家卡罗尔·德韦克表示，具有成长心态的人，通常更能自我驱动，并且渴望接受新的挑战以提升自己的能力。[10] 与具有思维定式的人不同，具有强烈成长心态的人，在积极反馈中苗壮成长，并将失败和错误视为更快学习的机会。

成长心态，是持续学习文化的关键促成因素和驱动因素。许多龙头公司已经开始进行巨额投资，以支持其员工和团队的这一进程。例如，当一家公司转向"人工智能优先"的成长心态时，该公司为 18 000 多名员工推出了一项新的能力发展计划，覆盖了该公司全球所有的职能部门。为了鼓励持续的、实验性的学习文化，该公司创建了一种有机的支持模式，从正式的课程学习到员工之间非正式的知识分享，使未来的人才队伍更加壮大。

一些公司已经开始为员工留出时间，将他们的新能力付诸实践，具体是通过推动基于人工智能的创新，以及试行他们感兴趣的项目。作为回报，该公司不仅从有意义的、实用的数字创新中获益，还能让员工感受到自己被激励、被重视、被培养。这些公司，能够增强员工的成长心态和热情，并鼓励更多的组织协作和大规模学习，从而创造一个能够吸引未来人才，并鼓励员工能力持续发展的环境。

创造组织敏捷性

为了应对不断的变化，许多大型老牌公司已经开始打破僵化的组织结构。创建模块化团队结构，尤其是在业务前台，围绕数字化核心业务流程和运营进行运作，是大型公司数字化转型的关键方面，也是本书将在第二部分进行深入探讨的一个重要话题。将业务作为一个整体，朝着这个方向发展，为激励"跟随价值"，在财务前台和后台团队中创造更大的灵活性，很可能会开拓新的组织模式和工作方式。

例如宝洁等公司，从共享服务的角度，引入了"工作流"的概念。宝洁公司首先在其 GBS 组织中引入了这一概念。"工作流"概念，通过为 GBS 团队创造更大的灵活性来使其关注不断变化的优先业务，从而解决了这样一个问题：服务需求的本质取决于特定项目，并具有波动性。虽然有些工作仍然被预先分配给固化的服务岗位，但仍有很大一部分资源是被后续分配的，以满足具有最高紧迫性、战略相关性或最高回报的业务需求和业务方案。员工不是局限在一个业务单元中工作，而是被分配到灵活的临时团队中工作，以便组织起来连续处理紧急事件和任务。2005 年，收购和整合吉列公司就是这样一项任务——以 570 亿美元的成本增加了 30 000 名员工，涉及最具挑战性的方面之一：对所有后台功能和信息技术进行整合。采用"工作流"概念，宝洁公司将其大量灵活的劳动力分配去做优先的整合任务，使他们能够在短短 15 个月内完成大部分后台整合工作，耗费的时间，不到这种规模收购通常所需时间的一半。整合带来的协同效应，每天节省约 400 万美元，折算下来，共节省了近 20 亿美元。[11]

"敏捷业务合作"的概念和宝洁公司的"工作流"概念类似。敏捷方法为财务部门的业财合作岗提供了更大的灵活性，使其能够"跟随价值"，具体方法是：人员在敏捷的一线团队中运作，专注于关键业务事件和价值机会，而不是被直接分配给业务线或职能部门的领导。联合利华的财务职能部门率先提出并成功地实施了这一概念，作为其"未来财务"转型迈出的第一步。该方案着重于"少花钱多办事"的方法，具体是在恰当的时间、将恰当的财务能力配置给合适的业务需求，并且，其灵活性支持150多个市场和3个全球部门的业务实现差异化增长。

通过更有效地利用资源，"敏捷业务合作"概念使公司能够降低成本、提高生产力、提高速度和敏捷性。最重要的是，它创造了一个这样的环境：允许财务团队将注意力集中在新的、不断出现和发展的业务需求上，有时是意想不到的、高优先级的业务事件，或所说的"紧要关头"——在这种时间点，财务团队识别新的、重要的机会，以释放或保护重要的、明显的业务价值。为了帮助人们从角色固定的"合作组织"过渡到角色和任务灵活的"跟随价值"，联合利华对核心行为和能力的定义和培养，给予了特别关注。

在我主持的一次CFO座谈会中，以及在后来，也就是2017年《华尔街日报》的CFO日报栏目发表的一篇文章中，[12] 联合利华的"未来金融"前副总裁马克·沙德拉克表示：

变革，从根本上而言，是关于管理的变革，是关于人的变革。我们需要为我们的财务团队带来清晰的目标和坚定的信心，以确保每个人都有信心摆脱这样一种旧的模式（每位业务领导者都有一名财务人员作为他们的专用资源），每个人都有信心转型实现新的平衡（在卓越团队和更灵活的业财合作岗之间的新平衡）。

为此，沙德拉克解释说：

我们阐述并论证了我们希望财务部门表现出的行为，其中包括了勇气和责任心。我们还摆脱了筒仓式工作，并强调大肆宣传变革的理由：变革中有个人、团队、财务组织和整个企业的利益。

建成新的敏捷组织结构是联合利华迈向广泛认可的、未来导向的财务职能的重要一步；并且，通过投资创建一个以协作和学习为导向的工作场所，例如建成数字协作和学习平台，使敏捷团队保持联系，并快速、大规模地分享学习成果，这种敏捷组织结构的功能会得到进一步加强。

注释

1　Levy, F (2005) *The New Division of Labor: How computers are creating the next job market*, p 1, Princeton University Press, Princeton, NJ

2　World Economic Forum (2020) Annual Meeting, 21–24 January 2020

3　Deloitte (2020) 2020 Global Human Capital Trends report: The social enterprise at work, Deloitte

4　Hagel, J III and Wooll, M (2019) What is work?, *Deloitte Insights*, 28 January

5　Horton, R (2014–16) Finance business partnering: Less than the sum of its parts, Deloitte

6　Horton, R (2014–16) Finance business partnering: Less than the sum of its parts, Deloitte

7　Hagel, J III, Wooll, M and Brown, JS (2019) Skills change, but capabilities endure: Why fostering human capabilities first might be more important than reskilling in the future of work, *Deloitte Insights*, 30 August

8　Pink, DH (2005) *A Whole New Mind: Why right-brainers will rule the future*, Riverhead Books, New York, NY

9　There is truth to the idea that some brain functions reside more on one side of the brain than the other, which for example has been observed from what is lost when a stroke affects a particular part of the brain. So, location does matter. But for more individual personality traits, such as creativity thinking, or a tendency toward the rational rather than the intuitive, there is little or no scientific evidence supporting a residence in one area of the brain. See Robert H Shmerling (2017) Right brain/left brain, right? Harvard Health Publishing, Harvard Health Blog

10 Dweck, CS (2006) *Mindset: The new psychology of success*, Random House, New York, NY

11 Martin, RL (2013) Rethinking the decision factory, *Harvard Business Review*, October

12 CFO Journal (2017) For CFOs, disruption gives rise to new leadership challenges, *The Wall Street Journal*, 25 October

| 第 5 章 |

工程师视角的总结

主要观点

当第一部分即将结尾时，也许值得我们停下来稍做思考，总结我们在这三章中发现的关键观点，特别是设计思维艺术在发展数字化成熟度过程之中的应用。

毫无疑问，数字化转型仍然是所有行业公司的首要任务。对于许多老牌公司来说，这一过程需要对其运营模式进行重新构想和重新设计，尤其是核心业务流程和运营、核心数据基础和核心组织结构。

在实施过程中，绝不能低估转型变革对人们产生的影响。在此，我们讨论的"转型变革"，不仅是采用新的能力或组织模式，而更重要的是对工作本身进行重新认识并且持续完善。因此，它不仅与变革管理有关，还将"人"置于转型变革这一事项的中心位置。

设计思维远远不止是一种强大的"工具"，它使我们将变革重点和努力集中在解决人类需求和愿望上。更具体地说，设计思维的艺术，通过使用数字技术创新达成促进和扩大，这使我们能够挖掘和释放人类的愿望和潜力所蕴含的巨大力量——可以是客户的需求，还可以是员工的想象力和动力。

如果 CFO 们只想从本书第一部分中了解一件事，那就是：在其最基本的层面上，数字化转型不是仅将工作自动化，而是使用技术对工作进行改进，这种改进方式，可以释放和增强人员潜力。

真正采纳这一新观点的领导者，将能够从贫穷心态转变为富有心态——他们将能够看到，数字化转型可以创造并吸引更多的增长机会和价值创造机会，这些机会比任何组织可能追求到的都要多。

然而，在这种背景下，他们还将认识到，正如本书所讨论的那样，组织的结构转型，永远只是走向数字化转型的第一步。下一个重要步骤是：确保释放和强化的人员潜力得到有效引导和利用，以在互联世界实现可持续的组织增长和绩效改进。这是本书第二部分的重点。

主要发现

- **调整压力**：快速扩张的互联经济、快速变化的客户需求和客户期望，以及不断加速的数字技术发展，正在给老牌公司带来越来越大的压力，迫使其核心业务和运营模式转型，成为一家数字化成熟的公司——为了应对一个被技术创新不断重新定义的互联世界，能够对其战略、结构、能力、文化进行调整的公司。
- **采用设计思维艺术**：历史提醒我们，龙头公司的商业和运营模式，其设计要在相对可预测的商业环境中实现可扩展的功效，从而胜出，但它们现在需要在基础层面上使用新的数字技术快速转型，以满足快速变化、不确定性极大的互联世界的新要求。采用更人性化、以客户为中心的方法，利用设计思维的艺术，可能会带来显著的好处。

- **转型从财务开始**：财务运营可以成为推动核心流程、核心运营转型的良好起点。然而，太多的财务领导者似乎仍然坚持旧的模式，并将其对数字化的关注重点仅局限于将选定的流程活动予以自动化。对于拥有完善技术基础设施的组织来说，这种方法可能会带来有吸引力的回报（在短期内），但对于流程、数据和系统三者都分散的公司来说，这种增量方法将限制企业的能力，导致不能以企业需要的规模和速度完成——转型变革。

- **技术的下一个前沿是转型**：技术创新的下一个前沿已经到来，包括大规模使用云基平台、分析和人工智能解决方案。然而，它可能需要对当今跨职能运营的工作方式进行根本性的重新构想和重新设计。设计思维艺术可以帮助转型领导者突破传统的筒仓工作模式，为新的工作方式打下基础。

- **数据的使用仍处于次优位置**：数据，可以被视为"新石油"，尽管它有希望带来令人垂涎的收益，但是，实际上只有极少数公司真正意识到了"数据"带来的真正好处——数据质量欠缺、业务环境欠缺，以及缺乏将大量数据转化为可理解、可操作的业务见解的能力。

- **将数据转化为见解**：在将数据转化为可理解的见解时，CFO 需要采用以下四个原则，以克服领导力挑战：
  - 将数据定位为战略资产。
  - 将数据置于环境之中。
  - 建立数据所有权和治理模型。

○ 将数据和基于算法的决策模式植入公司的文化。

- **对变革的需求，既重要又紧迫**：数据是核心，是主导每个行业领域的新兴数字业务和运营模式的核心。向这种新的数据和算法操作模式过渡，具有紧迫性和重要性，公司对此不能低估；实现这一目标，需要时间和努力，公司对此也不能低估。

- **为增加的劳动力做好准备**：数字化的加速，意味着未来几年，财务和相关后台运营中的大多数岗位，将被从根本上改造，从而产生一支"增加的员工队伍"。"知识工作"的概念在不断变化，并且需要被重新定义，员工相应认知能力需要培养，整体工作环境需要重新设计，CFO 自己的领导模式需要改变——计划进行大规模数字化业务转型的 CFO，必须对这些都予以关注。

- **跟随价值**：为了重新定义未来的工作，无论是现在还是将来，CFO 都可以采用"跟随价值"的概念来帮助他们的团队，这就是一种行为上的改变，激励人们积极、持续地识别和追求重要机会，以创造和保护价值，同时鼓励他们不断发展新的观点和技能。

- **敏捷性和持续学习**：无论是在个人层面还是在组织层面，敏捷性和持续学习都已被认定为是未来成功的最重要的衡量标准。CFO 可以创建合适的工作空间和工作环境，帮助其团队变得更加敏捷，更加专注于学习。

实际应用和进一步探索的指导性问题

- **核心业务流程和运营：**
  ○ 在你的公司，业务和运营模式的设计主旨，在多大程度上是为了从规模上提高效率，而不是为了敏捷地跟上变化？

- 现在和未来，你公司现在的模式，在哪些业务领域，形成了优势？又在哪些领域，形成了劣势？

- 哪些核心业务流程和运营，对于你公司业务中的价值创造至关重要，但设计主旨并非（尚未）为了满足不断变化的消费者需求和期望？

- **数据和技术的基础设施：**
  - 在你的公司，数据和技术基础设施的状态如何？
  - 在你的公司，是否能够生成、存储和利用呈指数级增长的数据，以加强高级分析、机器学习和人工智能支持的决策？
  - 在你的公司，现有的基础设施允许你怎样使用，并以何种方式和各种内外部的数据源连接，同时在整体上保护数据的完整性？
  - 在你的公司，数据文化是什么样子的？在何种程度上，数据被视为战略资产，并被作为战略资产而持有？

- **人与未来的工作：**
  - 在你的公司，"工作"概念在多大程度上发生了变化？
  - 你是否对这些有清晰的认识：未来的工作，这些工作预期能释放的价值，为帮助人们完成这些工作所需的能力？
  - 你的工作环境和文化，是否鼓励个人和组织的敏捷性和持续学习？
  - 在这种环境下，需要以什么样的领导风格和技能，来帮助释放和增强人员的潜力？

怎样开始

调动跨职能团队完成以下任务

1. 为数字核心制定愿景和目标运营模型（TOM），使其与你公司的业务战略（在 10 年以上时间内）保持一致（见图 5-1）。

2. 规划跨越多个层次（如流程、数据、人员和技术）的关键设计要求和原则。

3. 识别并优先考虑关键用户（如客户或员工）的需求。应用设计思维，创建用户旅程草图，跨越层级并加以整合。

4. 使用迭代方法探索、测试和开发针对每个用户场景草图的解决方案——可使用数字铸造厂或工厂概念（如前所述）。

5. 每次迭代后，相应更新 KDR 和 TOM。

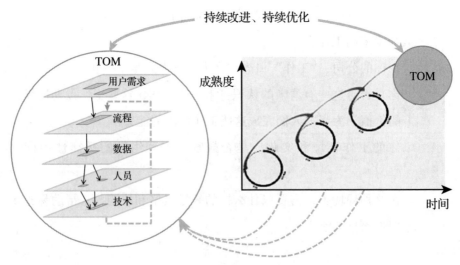

图 5-1 多层目标运营模型（TOM）（示意图）

建议对如下资源做进一步研究

- Deloitte Technology Trends (2018) The new core: Unleashing the digital potential in the 'heart of the business' operations.[1]
- *Deloitte Insights* (2018) Can we realize untapped opportunity by redefining work?[2]
- Deloitte Global Human Capital Trends (2019) Leading the social enterprise: Reinvent with a human focus.[3]
- *Deloitte Insights* (2019) Analytics and AI-driven enterprises thrive in the Age of With.[4]
- *Deloitte Insights* (2019) AI-fuelled organizations: Reaching AI's full potential in the enterprise.[5]

注释

1 Deloitte (2017) The new core: Unleashing the digital potential in 'heart of the business' operations, *Deloitte Insights*

2 Hagel, J III, Brown, JS and Wooll, M (2018) Can we realize untapped opportunity by redefining work? *Deloitte Insights*

3 Deloitte (2019) Leading the social enterprise: Reinvent with a human focus, Deloitte Global Human Capital Trends, *Deloitte Insights*

4 Smith, T, Stiller, B, Guszcza, J and Davenport, T (2019) Analytics and AI-driven enterprises thrive in the Age of With: The culture catalyst, *Deloitte Insights*

5 Mittal, N and Kuder, D (2019) AI-fueled organizations, *Deloitte Insights*

第 二 部 分

企业家视角
以及系统思维艺术

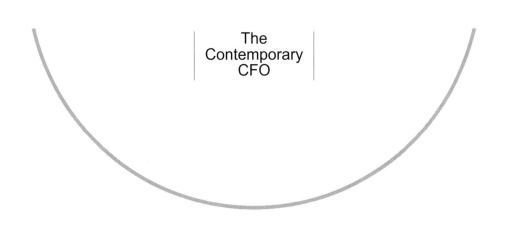

The
Contemporary
CFO

| 第 6 章 |

第二部分概要介绍

超越工程

在本书第一部分中，我们探讨了 CFO 在推动核心流程、数据平台和人员能力的数字化转型中不断演变的角色。但这并不是故事的最终结局。随着公司对技术创新的利用，人们预计生产率也会随之提高，德勤领先创新中心领导的针对美国上市公司的研究表明，在 20 世纪末和 21 世纪初，资产回报率（ROA）大幅下降，降幅超过 70%，这一趋势表明公司业绩在持续下降，但很少有人注意到这一现象，更不用说对其进行调查了。[1]事实上，根据德勤的研究结果，在这一点上仍然存在着严重的认知偏差：一方面，我们都承认随着业绩压力的增加，企业受到的压力越来越大；另一方面，我们似乎又不愿意承认我们的许多转型努力产生不断恶化的结果。[2]

这种情况遍布许多其他发达经济体，特别是西欧，状况没有太大不同。根据麦肯锡全球研究所 2018 年发布的一份报告，自 20 世纪 60 年代的繁荣之后，整个西欧的劳动生产率增长一直在下降，并在金融危机后进一步降至历史低点。[3] 这是否意味着，在（数字）业务转型的所有努力之中，公司只能获得技术创新提供的价值中的一小部分？果真如此的话，为什么会这样呢？

一方面，是由于客户的原因。快速变化的需求、不断增长的期望和消费购买力，导致了对定制产品和服务的需求。另一方面，还有经济不确定性的增加以及来自世界各地新竞争对手和新商业模式的持续压力，难怪老牌公司正在奋力创造、获取价值，而这些价值正是它们在互联世界中蓬勃发展所需的。

此外，虽然数字革命必然会大幅提高生产力，但许多公司的数字革命才刚刚起步，效益尚未实现——事实上，根据前述报告，麦肯锡全球研究所在 2018 年估计，美国的"数字潜力"运营率为 18%，而欧洲总体上只有 12%。[4] 许多大型老牌公司持续利用技术创新来提高效率，挑战生产力新高度的行为可能会因此加剧。然而，虽然规模化效率可能在过去几十年中帮助这些公司发展壮大并成为行业领袖，但这也给它们留下了复杂而僵化的结构，导致不利于变革——在快速变化的商业环境中，这对竞争是一个重大的限制。

然而，企业生产效率和绩效的主要驱动因素不是客户、竞争对手、技术创新或任何其他外部因素，而是公司管理——或者更准确地说，是企业管理层最有效地利用可用资源，以应对不断变化的客户需求、竞争、技术创新等的能力。确保资源得到细致有效的使用，是任何一位公司领导者的主要责任，尤其是 CFO 的主要责任。这不仅是对股东的责任，也是对所有利益相关者（包括公司员工、供应商、社区以及环境和社会）的责任（这是一个重要话题，本书第三部分将进一步探讨）。简而言之，生产效率是商业和经济价值创造的关键驱动力，在很大程度上受企业管理实践的驱动，尤其是 CFO 的实践的驱动。

企业绩效管理的演变

公司的绩效管理体系，是 CFO 管理全公司资源规划和分配、管理生产力和绩效的关键机制和杠杆。（注："系统"一词不仅指技术解决方案，还包括用于推动业务绩效的彼此关联的流程、方法、工具和工作方式。）

在大多数老牌公司中，绩效管理体系是逐渐发展起来的，反映了业务和运营模式的演变、领导风格和绩效文化的变化。这些公司有许多做法仍在发挥作用，旨在帮助 CFO 在相对稳定的商业环境中大规模提高效率。这些做法的前提假设是：未来是可预测的，财务绩效是可以规划、可以控制的。在这一体系中，财务计划和目标会在年度内被重新审视，但除了少数几次修正外，预计不会发生重大变化。

月度绩效预测和报告的用途是：识别和评估业绩和计划之间的偏差，并商讨拟定"让绩效回到正轨"的措施，以通过下一季度的绩效审查。绩效管理讨论的主流风格，通常反映了公司的指挥和控制文化，在此，绩效评估会议会奖励超额完成者，但也会为难绩效落伍者。因此，流行的绩效文化是竞争性的，公司内部各单位不是共担盈亏并作为一个团队来解决问题，而是彼此竞争，从而大大限制了合作和学习的机会。

这些管理实践的长期影响已被妥善记录归档——过多的目标、预算和政策使大公司因官僚作风、缺乏灵感的运营领导者和不负责任的团队而落后。无论这些做法在过去带来了什么好处，它们都是老牌公司在互联世界成功甚至是生存的最大障碍之一。

绩效管理的新模式

每一次经济上的成功和失败，都取决于所做的这一选择：如何选择资本和资源投向，以满足不断变化的客户需求。客户需求的变化速度比以往任何时候都快，因此公司必须进行相应调整——即使涉及不断改变的商业模式、产品和运营。一些 CFO 只关心短期财务结果，往往忘记了公司的业务不是为了季度盈利，而是首先要发展和取悦客户。这并不意味着提升财务效率不重要。但是，CFO 不能只关注财务效率，而必须从运营模式和绩效管理的视角，更加关注如何使其组织变得更加敏捷，更快更好地预测和应对不断变化的客户需求，更快地获得新的价值来源。

从运营模式的角度来看，如前文讨论的，公司必须在保持核心的稳定性和强化前台的敏捷性之间，寻求恰当的平衡。缺少其中任何一个，就会影响公司的绩效。从绩效管理的角度来看，这些原则同样也是适用的。绩效管理系统必须自成体系，但也必须促进敏捷性和企业家精神。要实现这种恰当的平衡，就需要绩效管理系统的所有方面（正式和非正式）都协调一致，特别是核心绩效管理周期（例如，规划和预测、资源分配、绩效跟踪等）以及公司的绩效文化，这些都要协调一致。

从运营模式和绩效管理的角度同时促进稳定性和灵活性，使企业能够在不断寻找新的价值创造机会（探索）和最大限度地利用现有价值来源（开发）之间获得平衡，这是长期绩效管理和加速绩效提升的核心原则。

在绩效管理中应用系统思维

在互联世界中，CFO 推动数字化转型和价值创造的最重要责任，可能就是绩效管理的转型。旧的思维方式和工作方式，其中的大多数已不再相关和有效，它们对组织形成了束缚，将组织从这种束缚中解放出来，是重要且紧迫的任务，但是此事极难。放弃传统做法可能很容易，用新的事物填补传统做法留下的空白却是挑战。为了有利于企业内部管理和治理而取消旧的流程和结构体系，在初创企业中可能起作用，但在大型、成熟的组织中往往会失败。

因此，如果传统结构体系不起作用，而自治方法对于大型企业来说要求太高，CFO 如何能够提供帮助？首先，他们可以创建新一代的绩效管理系统，赋予员工以企业家精神进行敏捷思考、行动。其次，系统本身必须具有适应性，以满足不断变化的业务需求。最后，该系统必须鼓励和促进个人和组织的大规模学习，使公司能够系统地学习并提升如何为客户创造价值。

在设计更具适应性、更有生成性的绩效管理系统时，CFO 可能必须动用另一门重要学科：系统思维艺术。系统思维是一门用来观察、理解和驾驭复杂的适应性系统——比如人类、组织或生态系统的学科。系统思维并非新鲜事物，它最早是在 20 世纪 50 年代创建发展的，此后在多个领域成功应用，包括物理学、生物学、社会科学、工程学以及越来越多的经济学和商业领域。

可以说，对系统思维最流行的学术解释，是由麻省理工学院的杰伊·福瑞斯特教授提出的。福瑞斯特在 20 世纪 50 年代创立了系统动力学，几十年后的 1990 年，福瑞斯特的学生彼得·圣吉的《第五项修炼》一书中提升了商界领袖对系统思维的认识。[5] 作为本书第二部分的概要介

绍，本章介绍一下系统思维的几项核心原则，以及这些原则如何应用于
业务绩效管理，这是很有意义的。

连通性

系统思维是一门学科，它使我们能够在一个加速发展变化和越来越
复杂的互联世界中，更自觉地观察、互动。在包括绩效管理在内的许多
领域，这可能标志着业务团队、组织和生态系统运作方式发生的重大转
变。我们中的大多数人都被教导，通过将整体分解为最小颗粒来解决复
杂性，从细小且可管理的组块的视角来看待事物，将依赖关系简化为一
系列线性的因果关系，从而可以用简化模型对其进行分析。遗憾的是，
互联世界并不是如此运作的。我们遇到的一切，包括我们自己，都是相
互联系的复杂的自适应系统——一个人、一个组织、一个商业生态系统、
一个社会，都是这样的系统。

要理解复杂系统或要对其施加影响，仅分析其组成部分是不够
的——我们还需要研究整体。一个复杂的自适应系统，不仅仅是各组成
部分的简单加总。复杂自适应系统的本质，是由连接各组成部分的事
物决定的，其中大部分不能为肉眼所见：其内在目的、目标和连接的
信息流驱动着自适应、动态、目标寻求、自组织和自维持以及创造性
行为。[6]

公司，是复杂的适应性系统。如本书第一部分所述，通过打破传统
的结构体系和工作筒仓以实现更大的模块化和灵活性，公司的绩效不仅
受到正式的流程和结构（少量选定的完全自动化和机器驱动的操作流程除
外）影响，还越来越备受这些因素影响：设定恰当的绩效目标、有效和高
效的协作和互动以及加速学习的持续信息流。

突创

"理解和管理小颗粒"的方法，在应用于系统时不起作用的另一个关键原因是，作为系统，它可以出现新的、意想不到的性质，这些性质出自系统整体性的连接结构，而不是出自任何组成部分。在最抽象的意义上，"突创"描述了具有生命的组织的普遍原则，该原则以多种多样的独特的方式，从单个元素中浮现。突创是各组成部分互联、协作的结果——它创造了非线性和自组织。突创的一个简单例子是雪花——当温度适宜时，冻结的水粒子在单个物质分子周围形成美丽的分形图案。[7]虽然形成雪花所需的温度和湿度是可预测的，但出现的雪花结构却是完全不可预测的。

同样的原则可用于多种业务情况——例如，通过动态协作产生新的见解，这是敏捷组织的一个重要方面，也是高绩效组织的一个特征。团队本身是适应性系统，团队的绩效仅有一部分取决于个人能力；其余的部分取决于激励水平、工作环境和文化（这些因素可使团队有效合作），也取决于个人之间的"化学反应"，这种"化学反应"能强化团队整体的技能和学习能力。

动态复杂性

在互联世界中，应对复杂性是公司面临的一项重大挑战，也是年度报告、分析师会议和与商业领袖的交流中反复出现的关键主题。无法管理大型组织快速增长的复杂性，就会影响快速决策的能力，影响推动创新和加速增长，影响识别和发展有前途的人才，并导致运营、交易和组织效率显著低下。

CFO 面临的一个关键挑战是，常见的绩效管理实践和解决方案难以应对动态复杂性——在这种状况下，因果关系是微妙的，而随着时间变化，原有干预措施的影响不再明显。例如，即使是最复杂的分析解决方案也无力处理动态复杂性。它们可能为短期绩效改进提供准确的见解，但它们没有能力识别出复杂业务的长期动态：在研发、人员开发、创新和产能扩张之间平衡投资，在降低成本的同时提高质量，以可持续的方式满足客户的需求，这些都是系统动态的例子。

我们面临的许多问题，例如气候变化，都是由于我们无力处理动态的复杂问题造成的，并且是我们自己过去诸多行为产生的始料不及的副作用。我们为解决这些重要问题所实施的政策大多失败，使问题变得更糟或产生新的问题。理解动态复杂性颇有难度，但也极为重要，因为在推动长期、可持续增长和绩效改进方面，它发挥着杠杆作用。

从本质上讲，系统思维的艺术性在于有能力看透整个复杂且适应性强的系统的细节，在于有能力观察甚至可能影响它们。系统思维的挑战性在于要求我们认识到用以推动绩效的线性视角和解决方案具有局限性，例如，我们无法预测、规划和控制长期绩效。它帮助我们意识到系统的缺陷，例如，开发人力资源或自然资源造成的增长局限，因此，它为我们创造长期价值提供了更全面的方法。

设计新的绩效管理系统

要在绩效管理的战略和运营方面应用系统思维原则，就会给 CFO 提出一些需要关注的重要问题。

- 从战略角度看
  - 在这个不确定的、复杂的、快速变化的互联世界中，新的战略绩效目标及其驱动因素是什么？

- 在应对持续变化和不确定性的同时，我们如何平衡长期绩效和增长愿景？
- 我们如何平衡责任制和自主权？
- 在对风险进行积极管理的同时，我们如何提高组织的敏捷性和决策速度？

- 从运营角度看
  - 如何将我们的战略目标转化并嵌入快速发展的前线实战之中？
  - 在不断变化的价值机会和风险组合中，我们如何更快、更灵活地（重新）分配资源？
  - 我们如何加快决策速度，同时对更多的数据驱动和更基于事实的决策过程予以鼓励？
  - 我们如何获取关键运营见解，并将其转化为组织学习、创新、增长和绩效改进的良性循环？

系统思维教给我们，为了有效解决这些问题，我们需设计一种新的绩效管理系统，实现所谓的"生成性学习"。传统的绩效管理系统至多是"有适应能力"的，这意味着，它可以帮助我们确定现状和目标之间的偏差，继而我们可采取行动缩小差距。"生成性"绩效管理系统显然能走得更远。它不仅让我们能够识别和填补绩效缺口，还能够推动绩效管理系统本身不断进行调整和改进——如果不将其称之为关键特征的话，那么这是持续变化时期的一个重要特征。从系统思维的角度来看，生成性绩效管理系统需要具备持续的两级反馈回路和对话，如图 6-1 所示。[8]

第一个反馈回路和对话，即所谓的"战略绩效对话"，涉及企业战略绩效管理的主要方面——特别是绩效目标的定义、增长模式、责任模型、主动风险管理和管理信息系统（MIS）。第二个反馈回路和对话，即所谓的"运营绩效对话"，涵盖这些关键方面：生成性规划和预算、动态资源分配、绩效跟踪和团队学习。所有这些都需要嵌入一个强大的、以学习和成长为导向的生成性"绩效文化"之中。以上所有方面，都是高度关联的。

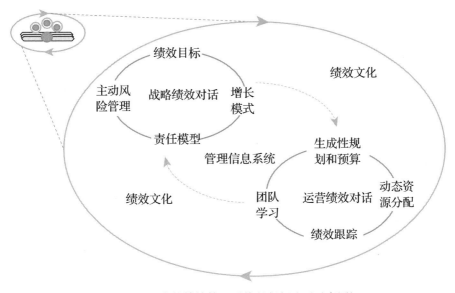

图 6-1　生成性绩效管理系统的新概念（示意图）

掌握这两种绩效对话，可以给企业带来极大利益，特别是：能使组织的敏捷性更高、弹性更好、决策速度更快，以及组织大规模学习和业务绩效持续改进。

本书的第二部分（见图 6-2）致力于更详细地探讨前述的战略和运营绩效对话的各个要素（第 7 章和第 8 章），以及创建以成长和学习为导向的绩效文化的重要性（第 9 章）。

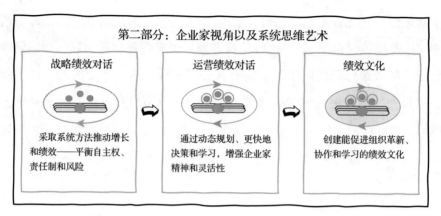

图 6-2　本书第二部分简介

注释

1 Hagel, J III, Brown, JS, de Maar, A and Wooll, M (2018) Moving from best to better to better, *Deloitte Insights*, 31 January

2 Deloitte (2019) Beyond process: How to get better, faster as 'exceptions' become the rule, *Deloitte Insights*

3 Remes, J, Manyika, J, Bughin, J, Woetzel, J, Mischke, J and Krishnan, M (2018) Solving the productivity puzzle, McKinsey Global Institute

4 Remes, J, Manyika, J, Bughin, J, Woetzel, J, Mischke, J and Krishnan, M (2018) Solving the productivity puzzle, McKinsey Global Institute

5 Senge, PM (1990) *The Fifth Discipline: The art and practice of the learning organization,* Doubleday/Currency, New York, NY

6 Meadows, DH (2009) *Thinking in Systems: A primer,* Earthscan Ltd, Abingdon

7 Meadows, DH (2009) *Thinking in Systems: A primer,* p 79, Earthscan Ltd, Abingdon

8 Argyris, C (1977) Double loop learning in organizations, *Harvard Business Review*

| 第 7 章 |

战略绩效对话

"不确定性"的可确定之处

彼得·德鲁克是最早提出"不确定性的确定性"的商业顾问之一，尤其是在与规划和绩效管理相关的方面。早在 1992 年，德鲁克就指出，经济和社会中的不确定性已经变得如此之大，以至于大多数公司仍在实施的那种规划和绩效管理方法即便没产生相反的作用，也是彻底失效了。[1] 为了生存，公司需要接受不确定性，且因此就要接受"传统的规划和绩效管理方法是无用的、的确存在危险的"这个事实。这在 30 年前是预警，而如今对于许多老牌公司来说，这已成为紧迫问题。

大多数公司的绩效管理系统都是基于这样的前提假设，即业务绩效是可预测的，因此可以对其进行计划和控制。事实上，具有讽刺意味的是数字技术的进步——如新的信息和分析解决方案——其实是在鼓励一些 CFO 回到更集权的绩效管理方法。循着这一传统思路可推理：技术能使我们"深入地"对正在发生的一切进行预测和跟踪，并且是即时、以最精细的水平进行预测和跟踪。这种方法假设：只要有关过去和当前业务绩效的信息颗粒都是可用的、准确的、即时的，足以支撑理性的规划和决策，企业就可以对业务进行极度精确的管理。这种方法还假设：潜在的不确定性在统计学角度"颇有秩序"，可以通过算法预测模型对其进行处理。虽然对于选定的、高度标准化和自动化的运营流程（如前几章所述）可能（部分）是这样，但遗憾的是，这些假设通常不符合大型组织和市场的实际情况，这些组织和市场已经变得过于关联、复杂、动态和敏感，因此无法预测，除非是对其进行最短期的预测。[2]

但是，如果这是真的，这会给我们带来什么？事实是——无论我们是否喜闻乐见——大多数公司都只是在敷衍了事。CFO、企业领导者和投资者仍然非常依赖几十年前开发的还原主义理论和模型，这些理论和模型是为完全不同的经济体设计的，意在为"理性"决策提供信息。他们尽其所能地规划、锚定、预测和跟踪公司绩效，然后推理确定所谓的"最佳前进道路"。对企业和财务领导者而言，接受新的现实至关重要。新的现实可能消除了这种幻想——在变化不定的时期预测和控制公司长期业绩，但是，新的现实也提供了一条前进的道路。

虽然我们可能无法预测和控制业务绩效，但在如何组织实际工作、如何积极影响实际工作的绩效方面，我们可以改变观念。一些 CFO 可能会感到惬意，因为他们有一个潜在的解决方案唾手可得；另一些 CFO 可能会感到气馁，尤其是因为这需要一种不同的绩效管理思维方式——一种很少注重"控制组织绩效"，而是通过"自我管理和自我控制"来系统地推动绩效的思维方式。

本章探讨这种新的思维方式，特别关注组织系统的关键杠杆点——

在一个复杂的适应性系统中，在特定区域进行针对性的干预、发生小变化，可以引发整个系统的大变化。系统思想家先驱德内拉·梅多斯研究并提出了"杠杆点"概念，此处引用他的这句名言："我们无法控制系统，也无法彻底洞悉它们，但是，我们可以与它们共舞。"[3]

我们从战略绩效对话开始，该对话有两个主要目标：鼓励领导团队就公司的战略方向和绩效目标进行持续、集中的对话；并保持这一行为准则——对绩效管理制度本身进行不断反思和采纳。如前文中图 6-1 所示，CFO 需要考虑五个关键杠杆点：绩效目标、增长模式、责任模型、管理信息系统和主动风险管理。

绩效目标：如何设定全公司范围的绩效目标

绩效目标是战略绩效对话的第一个关键组成部分和杠杆点。它反映了公司推动长期绩效改进的理念和愿景。一个清晰、鼓舞人心、易于理解并可向员工分享的绩效目标，能渗透到组织的各个层面，从而在不指挥、不控制、不做微观个人管理的情况下推动组织的重点任务、协作和投入。如果在整个组织内被广泛采纳并分享，它还可以对员工和公司之间、员工之间的关系产生非常积极的影响——这两个因素，对于促进敏捷、创业型组织的有效运作，是至关重要的。

从员工个人的角度来看，绩效目标不能让人感觉像是一个强加的目标，而应该是一种鼓励，鼓励他们为组织学习、成长和改进的整体愿望和努力做出贡献。绩效目标对员工敬业度和动机具有重大积极影响，企业对此经常忽视。例如，传统上由 CEO、CFO、股东和董事会共同制定的目标，以及仅以财务术语表述的目标，可能对投资者很重要，但往往对员工意义不大——对于共同的目标，许多员工在理解、形象化和情感接受方面，都有困难。这些目标可能会造就公司的强大合规意识，但不一定会鼓励他们自我驱动和践行创业承诺。

从组织的角度看，绩效目标必须有助于减少错位、减少过度集中，这两者都会对决策制定和绩效管理产生重大影响。领导者有责任对绩效目标给出明确而具体的定义，以避免概念模糊造成的歧义，尤其是在变革或危机时期，或在支持重大业务转型时更应如此。反之，不履行这一重要的领导责任，可能会加剧组织混乱、错位、分裂，并使决策受阻。许多公司都在奋力解决这一问题。尽管一些公司采用在办公室墙上和咖啡角贴彩色海报进行宣传的办法，展示了大量善意的领导声明和宣言，但这些声明和宣言对员工行为的影响往往很小。

绩效目标不能与愿景混淆。尽管愿景可以对绩效产生积极影响，但它更多是与"公司存在的理由""公司为什么存在"相关。因此，愿景通常描述的是一种潜在的无法实现的希冀和渴求，它推动着一个组织向前发展。愿景远远超出了提高绩效、赚钱或赢得市场的范畴。迪士尼的"只要世界上还存在想象力，迪士尼乐园就永远不会完工"[4]，或微软的"让地球上的每一个人和每一个组织都能取得更大成就"[5]，这些都是公司愿景的好例子。愿景推动人们前进，激发人们的想象力，释放人们的能量并赋予其意义——但它并没有给出一个可衡量的结果。[6]相反，绩效目标是以绩效为导向的、具体的、雄心勃勃且可实现的——换言之，它将一个愿景驱动型组织中的员工的能量，引向了一个定义明确和共同认可的业务成果。

例如，杰克·韦尔奇在1981年担任通用电气CEO时说了著名格言："在服务的每个市场，我们要都成为第一名或第二名，我们还要彻底改革公司，使其具备小企业的速度和敏捷性。"彼时，通用电气是一家绩效低劣、极其复杂和官僚化的企业集团。[7]韦尔奇设定的绩效目标如此明确、精准、富有挑战性和感染力，因此其员工理解或接受它毫无难度，它甚至清楚地说明了如何实现绩效目标。

理想情况下，绩效目标的设计应鼓励组织协作，实现单个工作筒仓或工作岛无法企及的非凡成果——该成果一旦实现，就应该成为全公司上下同欢庆的理由。绩效目标可以随着时间的推移进行修改，以保持公司的持续发展，从而鼓励持续的创新、学习和改进。

增长模式：如何将重点转向长期增长

增长模式——有时也称为增长算法——是战略绩效对话的第二个核心组成部分和杠杆点。它描述了如何随着时间的推移，系统地实现和加速绩效优化，从而增强和提升绩效目标。最重要的是，增长模式有助于领导者定义和阐明公司的系统方法，在此基础上实现增长和绩效改善，甚至实现加速增长和绩效改善。

许多老牌公司仍然过于注重实现规模效率，将其作为绩效改进的主要动因。通常只要速览一眼年度报告，就足以获得企业基本状态的证据。例如，可以看出，在过去几年中，向成本导向的重组措施和股票回购投入的资本，比向研发、产品创新或能力开发投入的资本更多。

CFO 们论及他们推动增长的意图时，往往缺乏系统、连贯的增长战略和方法。事实上，似乎只有很少的公司努力开发增长模式，而将增长模式嵌入其绩效管理系统核心的公司则更寥寥无几。然而，对于那些已然这样做的公司来说，增长模式的作用是重要、有力、强大的。绩效目标可以推动组织向前发展，但它本质上是静态的；然而增长模式，在本质上则是动态的，它可以帮助将企业追求绩效的范式从追求规模效率转变为追求生成性增长。具体来说，它提供了一个直观的模型和框架，供领导者观察和反思，并利用系统思维的关键原则，使增长的复杂动态成为可供讨论之事。

因此，在系统思维中，增长，通常表现为一个自增强反馈回路，也就是说一个方向上的变化会导致同向自我强化，并因此而导致同向加速变化。[8] 增强反馈回路将导致良性（+）或恶性（-）的增长循环，如果放任其发展，将使系统的增长率为无穷大，或者为零。病毒式营销是良性循环的典型例子，全球变暖则是恶性循环的典型例子。

从全球最大的跨国公司到最小的街头小店，每家企业都在努力让自身的基本运转形成良性循环。良性循环一旦建立，达成加速增长和绩效提升的雄心壮志似乎就是可以实现的——公司需要做的就是创造一种环境，让自增强反馈回路越来越快，每一轮都能更快地学习和增长。

尽管制定了最好的增长战略，但领导者不应该期望他们的企业（即便是数字巨头公司）永远加速增长而不受任何限制。在系统思维中，增长通常是有限度的，因为相互制衡的内部和外部力量，对所有公司都会造成影响。通常，这些力量与市场或企业能力的局限性有关，如市场饱和，或企业内外部资源的限制。通过描述调节反馈回路和自增强反馈回路，可以清晰解释这些制衡力量和动态（见图 7-1）。

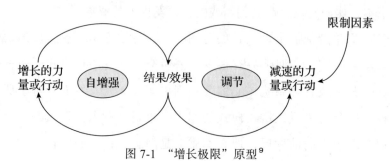

图 7-1　"增长极限"原型[9]

由内外部限制因素导致企业的增长处于受限环境之中，这种情况是非常普遍的，事实上它普遍到这种程度：在系统思维中，它被定义为"增长极限"原型。将这一基本模型应用于绩效管理中，可以使领导者更全面、更有意识地对增长和绩效提升进行思考，从而显著增强战略绩效对话。具体而言，它为领导者提供了一个简化的模型，帮助他们理解、描绘在互联世界中的一些复杂的非线性增长动态——其中，许多动态可能不会让人直观感知，甚至出乎人的意料，举例如下。

- **更自觉地处理系统的不确定性**：传统绩效管理系统的建立，通常基于两种基本的、隐含的假设：第一，人们可以对未来做出有把握的计划和预测；第二，可以利用这些计划和预测来创造竞争优势、提高绩效。根据系统理论，这两种假设都不成立。在日益复杂的互联世界中运作的大型组织的动态复杂性，本质上是不可预测的。为帮助管理团队预测未来而开发的工具和技术，可以对统计分布和良好随机性建立假设，从而在短期内帮助管理团队预测未来，但它们几乎不适用于长期规划和绩效管理。对某些人来说，这可能难以接受，但事实是，无论我们的规划和预测方法多么先进，系统都将不断地为我们带来意外。我们的长远考量绝不能因此止步，但我们确实需要更有意识地思考我们在处理不确定性方面的局限性。例如，与依赖复杂的规划模型和严格控制的执行相比，企业创造一个鼓励实验和学习的环境，可能有更好的机会获得长期成功——我们将在下一章探讨这一主题。

- **关注增长障碍**：调节反馈回路和相关限制因素的概念似乎很简单，但通常被忽视或误解。即使那些创建了增长模式的少数公司，往往也很少关注限制因素，而这些限制因素范围极广，从市场增长和组织能力，最终到我们这个世界上有限的自然资源，这些都是限制因素，而后者，也是最常被忽视的。将重点从丰富充足的因素（如高需求的新产品创制）转移到限制因素（如员工或能力限制）以应对需求，是增长的真正关键所在。但领导者往往不了解系统的动态性，他们通常会做出错误的反应——常见的是，他们会更努力地促进公司业务。例如，如果要让团队更加努力工作，就更加大力促进并以奖金激励；如果市场需求下降并因此影响利润，就降价促销；等等。这些都是典型的人性反应——当我们初尝成功滋味时，我们往往想要更多，但当增长开始放缓时，我们的反应往往是向系统增加压力以弥补进度。遗憾的是，我们越是努力，就越是被限制因素所束缚，系统也就越难以对我们的促进做出反馈。对待这种情况，我们唯一的办法就是接受这样一个事实：在每个系统中，真正的增长杠杆将向调节回路过渡，而不是向增强回路过渡。正因如此，领导者不应试图通过命令和控制来实现增长和绩效，而应将精力集中于消除瓶颈，这些瓶颈可能对客户和员工驱动的增长和发展造成限制。设计良好的增长模式，不仅有助于及时识别限制性最大的因素，还有助于领导者理解这一现实：增长本身会消耗限制性资源或增强限制因素，并且，下一个限制性因素是什么，将由增长本身自行确定。[10] 因此，在潜在的限制因素开始形成瓶颈之前就加以识别并解决，才能真正获得增长的控制权。

- **承担长期增长的领导责任**：人无远虑，必有近忧：许多重大挑战之所以出现，是因为领导者总是在解决短期症状，而不是寻找长期解决方案以治愈潜在的疾病。一个例子是：将生产活动自动化而不是重新设计流程。另一个例子是：绘制数据地图，而不是在数据源头修复数据质量问题。短期干预措施的主要挑战是，许多干预措施在初期会产生令人赞叹的短期效果，使领导者认为问题已经解决。然而，在许多情况下，如果根源问题仍未解决，系统的动态复杂性将会产生反作用力——这种反作用力通常会姗姗来迟，但其力度会把长期积累之力都释放出来。短期改善却导致长期问题，这种现象在包括业务和财务在内的所有领域都非常普遍，因此它代表了系统思维的主要典型之一，称为"转移负担"（意思是，在大多数情况下，下一代领导者和员工将不得不承担由前任引发的负担，即前任会向后任甩锅）。[11] 在战略绩效对话中嵌入增长模式，可以防止这种极为典型、往往具有毁灭性错误的做法。积极并有意识地运用该办法，能够鼓励领导者考虑其行动的长期影响，更多关注加强组织系统整体的干预措施，从而提高系统长期承受自身负担的能力。本书将在第三部分中回到这一重要主题，讨论管理商业生态系统健康的重要性，以及增长对更广泛的社会和自然生态系统的影响。

- **以设计实现更快、更好的增长**：关注增长，并不是说增长更快总是好事。事实上，系统理论提醒我们，每个系统都有一个内在最优增长率。在大多数系统中，最优增长率远低于可能的最快增长率，而将增长率强推到高于最优增长率之上，会严重危及系统的健康。但这并不意味着最优增长率无法提高：与其强推现有系统更快增长，不如强化系统本身。这一原则强调了公司的运营模式（见本书第一部分）、绩效管理系统（见本书第二部分）及其商业模式（见本书第三部分）在推动增长方面的重要作用和彼此之间的关系，或者更准确地说，强调了要设计这样一个系统，它能够解锁、引导和放大人的潜力（如客户的愿望或员工的想象力），以加速和改善增长。

"增长极限"原型通常为领导者提供一个良好的起点，使其可以建模描绘其核心业务和增长模式的核心逻辑、驱动因素和动态复杂性。图 7-2 说明了该模型原型在服务业务中的应用。

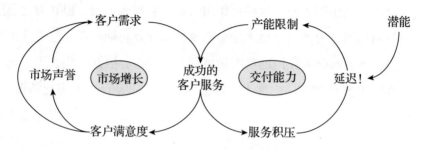

图 7-2   "增长极限"原型的应用（简化示意图）

开发和运用增长模式，是增强战略绩效对话和绩效管理系统的简单但却有力的方法。这是一种工具，它被全球领先公司越来越多地采用，我们将在本书后续章节中对它进行讨论。

责任模型：如何平衡自主权和责任制

责任模型是战略绩效对话的第三个核心组成部分和杠杆点。基于敏捷性和稳定性（分别是探索和开发）之间的理想平衡，它在创建自主权和责任制彼此平衡的组织环境方面，发挥着重要而强大的作用。

通过定义和分配责任来推动绩效（包括指定想要的结果和贡献），即让某人负责，并让负责人决定如何实现目标。领导者无须制定详细的汇报关系、任务和活动。相反，正如本书第一部分所讨论的，领导者的职责是：帮助、鼓励人们创建敏捷团队，并在这样的团队中彼此合作，以专注于交付概念明确的标准化结果；为他们提供便利的访问方式，以便让他们获取数据和信息；创建一个工作场所，为团队访问数据和信息提供便利；提高他们的协作和沟通能力；定期审查进展情况，使团队能够在确定什么有效、什么无效的时候进行调整。

例如，一家领先的欧洲流媒体公司，通过叫作"小队"的小型自主团队的努力，来服务客户。这些小队明确自己的任务，制定自己的目标，并概述为实现目标所需的前提条件。小队取得的工作进展，以内部评审和客户反馈的方式，定期进行分享、讨论。留出时间，进行有意义的对话、反思成功和失败，以确保学习效果。有些小队的办公室甚至有"失败墙"，把失败的案例贴在墙上，让每个人都有机会从别人的错误中学习。每隔几周，小队都会进行一次回顾，以评估进展情况、需要改进的地方以及个人可以改进之处——这一过程，旨在鼓励人们对结果负责，做出贡献，并推动个人进步和成长。

这种模式可能不适合也不能应用于所有公司——这不是我在此处要说的重点——但每个公司都应该创建一个模型来推动这样的责任制：在组织自主权和责任制之间取得平衡，从而推动绩效。为此，应考虑以下三个步骤。

第一步：设计公司的责任架构

对于一个大公司来说，为了切实高效地工作，其组织的不同部门都必须朝着同一绩效目标共同努力。遗憾的是，实际情况往往并非如此。在许多大公司中，组织结构复杂、责任不清，导致了严重的错位和摩擦。尽管每个人都在努力工作，但对整体绩效的促进却微乎其微，导致精力浪费和士气低落。面对这些挑战的 CFO，可能需要完善总体责任架构——基本上是要在客观层面对责任模型进行完善。

图 7-3 以一个领先的全球科技公司集团为例，说明了（大大简化的）

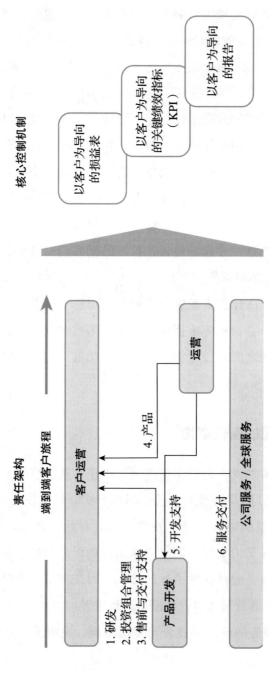

图 7-3 以客户为中心的责任架构示例（示意图）

责任模型可能是什么样子。看其历史，该公司专注于制造高科技产品（因此，通过最大限度地提高产品盈利能力来创造价值）。该公司数字化转型过程的一个关键目标是，将业务和运营模式从以产品为中心的结构转变为服务于端到端客户旅程——因此，要更注重客户终身价值最大化带来的绩效提升。

为支持这一根本性变革，指导机制和对话机制都需要转变，要考虑到绩效管理制度的所有方面，包括新的责任模型。这涉及将更大的收支责任转移到客户运营端，引入一套面向客户和渠道的新的关键绩效指标（KPI），并修订以前的收费逻辑、修订反映其他业绩贡献单元的责任的基础绩效指标。所有这些步骤，特别是对责任模型的完善和厘清，都在这一转变中发挥了重要作用：从相当僵化的设计和产品导向，转变为更加灵活的、面向客户服务的商业模式和运营模式。

责任架构，为设计公司的绩效管理系统，特别是核心财务控制机制，创绘了蓝图。这些机制的特点是：以客户为导向的损益表结构、一套目标明确的关键绩效指标（KPI）和核心绩效报告，以反映和协调个人的责任和贡献，实现全公司的绩效和增长目标。这一架构，更加注重推动传播到所有组织层级的端到端客户服务价值。此处的关键观点是，为了最大限度地减少企业内部的组织分歧和摩擦，新的运营模式和绩效管理系统都必须将组织的关注点和精力引向共同的核心对象（在本例中，该对象是客户）。

第二步：确定决策架构

为实现更大运营灵活性，CFO 的另一种方法，是简化、加快公司的垂直决策过程。在大型组织中，决策过程通常跨越多个管理层级，这就导致决策点和执行点之间的距离很大。管理顾问彼得·德鲁克曾经观察到，这些管理层级：

> ……像树木的年轮；它们随着年龄的增长而自然生长……每增加一层，就更加难以达成相互理解、方向一致。每增加一层，都会扭曲目标、误导注意力。链条中的每一个环节都会产生更大的压力，并导致更多的惰性、产生更深的摩擦和懈怠。[12]

管理层激增产生的问题在矩阵结构中被放大，矩阵结构要求人们在决策过程中与范围更广的利益相关者进行互动——特别是在需要多区域、多职能协作的关键均衡决策中。这正是创建跨职能一线团队的真正意义。一线团队是敏捷组织模型的一个关键特征，创建一线团队，可以用来解决所有业务领域的长期优先或临时优先任务。如前所述，一线团队被寄予且能实现的极大期望是：更早地看到变化，更快地做出决策，更多地进行实验、调整和学习。但一线团队的组织特征不仅仅是推动敏捷性，它们还对于实现更精简的决策过程至关重要。尽管如此，为了帮助这些一线团队成功有效地运作，业务和财务领导者必须制定、调整、详述为这些团队量身定做的期望成果和贡献，以及相关的绩效目标和指标、关键决策权和组织内协作关系（见为一线业务团队设计责任模型）。

为一线业务团队设计责任模型（示例案例研究）

一家全球性制造公司，在复杂且往往充满不确定的商业环境中运营，它会受到多种因素的驱动，仅举几例：不断变化的增长条件、波动的客户需求和商品价格，以及气候变化等。

为了开发更加灵活、以客户为中心的管理方法，该公司决定建立多个面向市场的一线团队。具体而言，这些团队在关键产品部门和关键市场部门的交汇之处开展工作，旨在加速并且改进横跨研发、采购和商业决策的端到端决策过程，以提高客户的长期满意度、产品和服务质量以及盈利能力。每个团队将跨职能的区域领导者召集在一起，以做出跨价值链的详细且一致的关键均衡决策（例如，将商业活动决策与产品类别及生产决策相结合），而由于公司矩阵结构中存在职能孤岛，过去的决策通常是缓慢、复杂和次优的。

这些新成立的一线团队的主要任务是提供更好的客户体验，持续和加速提高盈利能力、质量和可靠性（见图 7-4）。具体而言，期望这些团队加快、优化市场所需的关键均衡决策制定过程，以实现产品类别驱动的战略增长目标、短期成本和盈利目标之间的协调。在决定这些均衡决策时，一线团队必须处理高度动态的复杂性，这种复杂性的驱动因素是高度互联的长期和短期绩效周期，特别是多年的研发投资周期、两年至三年的生产周期、季节性的销售周期，以及日常决策点之间的复杂组合。

处理这些复杂问题的第一步，是根据团队们共同商定的标准，如决策的多面影响、财务对业务绩效的影响等，来确定什么是最重要的均衡决策，并确定其优先级。随后，由 CEO 和 CFO 发起，各一线团队聚集在一起，讨论总体绩效目标和执行战略，并确保达成一致。在增长、毛利率和基于盈利能力的绩效目标方面，团队们共同明确界定和阐述公司领导层的期望，并以系统化的增长和责任模型为基础，说明如何实现这些目标。目标是：加强对客户的关注，提高产品和服务的可靠性，更好地实现研发、生产和商业决策的端到端协调。这些由财务部门领导的跨职能领导会议随后被转化并嵌入公司的绩效管理系统。

绩效期望和目标、均衡决策、关键责任和决策权，以及工作方式，这些要素的概念被正式明确，这一变化促使领导者们确定工作重点，并

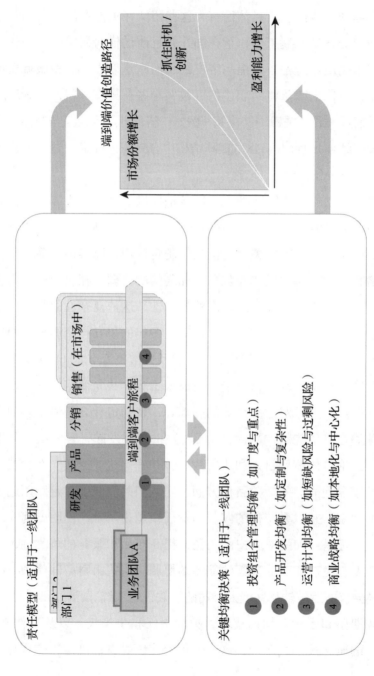

图 7-4　一线团队在优化端到端价值创造路径中的作用（示例）

达成一致。这些改革，有助于一线团队看到公司全局，有助于他们了解动态的复杂性、系统的相互依赖性，以及不同决策选项对其他全球、其他地域和其他职能单位的影响，这绝对是关键之处。

第三步：对成果和贡献设定明确的期望

领导者必须确保组织始终朝着共同方向前进——即使该方向经常发生改变。为了做到这一点，领导者需要确定员工或团队的期望成果和贡献，以及在整体绩效目标的背景下，如何对这些成果和贡献进行衡量和评估。人们喜欢了解他们的工作如何助力企业走向成功——这让他们有认可感，他们能知道自己的努力没有被浪费、没有被误用。绩效目标不仅应描述个人应做何种贡献，还应描述这些贡献将如何帮助他人更好地完成工作，反过来，也要强调需要其他人的何种支持才能实现目标。虽然这听起来可能很复杂，但重要的是，从一开始，有关目标的交流就应关注可衡量的成果和贡献，而不仅仅关注任务和活动。

每个绩效目标，都应与全公司的最高优先事项或绩效驱动因素（如增长模式中定义的关键增长驱动因素、障碍）清晰关联。虽然，并非每个员工都能影响所有优先事项或所有驱动因素，但重要的是要让员工对公司整体试图实现的目标有一定程度的了解，并考虑员工都能以何种方式为之做出贡献。应允许员工在经理的略微指导下，为自己和团队制定、设定目标。事实上，员工应该积极参与制定经理和业务部门的目标——这有助于培养员工对公司的成功产生一种真正的责任感，而不仅仅是他们对自己的责任感。

最后，也许是最有效的原则，应该允许员工跟踪自己的业绩，允许员工充分获取他们表达、学习和改进所需要的信息。这样做，也只有这样做，领导者才能解锁企业系统最强大的一面：优质的自组织和自控制。

此处概述的原则，在很大程度上基于"目标管理"的概念，并已在许多大型组织中得到了成功应用和实践。[13] 把上述建议的原则付诸应用的另一个著名例子是 OKR（目标和关键结果）模式。OKR 的一个重要特点是，在制定和审查目标时强调易懂性和频率。OKR 在根本上是以团队为中心，这就意味着公开共享，以促进与团队目标保持一致。保密并不总是必守之规，因为团队成员可能需要知道别人在努力实现什么目标。同样，OKR 的运作前提是需要更频繁地复盘目标和目的，允许团队根据当前信息进行调整，而不是等到绩效周期结束再进行调整。

Alphabet 公司 CEO 兼谷歌联合创始人拉里·佩奇（Larry Page）公开赞扬了 OKR 的影响，他表示：

> OKR 帮助我们实现了 10 倍的增长，而且是多次增长。它帮助我们制定了"组织世界信息"这一疯狂大胆，甚至可能实现的任务。它让我和公司的其他成员在最重要的时候都能及时、正确地采取措施。[14]

在谷歌公司大受欢迎之后，OKR 已得到许多其他领先组织的青睐，这些组织采用 OKR 来寻求敏捷性、自主权和责任制之间的平衡，以提高业务绩效。

管理信息系统：如何实现自我管理和自我控制

管理信息系统（MIS）是战略绩效对话的第四个核心组成部分和杠杆点。

设计良好的责任模型具备一大优势，就是它使员工和团队可以管理自己的绩效。自我管理，激发了团队的雄心壮志、责任感、敏捷性、企业家精神、协作、创造力和积极性——这就是学习、发展和成长的愿望，而不仅仅是完成别人交来的任务。然而，要实现自我管理，人们就需要获得高质量的信息，以便跟踪和分析进展情况，不断提高绩效。[15] 不仅如此，公司的所有个人和团队，都应该能够在"一个共同的真相之源"，即一个共同的 MIS 中访问相同的信息，这使他们能够进行有意义的绩效对话。

也就是说，这一信息之源应该用于自我管理和自我组织，而不是用来自上而下施加绩效压力和控制。滥用现代技术创建信息系统以实现指挥和控制的高管，可能会获得适得其反的效果——遵守、顺从、内斗、官僚作风、不信任和缺乏动力，都阻碍自我管理。而这些，并不意味着绩效期望和标准会降低——事实正好相反。自我管理和自我组织，目的是实现更高形式的学习和绩效提升，每个人和每个团队，都将继续对他们所获得的成果负责。然而，在很大程度上，取得成果的方式应是自我控制，并遵守公司的风险、合规性和道德标准（将在下一节讨论）。

基于我们在第 3 章中的探究，开发一套 MIS，提供跨职能协调的、全企业范围的绩效信息，通过自助报告和分析功能可对其予以强化，这是任何敏捷组织的一项重要资产。CFO（与其他高管成员、高级业务领导者、高级技术领导者密切合作）能够驱动和掌握 MIS 的开发，并在"信息民主"中设定和保护有效绩效对话的原则：在任何时间、任何地点为每个人提供关键绩效信息的环境。

例如，一家领先消费品公司的 CFO 主持部署了具有自助服务功能的企业 MIS。管理层和员工不再需要等待标准报告，而是可以在移动设备上"点击三次"即可访问预定义的表单和分析功能，以便跟踪和分析跨职能 KPI 和其他绩效信息。"向下钻取功能"允许他们按核心业务视角和维度（如组织利润和成本中心、地理位置和市场、客户和渠道、产品和品牌、项目和内部订单以及其他所需参数）、按公司的关键事项（如每周销售分析、每月绩效评估会议、S&OP 计划周期等）对绩效指标进行细化拆分，然后明确其信息需求。MIS 不仅实现了更有效、更敏捷的绩效对话，还带来了很高的效率——由于改用自助报告和自助分析，绩效报告的成本降低了 30%。

主动风险管理：如何突破边界和控制

主动风险管理是战略绩效对话的第五个核心组成部分和杠杆点。风险管理，在提高灵活性、自主性和企业家精神方面发挥着重要作用，这也许与人们通常的感觉相反。简言之，那些希望通过算法执行更多日常活动、希望将决策权下放给第一线并鼓励员工更快、更具企业家精神地做出决策的领导者，不仅必须做好准备应对可能增加的错误，还必须做好准备防止失败、防止违背道德。

在 21 世纪的头二十年里，大量管理失误、控制失误和道德败坏成为头条新闻，这应该能够提醒我们，主动风险管理执行不力造成的后果：情况可以严重到，由于声誉受损、失去商业机会、错过战略资源，从而必须应对后果和支付巨额罚款，导致立时损失重大商业价值，在某些情况下甚至还会导致法律诉讼。根据麻省理工学院和德勤在 2019 年进行的一项调查，数字化成熟的公司比不太成熟的公司更有可能建立比较完善的风险和控制机制，这不足为奇。[16] 更重要的是，对 CFO 和高管所做的广泛访谈和研究一致证实，各部门对主动风险和控制管理的认识和关注程度都在显著提高。

　　然而，当越来越多的公司领导者重新发现加强风险管理和控制的必要性之时，互联世界所需的模型和方法却与以前不同了。公司将不再采用传统的风险和控制管理方法（传统方法的特点是，由独立于其他业务部门的专业财务团队执行的具有高度技术性、正式、严格和合规性的活动），而是必须创建一种新模式，为自主性、速度和灵活性留出足够的空间。

　　许多领先公司已不再将风险和控制视为提高绩效的障碍，而是将其视为创造价值的活动和加速学习的机制。CFO 采用这种方法，就会把绩效风险和控制管理模式视为一门艺术，这种艺术涉及各种风险和控制机制的系统性组合，可适应公司特定的业务背景、需求和绩效目标。风险管理和控制系统的设计，需要考虑公司的各种具体情况，本节内容不可能完全涵盖。这里的两个关键教训是：第一，应将主动风险管理视为绩效对话的一个综合要素和杠杆点；第二，绩效和风险综合管理之中的系统方法，应与系统思维的关键原则保持一致。在这种情况下，CFO 可考虑以下要素的组合。[17]

- **诊断系统**：诊断系统使用固定的流程、程序和指标，来跟踪潜在的业务风险和合规问题——例如，检测与核心流程或事先定义的绩效阈值的偏差。诊断系统的应用范围极广，特别是用于跟踪检查、保护公司的核心流程和运营。大多数财务职能部门，已经在这方面取得了良好进展：将其诊断控制系统自动化，并予以强化，以最大限度地降低成本，例如，采用 RPA 和其他特定工艺技术。在某些领域，领先的财务职能部门已开始使用预测分析、机器学习和人工智能技术，以实现风险感知和早期风险预防，例如，检测公司核心业务运营中发现的早期预警信号、异常情况、其他形式的功能异常情况。

- **信仰系统**：信仰系统有助于在组织中嵌入核心价值观。公司宗旨和绩效目标的明确阐述（甚至在某种程度上表现为增长和责任模型）代表了信仰系统的关键方面。许多领先的公司（特别是那些已经在高度分散的组织中运作、团队越来越自主的公司）正在投入大量的时间和资源，教育员工，使他们对公司的核心价值观和信念有清晰、一致的认识，从而帮助员工识别风险或潜在的合规问题。这些组织，还划出红线，把允许的行为、禁止的行为区分开来，尤其是意外或高压场景下的行为。对于领导者来说，塑造公司信念体系的最明了、最有影响力的方式，可能是以身作则，在沟通和开展个人绩效对话时，真诚地认可、鼓励符合价值观的行为。

- **边界系统**：边界系统基于这样一种理念，即帮助员工更具创造力和企业家精神的最好的办法是明确指导他们不可做什么，而不是下命令让他们做什么。换句话说，告诉人们该做什么，会扼制创造力和企业家精神；但告诉他们不要做什么，则会在边界清晰的范围内给创新和实验留出空间。因此，边界系统通常表示禁令或底线，例如行为准则。每个公司都需要它们，尤其是最具企业家精神、最敏捷、最注重绩效的公司。人们通常都希望做正确的事情，依照符合道德规范的方式行事，但由于来自工作场所的不确定性、压力，个人有时会试图打擦边球变通规则。

- **互动系统**：互动系统使 CFO 能够主动管理风险，真正关注价值创造和价值保护，这需要进行持续的互动式对话，这些对话与平衡各级组织的商业机会和风险息息相关，通过将主动风险管理作为绩效管理系统的核心组成部分，可以从战略绩效对话开始启动这一过程。如果没有就风险进行持续的互动式领导对话，也没有将战略方向与一线的业务行动和决策联系起来的绩效管理流程，那么其他所有措施的效果都将是有限的。在 2011 年《哈佛商业评论》的一项调查中，41% 的受访者表示，将风险管理嵌入公司的主要障碍是缺乏高管层积极有力的参与。[18] 根据这些调查结果，与风险相关的方面也应充分纳入公司的运营绩效管理对话，例如，将一套平衡的财务和非财务风险指标和驱动因素，纳入所有规划、资源分配、决策和学习过程之中。例如，一些公司创建了加强版的平衡计分卡（或类似的绩效管理框架），以彰显主动的、综合的风险及绩效管理的重要性。[19]

最终，主动风险管理必须成为绩效文化的一部分——它有责任在不确定性更大的时期保护公司，它也是在互联世界中识别和创造新价值来源的机会。主动风险管理的目标，不是避免冒险，而是帮助人们在价值创造机会和风险之间找到恰当的均衡——并在日常决策中采取有意识的、主动的步骤，来处理这些均衡。

注释

1 Drucker, P (1992) Planning for uncertainty, *The Wall Street Journal*, July

2 Beinhocker, E (2007) *The Origin of Wealth: Evolution, complexity and the radical remaking of economics,* p 323, Random House Business, London

3 Meadows, DH (2009) *Thinking in Systems: A primer*, p 170, Earthscan Ltd, Abingdon

4 Disney (2015) 'Disneyland will never be completed, as long as there is imagination left in the world' – Walt Elias Disney, Twitter

5 Microsoft (nd) Microsoft

6 A survey conducted in 2018, and considering approximately 500,000 survey responses, identified that purpose-driven firms come in two forms: firms characterized by high camaraderie between workers and firms characterized by high clarity from management. The first type, high Purpose–Camaraderie organizations, includes companies that score high on purpose and also on dimensions of workplace camaraderie (eg 'This is a fun place to work'; 'We are all in this together'). The second type includes high Purpose–Clarity organizations that score high on purpose but also on dimensions of management clarity (eg 'Management makes its expectations clear'; 'Management has a clear view of where the organization is going and how to get there'). When analysing and comparing these two types of purpose organizations, the research revealed that only the high Purpose–Clarity organizations exhibit superior accounting and stock market performance. See Gartenberg, CM, Prat, A and Serafeim, G (2018) Corporate Purpose and Financial Performance, 9 October, *Organization Science*, 30 (1), pp 1–18

7 Collins, J and Porras, J (2005) *Built to Last: Successful habits of visionary companies,* p 95, Random House Business, London

8 Meadows, DH (2009) *Thinking in Systems: A primer*, p 172, Earthscan, Abingdon

9 Clancy, T (2018) Systems thinking: Three system archetypes every manager should know, *IEEE Engineering Management Review,* 46 (2), pp 32–41, June

10 Meadows, DH (2009) *Thinking in Systems: A primer*, p 102, Earthscan Ltd, Abingdon

11 Meadows, DH (2009) *Thinking in Systems: A primer*, p 148, Earthscan Ltd, Abingdon

12 Drucker, P (2001) *The Management Challenge for the 21st Century,* HarperBusiness, London

13 Drucker, P (2006) *The Practice of Management*, Reissue edn, pp 105–18, HarperBusiness, London

14 Meejia, J (2018) This simple method is used by Bill Gates, Larry Page and even Bono to tackle their biggest goals, CNBC, 14 August

15 Also compare: Drucker, P (2007) *The Practice of Management*, pp 113–15, in *The Classic Drucker Collection* (2007), Elsevier, Amsterdam

16 Kane, GC, Palmer, D, Phillips, AN, Kiron, D and Buckley, N (2019) Innovation inside and out: Agile teams, ecosystems, and ethics, *MIT Sloan Management Review*, 4 June

17 The risk and controls mechanisms outlined in this section follow the categorization proposed by Paul Simons in Simons, R (1995) Control in the age of empowerment, *Harvard Business Review*, 73, 1/2, pp 80–88

18 Harvard Business Review Analytic Services (2011) Risk management at a time of global uncertainty, *Harvard Business Review*

19 Homburg, C, Stephan, J and Haupt, M (2005) Risikomanagement unter Nutzung der 'Balanced Scorecard', *Der Betrieb*, 58 (20), pp 1069–075

|第8章|

运营绩效对话

在第 7 章中，我们探讨了**战略绩效对话**的五个核心要素和杠杆点。要使战略绩效对话对运营有效，就必须将其嵌入日常运营绩效管理的实践和互动，即**运营绩效对话**。绩效周期和对话之间的关系应该是相辅相成：战略绩效对话确定的战略框架和方向，需要付诸运营才能取得成效；同时，通过运营绩效对话产生的运营见解和经验教训，应定期反馈到战略绩效对话中。当这两个对话相互关联、彼此协调时，组织学习、业务增长和绩效改进的车轮就能开始加速前进了。

有效性导向兼可靠性导向（绩效）管理

领先的敏捷组织论证了敏捷模型如何在实践中应用，以及它与许多老牌公司仍然遵循的传统方法有多大区别。虽说当前商业环境中存在各种不确定性，但还是要通过展望未来 10～20 年去确定长期业务战略，并且在很大程度上，要将其实现，这需要创建包括创新和绩效改进项目在内的组合，以帮助公司向想象中的未来迈出重要的下一步。虽然项目组合可能由企业的中心机构管理，但大多数项目已被派到"前线"，并由跨学科团队领导。这些团队中的大多数人员，都被鼓励遵循"实验驱动"方法，以尽早确定和检测他们的项目是否正确。对进展情况的定期复查，主要基于广泛的非财务指标，其中大多数指标侧重于评估：项目对客户、员工、社会或其他关键利益相关者群体长期价值创造的影响。根据项目的进度和影响，资源会被调增、调减，以催化和扩大最有希望的商业机会。为了加快这一进程，公司建立了高级别的成本意识，用以推动持续、共同关注识别运营中的浪费并予以消除，以及从业绩不佳的既往业务投资中将宝贵资源释放出来，以推动未来的增长。

这与更传统的绩效管理方法形成鲜明对比：在更传统的方法中，资源的分配处于严格管理之下，以年度财务预算、规划为周期进行。虽然一些公司已经使用更强大的规划解决方案来取代以电子表格为基础的预算和规划模型，但财务规划和预算的创建基础仍主要是固定模板，还是以去年的收入和成本为基数，在此基础上进行调整。对于绩效，以季度和月度为频次进行预测和复查，并不是要质疑年度计划的前提假设，而是要及早识别并指出偏差，以使业务重回正轨。如遇意外变化，就会谨慎处理，目的是保护组织并实现预期目标。企业管理者，达到承诺的"比去年优化"的财务目标，或至少设法将成本预算保持在允许的范围之内，将获得奖励，因为他们具备了"可靠性"。创新机会和创新想法是受欢迎的，只要它们与现有的年度顶级优先事项保持一致并符合预设的短期财务回报标准；然而，由于本年度的预算限制，这些投资机会中的大多数需要安排在下一年度的投资规划中进行资格审定和预算排期。

罗杰·马丁在《商业设计》一书中描述了以有效性和可靠性为导向的管理的商业原理与含义，在制定适当的运营绩效管理方法时，理解和考虑这些原理与含义非常重要。[1]正如马丁所解释的，以有效性为导向的（绩效）管理的主要目标，是产生新的、开创性的理念和前提假设，来更新和扩大公司的知识优势，从而创造价值。但这些理念和前提假设需要通过迭代和实验方法进行验证。相反，以可靠性为导向的（绩效）管理主要建立在现有知识优势的基础上，将所有资源和努力集中起来，以高度可靠的方式产生相同、一致的结果，使生产经营具备更高的可预测性和效率（见图 8-1）。

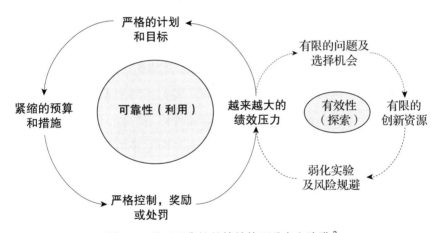

图 8-1　基于可靠性的绩效管理重点和陷阱 [2]

现实情况是，大公司同时需要以可靠性和有效性为导向的实践。然而，一个共同的挑战是，许多老牌公司的规划和绩效管理方法过于注重可靠性，导致绩效压力不断增加。

僵化的计划、功利性强且不断收紧的预算和措施、更严格的控制，以及注重增量成本效率的奖励，系统地削弱了企业的探索，损害了企业推动创新和实验的新机会，从而阻碍了企业学习、开发和适应日益动态化的商业环境的能力。

CFO 的关键任务是根据公司的具体情况和目标，将以有效性和可靠性为导向的这两种方法，与规划和绩效管理相结合，以平衡组织对探索和利用的重视程度。在商业环境不确定时期，这一点变得更加重要，但也更具挑战性。第一，CFO 不能假设未来（甚至不久的将来）是历史的延续或扩展。他们必须积极筹划、准备，以应对未来的意外变化。第二，CFO 必须让组织保持精简，把组织从不必要的低效业务或低效投资中解放出来，同时还要让组织足够强大，以解决突发危机并抓住新机遇。第三，CFO 需要更仔细、更动态地分配资源，要能够根据进度和绩效调增、调减资源。

贯彻执行规划、预算、预测和资源分配，仍然是 CFO 完成关键任务的最有力的杠杆。与强化的绩效跟踪实践以及加速的决策和学习相结合，它们代表了运营绩效对话的关键杠杆点。我们将特别关注在绩效管理中贯彻以有效性为导向的实践。这并不意味着以可靠性为导向的实践毫无价值，但在大多数公司中，CFO 在将重心转向基于有效性的管理以增强组织的企业家精神和灵活性时，面临的挑战更大。

生成性规划和预算：如何推动组织学习和成长

要建立更均衡的运营绩效对话，第一个杠杆点是引入替代性的规划和预算措施，这些措施比传统方法更灵活、更具有确定性，并支持更灵活、更具企业家精神、更注重学习的绩效管理方法。

20 世纪初，来自大型工业组织的领导者，开始创立财务规划、预算编制和资源分配的基本原理。在当时，这是重要的创新之路，可用在保持财务控制方面，这给外部投资者带来了一种可靠的感觉，并最终成为工业时代利润增长的最重要驱动因素之一。

编制固定的年度财务规划和成本预算的工作越来越复杂，越来越僵化，直到 20 世纪后期，新一代高管才开始质疑这种做法。例如，杰克·韦尔奇曾在 1995 年宣称，僵化的财务规划、预算编制和确定性的资源分配，是"美国公司的祸根"，并指出，对于大多数公司来说，它：

> 必是管理中最无效的做法。它吸走了一个组织的能量、时间、乐趣和远大梦想。（……）然而（……）公司花费了数不清的时间来编写预算。这是多大的浪费！ [3]

财务规划和预算消耗了大量时间和资源，而为应对商业环境的快速变化带来的挑战，也消耗了大量的时间和资源，在几十年后，许多企业领导者，尤其是认识到这些问题的企业领导者，仍可以接受韦尔奇的中肯批评。德勤在 2014 年进行了一项调查，涉及全球领先组织的 600 多名高级管理者，调查结果表明，财务预算和规划过程不仅需要大量的时间和精力，而且各个企业和部门，都要面对超级相似的挑战。[4] 该调查强调的挑战主要是，编制财务规划、预算和预测时涉及的烦琐细节，以及一直存在的严重僵化做法，并且这都是自己造成的；超过 50% 的受访者承认，他们的企业具有"财务细节文化"，这就是花费过多的时间和精力，而带来的新增价值和见解却相当有限。超过 40% 的受访者表示，他们需要三个月的时间才能编完年度规划和预算，而超过 30% 的受访者表示他们需要六个月。令 1/3 的受访者感到沮丧的是，规划和预算制定后，通常都是在高层进行调剂，而对一线业务没有给出明确的行动指令或合理的反馈。对大多数受访者而言，对时间、精力和资源如此浪费，是不可接受之事。

　　一些公司解决了数字运算问题，方法是实施了复杂的规划解决方案；然而，在许多情况下，这些解决方案作为工具，并没有被用来简化规划模型和流程，也没有被用来创建富有洞察力的规划场景，而是被用来展示更多细节，以便预测和控制各个业务领域的绩效。这种做法的主要动机很明显：领导者想要寻求可靠性。他们面临的不确定性越大，他们寻求"重建确定性"的欲望就越大。

　　也许最有趣的是，在2021年3月，本文撰写之时，即将公布的德勤2021年计划、预算及预测全球调查的结果表明，平均而言，全世界所有行业的公司，仍面临着许多关键挑战，这些挑战与2014年调查结果强调的一样。这意味着，尽管过去七年来取得了那么多的重大技术进步，领先企业还是一直没能在规划、预算和预测方面做出重大改变。但是，为何会这样呢？

规划是学习的机会

　　对于大多数老牌公司来说，规划是一个管理过程，它完全由可靠性驱动。无论是否有现代规划解决方案，基础的规划过程和模型要对未来进行预测，在很大程度上依赖的前提假设和数据，都必然是从以往得到的。甚至某些非常复杂的规划模型（事实上，通常尤其是这些模型）是基于这样的前提假设：大型组织就像一台大型机器那样运作，其内、外部输入因素和输出结果之间的关系是线性的、可预测的，因此，基于这种关系，这台大型机器内互相咬合的齿轮零件，就会产生始终如一的结果。

　　然而，除了企业核心系统的一些高度自动化的运营流程（如本书第一部分所述），公司若以这种牛顿力学的视角看待世界，那么对于我们这复杂的互联世界而言，真是很不合适。大型互联组织的发展更多取决于复杂、自适应系统的非线性动力学，而不是取决于简单机械的齿轮装置。对于 CFO 和业务领导者来说，这意味着，他们将不能再遵循传统的、以可靠性为中心的规划和绩效管理方法（即只要形成确定性规划、一致同意的财务预算，之后就是有重点、有控制的服从性执行），企业更需要的是一种注重有效性的方法，并且，在财务投资之前，要先采取实验性行动。将重点从可靠性转移到有效性上，规划制定过程本身就可以成为一个机会，一个加快组织学习的机会，而不是仅作为企业预测和控制的工具。

　　将规划过程视为学习机会，可以对绩效对话产生诸多积极影响。它不仅提醒我们对未来的预测具有局限性，还促使我们采取不同的行动——特别是更加注重提出正确的问题，而不是寻找正确的答案。比如这样一个简单的问题："为了给客户创造价值，我们还能做些什么？"这个问题可以帮助我们跳出固有理念，挑战长期以来的前提假设和观念，并探索未来可能发生什么和未来真正相关的又是什么。提出正确的问题，也有助于我们保持谦虚和现实，同时以开放的态度找到新思路和机会，以突破传统的渐进主义。[5] 而提出的问题，可以让我们考虑超越当前的工作方式——不仅为了让人们更加努力地工作，还为了改变"游戏"规则。

　　CFO 可以采用多种不同的做法引入、促进学习导向更强的规划方法，我们将在这里讨论其中两种做法：缩小 / 放大和情景规划。

缩小 / 放大

　　在变化的时期，在不确定性加剧的时期，有一种非传统的规划制定方法似乎特别适用，即被称为"缩小 / 放大"的规划制定方法。[6] 据德勤领先创新中心所说，这种方法最先出现在硅谷的科技公司中，这些公司采用该方法来制订和完善计划，以应对快速变化的商业环境。这些公司的管理团队预料事情会发生变化，而且变化可能会快于预期，但他们无法确定具体如何变化。从那以后，一些传统行业的大型成熟公司采用了这种方法来应对变化，避免陷入这种风险：公司习惯于增量规划制定、反应式规划制定。

缩小/放大方法的主要初衷是，希望产生新的视角和想法，扩展知识，并加速学习。规划制定团队被要求按两个时间范围进行迭代：一个是长期范围，对未来 10 ～ 20 年进行展望（缩小），一个是短期范围，着眼于未来六个月内即将完成的下一个步骤（放大）。

在使用缩小视角时，规划制定团队应重点关注经济趋势和不断变化的客户需求，并提出此类问题：10 ～ 20 年后，我们的市场会是什么样的？我们需要成为什么样的公司才能在该市场取得成功？我们的目标不是绘制蓝图，而是在我们所预见的未来构建协同机制，并明确未来的趋势和机会，以有助于制定短期行动。

一旦长期前景变得更加清晰，规划制定团队就将专注于"放大"前景，讨论并商定几个短期计划，这些为数不多的计划能够引领公司走向众人一致认同的未来。在此，团队关注的问题是：在未来 6 ～ 12 个月内，我们可以采取哪几项举措，使我们更接近长期目标？我们是否有适当的、可产生影响的资源？我们如何衡量是否达到了想要的预期效果？

通过反复提问与思考，鼓励规划制定团队持续、重复审视公司在不同的时间段，特别是短期内可以做些什么，以构建新的能力、解锁新的客户价值之源，这些都是为未来而做的准备。在缩小/放大方法之中，如果长期和短期计划已定，则中期计划会自然而然地形成。这种方法可以防止团队过度关注年度预算和季度成果，也可以防止资源在各种举措之间过度分散。最重要的是，它促进了一种敏捷的、富有企业家精神的方法，这种方法建立在有效性的基础上，并且降低了决策者被蒙蔽的风险：某些进展，从长远来看很重要，但在今天看来却貌似微不足道。

情景规划

"另类未来思维"或情景的实践，可以追溯到 16 世纪。[7] 以系统的方式，把情景思维和规划制定实践相结合的想法，出现于 20 世纪 40 年代末，当时，年轻的美国国防分析家赫尔曼·卡恩提出了一种新技术，来描述敌对国家可能会如何使用核技术。[8] 20 世纪 60 年代，荷兰皇家壳牌石油公司的企业规划团队成员，试图利用卡恩的技术制定商业情景规划，用来帮助公司应对 20 世纪 70 年代欧佩克石油禁运，比同行更好、更快地渡过难关，从而为企业的长期业务增长奠定了基础。从那时起，许多全球领先的企业在动荡和不确定性时期都采用了情景规划。

尽管其受欢迎程度不断上升，但对于情景规划是什么、何时应该使用以及可以获得什么好处，仍然存在许多误解。一种极端的看法认为，情景规划仅用于对预测进行强化，包括给诸多可能的结果分配明确的概率。另一种极端的看法认为，情景规划似乎已演变成一项复杂并且通常是抽象的工作，它占用了大量时间，但对业务决策几乎没有实际效用。这两种极端的看法都是无效的，CFO 如何才能找到正确的中间路线呢？

学术研究和文献将情景规划定义为：

情景规划是一种过程，在此过程中，发布若干信息透彻、逻辑合理、基于想象、可选择的未来环境，在这些环境中，可以做出关于未来的决策，目的是改变当前思维、改进决策、强化人和组织的学习并提高绩效。[9]

换言之，情景规划的目的不是预测未来，而是让领导者更广泛地理解组织和经济的复杂性，进而为当前的（战略和运营）决策过程做好准备和协助。传统规划方法追求"创造确定性",要求领导者高度重视并专注于单一计划(即寻求解决方案以启动控制过程),而情景规划方法则是通过接受不确定性(即寻找问题以启动学习过程)来创造可选项。

从本质上讲,制定情景规划就像创作一个故事,说明、解释商业环境如何随时间演变,以及这种演变可能给组织带来的影响。在不确定的时期,重要的是创作这样的故事:包含更广泛的、可能的未来发展,包括不太明显的、可能出现的、可能持续到未来的风险和机会(例如,消费者行为和偏好的变化,它们可能影响公司的产品及服务组合)。在编写这些故事时,合理性比可能性更为重要。归根结底,制定情景规划的目的是创建一个舞台,邀请领导者将自己视为未来可能场景下的角色,从而鼓励他们思考自己的期望、前提假设和预期的行动方针。在此阶段,一个情景的效果并不重要,重要的是故事情节的逻辑是否清晰,以及它如何帮助人们开启新的动态思维。

从系统思维的角度来看,引入替代的、以学习为导向的规划方法(无论是放大/缩小、情景规划、这些方法的组合还是与其他实践的结合),对于理解和驾驭互联世界的复杂动态而言都是必要的。将这些新做法纳入战略绩效对话和业务绩效对话,不仅可以强化规划制定过程,还可以强化决策和学习过程,具体而言:

- **扩展视野**:从系统思维的角度来看,不同时间段之间的区别没有多大意义。在复杂的动态环境中,现在采取的任何行动,都会产生某些直接的影响,其中一些影响将会辐射出去,影响未来的几十年。同样,现在的任何经验,都是几天前、几十年前采取行动产生的结果。系统,总是在多个时间跨度内建立和解除连接的诸多行动和影响之和。例如,想象一下,我们正在一条复杂、陌生、弯曲的道路上行驶，倘若只顾低头看前方几米，则是愚蠢的。话虽如此，如果只展望遥远的前方，而不注意眼前的事物，则同样是愚蠢的。[10] 对未来做预测是不可能的，一旦承认这一事实，我们能做的最好的事情，就是采取行动，对整个系统的短期情况和长期情况进行观察与评估。

- **拥抱新的现实**：组织和人类一样，倾向于根据公认的前提假设、现有的思维模式和传统智慧来制订计划。问题在于，这些前提假设、思维模式和智慧，都是从过去的推论而来——其中大部分，对于未来而言，都是为其设定的劣质指标，并且偏向于递增论。[11] 以学习为导向的规划方法，试图更强调提出问题，或者说更强调引入不确定性，以打破这一习惯，从而拓宽领导者制定规划、制定决策的视野。

- **提高灵敏度和敏捷性**：非传统的规划实践鼓励领导者思考范围更广的未来可能出现的结果，以及可能导致这些结果的一系列事件。它探索事情如何快速变好或者变糟、为什么会快速变好或变糟的目的是完善企业行动的准备工作，从而提高业务敏捷性、灵敏度和弹性。在变幻莫测的时期，企业要提高绩效，不再依赖于对未来的预测能力，而更依赖于对新出现的机会和风险做好准备，以更早更快地识别和应对它们。

- **鼓励面向未来的决策和行动**：最后，非传统方法不仅有助于领导者展望理想的未来，还有助于他们为实现这一目标制定可行的路径——从而将规划制定这件事纳入运营决策和学习过程。从这个角度来看，最重要的好处不是规划本身，而是在创建和调整规划的过程中不断进行的互动和对话。将规划制定视为学习机会，组织就可以对它们所处的环境有更深刻的理解，并且，最重要的是，更深刻地理解需要哪些决策和行动去实现他们所期望的未来。传统规划主要关注未来的可预测性（这样能制定可控目标和规划，以付诸实施），但非传统规划方法则更关注当前决策的质量水平（这样能启动和推动一系列正确的行动，以实现预期的未来）。

从实务角度来看，引入和嵌入新的规划制定方法会遇到困难，需要付出努力，一些 CFO 将会担忧这些事。这些担忧当然是有道理的，但应该将其和传统规划、预算中耗费的时间和资源方面的重复性投资一并进行比较评估——在许多公司中，这些投资创造的商业价值很小，或几乎为零（如果没有对商业价值造成损害的话）。事实是，几十年来，老牌公司一直在利用制定规划的方法，来创造更大的确定感、控制感。在这样做的过程中，它们几乎没采用任何新方法。虽然对于在相对稳定和可预测的商业环境中运营的少数组织来说，这些方法可能仍然有效，但对于那些面临动荡和不确定性的组织而言，这些旧方法会带来巨大的挑战和障碍。其他以学习为导向的规划方法，如本节介绍的方法，可以帮助 CFO 取代或强化他们的传统做法，以推动敏捷性和企业家精神的提升。

一些公司开发了创新的方法，以有效、高效的方式将传统规划实践和新规划实践的关键方面结合起来。例如，一家领先的制造公司建立了一个"企业规划实验室"，要求范围广泛的领导层和规划团队前往一个地点，在 5 ～ 7 个工作日内专注于创建和调整规划，利用包括场景建模在内的各种不同技术。该实验室遵循一张精心准备的、便利的、以小时为单位的时间表，并根据需要连夜完成离线整合和分析。实验室的成功依赖于重要的跨职能信任、协作、学习和主人翁精神，并对这些有所强化——这是一个重大的文化转变，与此相比，在过去，由于缺乏组织信任和对话导致规划过程变得极其复杂和琐碎，还导致了组织内部的争权夺利。

在传统规划实践和基于学习的规划实践之间找到恰当的平衡，以及找到推动规划制定过程的最合适的方法，对于每个公司而言都是特定的选择问题、设计问题。好消息是，在规划制定方面，CFO 可以制定自己的规则。然而，这也意味着，如果规划实践未能实现预期的价值，CFO 将不得不行使管理权，代表公司，主动推进所需的变革。

预算是增长机会

在此基础上，要寻找不喜欢预算编制的财务或业务领导者，用不着花很长时间就能找到。想想与预算相关的压力和难度，难怪大多数财务领导者都想从他们的工作任务中删掉这项工作。然而，尽管在平衡可靠性和有效性的时候有这么多痛苦、指责和压力，公司仍继续依靠 CFO 来确保支出和投资得到控制，并确保资源尽可能用于最能提高业务绩效和增长的方面。为了有效完成这项工作，财务预算、投资规划、成本管理和资源分配仍然是重要而有力的工具。虽然公司可能无法通过消减成本来实现增长，但它们的纪律必须是缩减今天的浪费，从而为明天的增长提供动力。

新的成本控制和预算编制方法已经出现，或者说又重新流行起来——包括零基预算（ZBB），这是许多全球性的消费品和制造业组织以及其他行业越来越多采用的方法。ZBB 不是"从 0 开始做预算"的一次性作业，而是一个系统的、持续的过程，其目的在于培养更高的成本意识。虽然预算过程确实是从"零基数"开始的，但这种方法有助于进行更灵活、互动和有意义的对话，以抓住改进成本的机会。也就是说，在实践中，预算方法（如 ZBB）的应用方式具有显著差异。许多公司采用了ZBB，它们的重点是大幅削减成本。尽管它们的削减幅度之大令人惊叹，但却很难有什么证据能证明业绩是因此加速增长的。事实上，随着时间的推移，一些公司的收入不断下降，这反过来又影响了组织的能力发展、创新能力、士气和企业家精神。

尽管 ZBB 得到私募股权投资者的推崇，但还是有许多考虑长远发展的业务领导者对 ZBB 的强硬做法提出了质疑。双方可能都是对的，也可能都是错的——这里的关键区别就是预算在实践中的定位和执行方式。即使是比增量预算更激进的预算方法，比如 ZBB，也可以在关注长期增长和长期价值创造方面发挥作用。虽是简单的原则和步骤，却可以产生相当不同的结果，比如，更有意识地、更清晰地将这两者区分开来：其一，用于产生增长和建设能力的预算投入，其二，低价值活动、组织帝国建设，以及有史以来最复杂的运营所造成的隐性损失。

例如，一家领先的全球消费者医疗保健公司的 CFO，将 ZBB 作为一个连续的过程予以推行，为公司的数字化转型过程做出了重大贡献，这使财务部门能够减少预算、重新配置重要预算，以优先进行重组活动。该方法的主要特点包括：对所有领域的节约潜力和目标给出明确定义、进行持续更新，并做出众人一致认可的分析（根据企业领导者的观点，对于长期客户价值创造而言，这些都不是至关重要的）；以及在一系列优先计划的组合之中，不断重新评估并且重新分配已实现的资源节余。

其他已经非常成功地实现了类似目标的公司，所采用的方法可能有所不同。例如，一家领先的媒体公司决定实施"轻触式"预算流程，设定一个具有挑战性的"基线预算"。为了避免复杂和耗时的预算谈判，CFO 和更广泛的高管团队让业务领导者相信：在一个预算年度内，他们将能够获得预算外支出额度，并且他们无须以"白纸黑字"的方式对这一数字负责。在这一年中，财务部根据业务绩效、业务机会和市场动态，在公司的中央资金池审查和批准预算外的支出，促进了高度互动和协作的对话。所有部门的领导都参与定期会议，以评估批准新支出是否合理——因此，所有职能部门都认为自己是确定解决方案、推动业务绩效的一员，而整个组织，则由于采用了具有挑战性的预算而受益匪浅。据其高级财务领导者称，这种方法带来了企业文化的转变，从纯粹的个人利益争夺转向共推集体利益，同时也使配置业务预算时，采用的方法更加精简，反应更加迅速。

动态资源分配：如何筑就未来的业务

每个公司都必须在这两类资源的分配上寻求平衡：维持当前业务运行所需的资源（运营支出），以及筑就未来业务所需的资源（资本支出）。虽然运营支出所需资源应由预算给予足够支持，但资本支出所需的资源，更应在资源分配中处于最优先的地位。[12] 在老牌公司中，经营业务所需的资源远多于为抓住新机会而消耗的资源——但是，作为 CFO，应至少对后者给予同等程度的关注。

也就是说，传统的资源分配方法，是基于这样的前提假设：公司如何投资才能很完美地提前规划、提前确定优先次序。在传统方法中，资源分配的目标，是通过缩小投资选择范围和相应的预算影响来提高可靠性，这是在稳定的、可预测的商业环境中采用的明智方法。然而，在变革的、不确定的时期，公司可以通过采用更具动态性和基于有效性的方法得到更好的服务，例如，创建一个投资机会组合，这个投资机会组合可以通过迭代和基于实验的方法获得验证，并且获得融资。这种方法不仅可以提高敏捷性和企业家精神，还可以降低风险，做法是将更多的投资集中于进展良好和逐步得到验证的机会。换言之，在变化和不确定的时期，与可靠性相比，选择性更有价值，风险也更小。因此，建立更加动态的资源分配方法，是 CFO 要考虑的第二个关键因素和杠杆点。

采用以"有效性"为导向的动态资源分配方法，可能会被视为一种挑战，这种挑战可能会危及公司控制资源的能力。但事实并非如此。在实践中，从传统的、以可靠性为导向的资源分配方法过渡到另一种基于有效性的资源分配方法的公司，大多数都将大大增加这些需求：根据事实进行分析、指导清晰的决策，以及稳健的公司治理。与传统方法相比，动态资源分配方法可能还需要管理层更多、更持续地关注这些：建立创新项目组合，监测和评估每个项目的进度和有效性，重新评估和改变资源分配（例如通过以季度为频次的定期审查）。

谷歌前 CFO 帕特里克·皮切特是公司企业家文化的热情倡导者，在2011 年接受采访时，描述了为发展"数十亿用户"的谷歌搜索、谷歌安卓、谷歌浏览器而采取的融资方式。[13] 皮切特说："要养好胜利者，要阻止那些行为出错的人，你需要改变很多方面。"每个项目都要从三个关键维度进行评估：

- 第一，项目进度：在过去 90 天里做了什么？在接下来的 90 天会做什么？
- 第二，项目轨迹：我们的动力是在增强还是在减弱？如果缺乏动力，是否需要更多的资源？
- 第三，在快速变化的环境中评估战略定位：内部或外部条件是否正在发生变化？这些变化对项目的影响如何？

公司资源的分配，一直是并将继续是 CFO 的主要责任。无论是商业环境还是经济形势都不会提高或降低资源的产出率——真正能使产出率提高或降低的，是 CFO 就"如何最有效地使用可获得的资源"所做出的决定。如本书第二部分开头所述，企业生产力下降的趋势表明，资源分配问题不仅对单个企业，而且对整个国民经济来说都是挑战。事实上，有若干项研究表明，许多大型成熟公司的资源生产率水平相对较低，其中一个主要原因是，这些公司过于注重仅通过提升效率来提高生产率。[14]然而，尽管效率和生产率彼此是相关的，但它们并不相同——前者的目的是以更少的成本实现同样的目标，后者的目的则是以相同的成本实现更多的目标。为了推动，尤其是加速提高生产力，许多公司必须更加关注"降低成本"和"创造增长"之间的平衡。

麦肯锡的一项研究显示，83% 的受访高管将资源分配视为刺激增长的最高管理杠杆，但 1/3 的受访公司每年仅重新分配了 1% 的资本——其平均值为 8%。[15]不进行动态再分配可能会错失巨大机会，尤其是当有证据表明"积极再分配资源会同时增加公司价值和经济价值"的时候。根据麦肯锡的研究，积极再分配的公司平均能为股东带来 10% 的回报，而保持不变的公司则为 6%。这意味着，用 20 年的时间，动态资源分配可以帮助一家公司的价值达到其不那么灵活的同行的两倍——随着变化和不确定性的增加，这一差距可能会进一步扩大。

《哈佛商业评论》发表的一项研究，对 4700 家上市公司在动荡变化时期的业绩进行了调查，覆盖期间为历史上的衰退时期、衰退之后的时期。[16]该研究发现，17% 的公司未能在动荡中幸存下来，80% 的幸存公司多年后仍在艰难努力，以重新达到衰退前的增长。只有 9% 的幸存公司公布的业绩超过了衰退之前的水平，并且在销售额和利润增长方面超过了同行公司至少 10%。然而，最有趣的是，这些公司之所以超越其他公司，并不是由于过于激进地削减成本或以投资促增长。根据研究，这些公司的表现优于其他公司，是因为它们精于掌握这种微妙的平衡：削减今天的成本以求生存，投资于明天以求增长；并且采用了更具活力、更具系统性的方法，以提高运营效率，同时推进其市场和资产的发展。

如前几段文字所述，在规划、预算编制和资源分配中应用更注重有效性的方法的核心要点在于：公司的资源、管理层的精力、业务的重点都是有限的，财务部门能够评估出它们将在何处产生最大价值、最大影响。然而，采用基于有效性的方法可能会面临挑战，不仅是从管理变革的角度来看，还因为 CFO 无法获得必需的信息来为这些实践提供有效支持。高层级的综合财务报告和绩效指标，并不足以在运营层面实现更具动态性和互动性的绩效对话，因此它还需要通过强大的运营绩效跟踪和分析能力，以及更有效的数据驱动决策过程来进行强化。

绩效跟踪：如何加速决策和学习

谷歌，以及其他知名的数字龙头公司，之所以著名，不仅由于采用基于有效性的方法制定规划、制定预算、分配资源，还由于其具有强大的数据驱动和分析驱动并行的决策文化。以事实为基础、以数据为驱动，这样的决策文化被许多企业高管视为公司 DNA 的一个重要方面。在这些公司中，重要决策都是通过数据驱动分析和科学实验做出的，开始的时候，通常是提出正确的问题，给关键管理决策所需的信息类型做出明确定义。正如谷歌前董事会主席埃里克·施密特所说：

我们管理公司的方式是提出问题，而不是回答问题……你把它当作一个未解决的问题去提问，而不是给出一个简单的回答，这才会促进交谈。从交谈中产生创新……我认为，如果把它当作一个未解之题去提问，你会得到更好的创新文化。[17]

一个问题，一旦得到明确界定并被优先处理，与其相关的事实就可以被收集、被分析，以强化决策过程。

根据本书第 4 章中关于数据驱动决策的讨论，CFO 可能需要再考虑另外两种实践，用以嵌入并强化运营绩效对话，这就是绩效分析和分析预测。

绩效分析

关于绩效，一个常见问题是，它根本没有被恰当地衡量。主导传统绩效报告的，通常是回顾既往的财务指标，这些指标几乎无法回答最重要的问题：我们是否在实现绩效目标方面不断取得进步？不仅如此，在变化更快的时代——消费者偏好、技术、竞争和市场环境变化如此之快，导致增量改进无法跟上时，我们需要考虑的重要问题就变成了：我们是否能够更快实现目标？我们的决策、学习和提升是否够快？加速绩效改进的关键就是积极回答这些问题，但这些问题很少被问及，或者虽有回答却很少能被充分重视。

在快速变化的时代，财务部门必须做的是，不再以回顾性的方式衡量财务目标的实现情况或偏离情况，而是更加注重衡量在加快学习和绩效改进循环方面取得的进展。然而，现实情况是，尽管技术已然进步，但许多公司仍然主要依赖静态的绩效目标、计划和报告，而它们都是由滞后的财务指标主导的。虽然财务指标在提供公司层面的财务绩效整体视图以及对外传达财务绩效预期方面具有一定的作用，但财务指标通常在运营层面毫无意义，尤其是在需要快速做出决策、预测未来发展的敏捷组织中更是如此。在这里，在企业一线，决策者正在寻找有助于加速决策和学习，与消费者、市场和流程相关的运营指标。

开发绩效跟踪解决方案，以推动差异化市场增长

经过多年的全球业务和运营模式整合与集中化，这家全球领先的消费品公司的高管团队决定，将管理层的注意力和公司资源重新集中到选定的顶级市场，来应对日益激烈的地域竞争——特别是创建专门的跨职能一线团队，以释放差异化、创新驱动、市场和细分市场的增长机会。从中长期看，虽然大多数产品种类的总体增长水平似乎没有变化，但是，对当地消费者、细分市场、运营的详细分析，却重点指出了在地域、国家、消费者和特定产品层面上实现差异化增长的明确机会。

为了验证这些增长假设，该公司开发了工具、方法来做绩效跟踪，以实现快速决策和快速学习（见图 8-2）。主要目标是，让新的一线团队能够用高度精细的、以当地的内外部数据为主的分析，对在何处竞争、何时竞争、怎样竞争，做出更好、更早、更明智、更以事实为依据的投资选择，以促进持续增长和绩效改进。

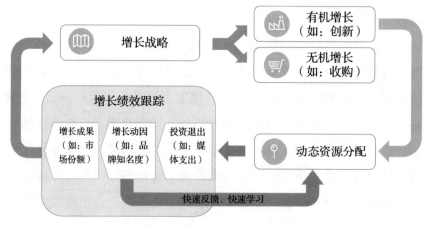

图 8-2　绩效增长跟踪（举例）

为了强化这一运营层面的决策过程，必须设计绩效跟踪工具，用来

分析精心挑选的指标（主要是非财务指标），以使当地团队能够观察、理解以下三个核心参数之间的因果关系：第一，关键投资选择（团队必须做出的关键均衡决定，即为了推动增长，要在哪里花费时间、金钱和管理注意力——例如，当地广告、媒体支出）；第二，绩效驱动因素（即影响绩效和增长改善的措施，如品牌知名度）；第三，绩效成果（即反映当地高质量增长和绩效改善的关键指标，如净销售额或市场份额）。

对这三个参数之间的关系进行迭代实验、跟踪、分析，在精细级别上为团队提供及时的反馈和见解："什么是有效的，什么是无效的，最重要的是——为什么有效、为什么无效？"换句话说，绩效跟踪解决方案不仅实现了更快、更高程度的数据驱动的决策过程，还提供了快速、持续学习的机会。

算法预测

当 CFO 被问及"优秀的"预测应该是什么样子时，答案通常非常清晰有理：其准确程度，足以预测短期业务结果；其及时程度，足以指出潜在的绩效风险或机会；并且其详细程度，足以为随即到来的业务决策提供更多的数据点。但是，当询问财务领导者"预测应该用于什么目的"，得到的答案却不尽相同，答案通常包括：运营优化活动（库存水平最小化）、确定纠正措施以"重回计划的正轨"（为集团、业务部门和各地市场之间的绩效评估提供信息），以及作为中期和长期规划的基础（使用滚动预测）、预测本季度财务结果（有助于准备投资者会议）、预测所欠税款（优化公司的现金状况）等。

"优秀的"预测的用途通常相当多——这就是困境的开始。创建"优秀的"预测是与特定环境相关的，它需要做些调整，才能够解决特定行业、特定公司或特定事项的问题。为了把大量问题一次性解决，许多公司最终还是采用了极其复杂和耗时的预测模型与流程，这往往导致时效性和准确性欠佳，继而对基于事实制定决策形成阻碍。因此，CFO 应牢记以下两项原则：

第一，明确需要解决的问题：为帮助运营活动更加有效地运作，制定精细的预测，需要用非常不同的方法来准备接下来的投资者指南。从绩效管理的角度来看，预测不应与规划、预算编制或资源分配过程（这些应通过前面讨论的相应做法来解决）混为一谈，而应坚持专注于提供基于事实的分析见解，以支持合理的决策过程。预测，本质上是针对未来的，但它们不是对预期发生的事情的预测，也不是任何其他形式的"预期会发生什么"的主观观点；相反，它们是基于事实的、科学分析过的、客观的前提假设，这些前提假设包括"可能发生什么"，以及"这对业务或财务意味着什么"。因此，它们提供的是管理者在决策过程中可以考虑的新的数据要点，特别是在识别、应对一系列结果下隐藏的风险和机遇之时。

第二，让机器完成工作任务：在许多组织中，预测仍然是手工程度极高、非常耗时、反反复复的过程，它需要大量人员参加，需要投入大量管理时间，来对数据和见解进行汇编和处理。尽管已经做出了种种努力，但人为的偏见、猜测和错误还是很可能会悄然出现，影响预测结果的及时性和准确性。算法预测可以显著提高预测的及时性和准确性，同时减少财务和业务团队烦琐和重复的工作；这种预测方法，需要这样的人员：他们能利用丰富的数据，将技术型的预测解决方案付诸实践。[18] 在财务和绩效管理中，算法预测可用于支持自上而下的预测（例如利润或现金预测）、自下而上的预测（例如产品或市场层面的预测），也可支持外部报告和指导。使用更细粒度、更丰富的数据源，以及使用机器学习，都

有助于进一步提高准确性。然而，算法预测带来的真正提升，来自它与
人类智慧的结合。算法预测模型有助于让人们保持理性和诚实，因为他
们在制定以事实为基础的决策时，可以使用机器的结论来为决策提供信
息、对决策进行评估。

强化运营决策过程

以先进的分析方法和解决方案（如绩效分析和算法预测）对运营绩效
跟踪进行强化，这种本领，是企业发展的一项重要的能力。然而，依据
本书第 3 章中的讨论，CFO 应重视对决策过程本身的改进，至少要给予
同等程度的重视。正如汤姆·达文波特观察到的，在大多数组织中，决
策被视为"个人的特权——通常是高级管理者的特权"，而不是一个过程，
因此很少成为系统分析的重点。[19] 然而，和其他任何过程一样，决策过程
中也存在着许多创造差异化竞争优势的机会。决策过程中最有力但也最
容易被人忽视的一个方面是，个人和团队有机会跳出决策看决策，反思
新获得的见解和经验教训——这也是运营绩效对话的下一个关键杠杆点。

团队学习：如何加速组织的学习和进步

长期以来，团队绩效一直被认为是公司绩效最重要的驱动因素之一。
例如，对于精明的投资者来说，在预估公司绩效时，管理团队的优劣是
最重要的非财务指标。这就是说，良好的团队合作不仅在高管层面非常
重要，在运营层面也非常重要，尤其是在公司的敏捷组织模型、新技术
和远程工作安排还在完善的情况下。对于许多龙头公司而言，创建一种

环境，鼓励和支持团队组建、团队协作、团队互动，乃是重中之重（如第
7 章所述）。有几个方面对于建立有效的运营绩效对话起着重要作用，特
别是团队组建、团队的团结一致、团队对话和团队学习，这些是本节的
关键内容、重点内容。

团队组建和团结一致

优秀团队合作和优秀企业绩效的起点，都是团队的组建和团结一致。
概括地说，一个团队的规模不应建得太大（即有些人建议，团队人数不要
超过吃掉两个披萨的人），以免产生建立下级团队的需求。同时，一个团
队的规模也应建得足够大，能够聚集各种不同的个人技能和经验（领导者
可能会考虑如何将互补技能结合起来，形成跨职能运作的一线团队）。

团队组建成功，就完成了一件大事，但只有当团队成员开始合作时，
团队的特征才会显现出来。一个全由明星组成的球队和战绩斐然的全明
星球队，区别是什么？为回答这一问题，从战绩优异的体育团队，到绩
效优异的管理团队，各个领域都被广泛研究——虽然研究所得的结论并
不完全一致，但还是有一些共同的发现。最常被提及的团队绩效驱动因
素之一是，团队要有一个令人信服的、定义明确的、全体一致的方向，
即一个清晰的表述，说明"我们要实现的目标是什么？我们将如何实现
这个目标？"为实现总体目标，团队全员要有共同的愿景和信念，并明确
各成员为实现目标而承担的角色、任务和责任——这一发现，对本书前
几章讨论的诸多观点，是巩固也是证实。

团队对话和团队学习

团队绩效的另一个普遍驱动因素，是成员之间的沟通和互动，特别

是这一能力：通过合作和对话，团队能够识别并应对未知的、新的业务机会和挑战。虽然"对话"是一个常用词语，但是，如果仅将其视为个人观点的交流或协商，那么，它对绩效管理的重要性和潜力就被低估了。在传统观点中，人们通常认为，"对话"指的是双方或多方之间的交流——比如，绝非一人之长篇独白。[20] 在这一传统观点中，团队互动、团队对话的潜在力量，被简化为观点和意见的交流。事实上，"对话"的英文 dialogue 中的"di-"表示"通过"，正如物理学家大卫·博姆所说，这意味着，"对话"创造了"一种新的思维"，由参与者共同形成的团队予以实现。[21] 这种新出现的集体"超级思维"，并非任何参与者个人的现成想法，甚至不是所有参与者个人的现成想法，而是一个集体的思维，这个集体不同于"各部分加总之和"——这种现象是强大的，这种现象越来越多地被理解、被应用，例如，通过使用协作和众包平台来强化决策过程。（见使用协作和众包平台来强化组织决策和学习。）

　　当团队学习如何应对变革和复杂性时，尤其是当他们面临新的、未知的机遇和挑战时，对话就变得极其重要。虽然不可捉摸的新情况会造成秩序混乱，但团队对话可以解决这些问题，并通过见解和意义创造秩序。作为一个团队，寻找见解和意义，就是要过滤多个数据点、事实和观点，以触达特定机会的核心，触达特定挑战的核心。当团队学习做这些时，关注、理解、分析组织内部的、跨组织的，以及组织外部的变化，并通过对话将每个人获得的信息反馈给团队，他们就能够阐明系统层级的见解。换句话说，团队对话的实践，使其能够从情况混乱和秩序混乱中找到新的见解、意义和经验。因此，结论就是，组成良好、多样化团队可以形成系统的方法和路径，来应对变革和复杂性，从而加快见解的生成和学习。

　　麻省理工学院和德勤开展的研究表明，在数字化业务转型初期，组织中只有不到 30% 的人认可这一过程需要协力完成。[22] 而在数字化成熟企业工作的人，却有 90% 这样认为，这些企业的报告说，合作是转型过程的关键。两相对照，形成了鲜明对比。然而，研究还表明，并非所有的合作都是有益的，特别是在这两种情况下：有人主导对话以推行单一观点和一群人都持有相似观点。为了减少对决策的负面影响，公司已开始探索使用协作和众包技术。

使用协作和众包平台来强化组织决策和学习

为了强化业务决策，许多组织都将数据分析、机器学习和人工智能的使用置于独一无二的重要地位。在这样做的过程中，它们可能会忽视采用功能强大但并不著名的数字化解决方案，特别是协作和众包平台。

协作和众包平台，不仅有助于群组更加高效地连接和协作，还可以强化创造性过程，以产生新的想法、新的解决方案。这些技术，为连接人群、组织人群创造了更大的可能性，使具有不同知识、不同解决问题方法的人们能以前所未有的规模进行交流、协作和学习。[23] 虽然这些平台的实施和使用相对容易，但可以提供广泛的相关机会，在组织内外部都利用集体智慧的力量。

例如，GPS 导航平台 Waze 公司，以用户的集体智慧来跟踪、预测不断变化的交通状况。汉高公司是一家总部位于德国的跨国化工和消费品公司，它制订了一项计划，通过使用内部预测市场来提高预测精度，该市场旨在收集员工的集体智慧，它取得了惊人的成果：该公司发现，使用内部预测市场可使预测精度提高 16%。[24] 此类例子还有很多，应该鼓励企业领导者考虑将协作和众包平台作为一种实用而有力的方案选项，以进一步加强和加快组织的决策和学习。

团队协作

在许多组织中，团队就绩效进行互动和交流的方式，并不适合组织全公司进行大规模的学习。分级决策结构和指挥－控制的管理风格，导致团队对话以命令、竞争和指责为主，而不是以学习为导向的反思和对话为主。在这些情况下，领导者也可能获得很大成就，方法是促进极简的纪律和常规做法，如：

- **腾出时间进行团队反思和对话**：领导者需要创造空间，让团队定期反思、定期对话。在变革速度加快的环境中运营时，有时间退一步进行反思，对个人和团队而言是很重要的。当环境出现新的复杂情况或意外变化时，需要深入地分析，以及重新审视思维和工作方式。通过个人的、团队的从容反思和对话，花时间观察、审查绩效成果，以了解发生的事实是什么，以及为什么会发生，这是至关重要的事情，但很少被付诸实践。鼓励团队使用敏捷交付方法，包括"回顾仪式"等标准实践，是一种有用的入门方式。

- **创造心理安全**：团队必须建立信任的、心理安全的文化。这是一个优秀团队的"心脏"——通常而言，这是让一些团队与其他团队区分开来的神秘魔力或未知因素。缺乏心理安全可能会导致问题和冲突被隐藏、不被报告，因为团队成员不觉得他们可以大胆说话。为进行开放的、以学习为导向的对话创造安全的环境，是领导者的重要责任。哈佛大学教授艾米·埃德蒙森强调了心理安全对团队合作和团队绩效的重要性。根据埃德蒙森的说法，心理安全"描述了对这种情况的认知：在特定环境（如工作场所）中承担人际风险的后果"。[25] 许多公司和企业领导者基于自己的实践经验支持这一观点。谷歌的"亚里士多德项目"为团队心理安全的重要性提供了一些非常令人信服的证据。尽管梳理了"团队如何合作的所有能想到的方面——他们是如何被领导的，他们业余时间见面的频率如何，团队成员的性格类型如何"，但"亚里士多德项目"能够识别的唯一重要模型，是团队成员心理安全感和团队绩效之间的相关性。[26]

- **拥抱冲突**："冲突"，听起来像是团队对话中应避免的事情，但若处理得当，它在促进优化决策和加速团队学习方面能起到至关重要的作用。领导者和团队必须寻求并欣赏不同的观点、有可能冲突的观点，以强化绩效对话，而不是畏缩地回避冲突。培养简单的沟通技能和实践，如积极倾听或提出不同观点以促进决策，这是至关重要之事，尤其对于财务领导者和团队而言。

对一些人来说，这些步骤可能貌似只是简单的概括，但在实践中，它们反映了生成性绩效管理系统的另一重要杠杆点，特别是对于反馈、利用战略和运营绩效对话之中的关键经验而言，更是如此。即使是微小的变化也能产生巨大影响，宝洁公司前董事长兼 CEO 雷富礼对此有充分说明。在他的《宝洁制胜战略》一书中，雷富礼描述了他如何与长期担任 CFO 的克莱顿·戴利一起腾出时间、创造环境，让领导者参与基于事实的调查和以学习为导向的深度对话，系统地改变了宝洁的绩效对话。[27] 为了在实践中体现这一方法，第一，他们改进了绩效审查会议的理念，促进公开对话和团队反思。第二，他们改变了会议形式，从一本正经的宣讲介绍改为对话。第三，他们鼓励并培训团队在塑造绩效对话时多多提问。虽然这些方法的效果并不是一蹴而就的，但它们能够对公司的绩效文化产生重大影响——这是我们将在下一章进一步探讨的主题要点。

注释

1　Martin, R (2009) *The Design of Business: Why design thinking is the next competitive advantage*, p 30, Harvard Business Review Press, Boston, MA

2　Inspired by: Goddard, J and Eccles, T (2012) *Uncommon Sense, Common Nonsense*: Why some organisations consistently outperform others, p 114, Profile Books, London

3　Martin, TJ (1995) Jack Welch lets fly on budgets, bonuses, and buddy boards, *Fortune* (archive), 29 May

4　Horton, R, Searles, P and Stone, K (2014) Integrated Performance Management: Plan. Budget. Forecast., Deloitte

5　Hagel, J III, Brown, JS de Maar, A and Wooll, M (2018) Frame a powerful question, *Deloitte Insights*

6　Sniderman, B and Brown, JS (2019) Strategic planning: Why you should zoom out and zoom in, Deloitte, May

7　Malaska, P and Virtanen, I (2005) Theory of futuribles, p 12, Finnish Future Society, *Futura*, 2–3

8　Horwath, R (2006) Scenario planning: No crystal ball required, *Strategic Thinker*

9　Malaska, P and Virtanen, I (2005) Theory of futuribles, p 12, Finnish Future Society, *Futura*, 2–3

10　Meadows, DH (2017) *Thinking in Systems: A primer*, p 183, Chelsea Green Publishing, London

11　Wilkinson, A and Kupers, R (2013) Living in the Futures, *Harvard Business Review*

12　Drucker, P (1994) *Managing in Turbulent Times*, p 42, Routledge, Abingdon

13　James, M (2011) Google's CFO on growth, capital structure, and leadership, McKinsey & Company, 1 August

14　Mankins, M (2017) Great companies obsess over productivity, not efficiency, *Harvard Business Review*

15　Yuval, A (2016) How nimble resource allocation can double your company's value, McKinsey & Company, 30 August

16　Gulati, R, Nohria, N and Wohlgezogen, F (2010) Roaring out of recession, *Harvard Business Review*

17　Caplan, J (2006) Google's chief looks ahead, *TIME*

18 CIO Journal (2019) Forecasting in a digital world, *The Wall Street Journal*, 8 August

19 Davenport, TH (2009) Make better decisions, *Harvard Business Review*, November

20 Metcalfe, A (2009) Dialogue and team teaching, Higher Education Research & Development, 28, pp 45–57

21 Bohm, D (1985) *Unfolding Meaning*, Routledge, London

22 Kane, GC (2019) *The Technology Fallacy: How people are the real key to digital transformation*, p 184, MIT Press, Cambridge, MA

23 Guszcza, J and Schwartz, J (2019) Superminds: How humans and machines can work together, *Deloitte Review*, Issue 24

24 Hawkeye (2015) Crowdsourcing sales forecasts: How Henkel leverages the collective wisdom of its employees, Harvard Business School

25 Edmondson, AC and Lei, Z (2014) Psychological safety: The history, renaissance, and future of an interpersonal construct, *Annual Review of Organizational Psychology and Organizational Behavior*, 1, pp 23–43

26 Satell, G (2018) 4 ways to build an innovative team, *Harvard Business Review*

27 Lafley, AG and Martin, RL (2013)*Playing to Win*, pp 130–42, Harvard Business Review Press, Boston, MA

| 第 9 章 |

绩 效 文 化

文化是可以设计的

绩效文化是塑造绩效管理系统时要考虑的最后一个因素和杠杆点，但是，它不是最不重要的因素和杠杆点。绩效文化创建、彰显、强化组织的核心价值观和信念，这些价值观和信念有助于在战略和运营绩效对话中引导人们的行为和工作方式。大多数 CFO 对创建和塑造"具体"的绩效管理流程、实践和解决方案感到得心应手，但有时他们可能会认为"文化"难以捉摸——也许是因为文化中的大部分内容都是扎根于不太"具体"且往往不可言说之物。

一些 CFO 甚至可能会忽视这一点，或者在试图变革绩效管理的其他方面时任其失控——结果就是，CFO 发现绩效管理系统变革被企业僵化的文化击败。事实上，《麻省理工学院斯隆管理评论》和德勤在 2018 年进行的一项高管研究发现，文化是数字化转型和商业变革的主要障碍之一——这一发现，在研究、高管访谈中极其常见，但往往被忽视。[1]为什么呢？

对发展绩效文化，领导层缺乏重视，不会将其置于核心关注地位，这可能反映了对"文化"的定义存在偏差。在许多组织中，"文化"一词被用来描述"这里做事的方式"，因此它给人的印象是无法解释、无法分析，更不用说设计了。但是，这当然不是事实。CFO不应将绩效文化视为一个固定因素，而应将其视为另一个重要而强大的杠杆点，它可以被设计，以实现、推动可持续变革。虽然领导者或许不能总是清楚地表达出"文化是什么"，但他们都承认文化的重要性。根据德勤《2016年全球人力资本趋势报告》，86%的受访企业高管将文化评为"非常重要"或"重要"，82%的受访者表示文化是潜在的竞争优势。[2]然而，该报告还发现，仅有19%的受访者认为，他们的组织正在推动必要的文化变革，以应对快速变化的业务环境带来的新机遇、新挑战。

公司的绩效文化变革，不仅需要给予高度关注、投入大量时间、做出很大努力，还需要系统化的方法，以及CFO和其他高管的有力领导。推动文化变革，并不意味着高管们应该坐下来，在一张白纸上设计新的绩效文化；相反，它意味着要对现有文化的特有优势和劣势提高认识。在此基础上，领导者将能够识别出文化障碍：它们是潜在的，随着时间的推移，它们可能需要被消除。然而，最重要的是，领导者将更加自觉地意识到，要建立的关键组织优势是什么——特别是使组织与众不同，从而支持组织的绩效目标达成的行为方式。这种行为方式，是一种具体、持久的行动作风，往往比无形的"文化"更容易定义、描述和观察到。

在此背景下，我们将介绍高绩效组织具有的绩效文化的两种"变体"，并讨论CFO在推动文化变革时可以考虑的一些杠杆。

体验高绩效文化

　　许多公司都声称拥有高绩效文化，但实际上，很少有公司真正具备高绩效文化。事实上，很少有领导者经历过这样的环境，特别是那些来自传统的"指挥—控制"型企业的领导者。但是，成功公司与真正的高绩效公司之间的文化差异之大，可能会令人震惊。正如一位高管所描述的：

　　我经营的业务，规模达到十亿美元，它隶属于世界上最受尊敬的公司之一，但即使有这样的经历，也没有让我为迎接真正的高绩效文化做好充分准备。后来我发现，在一家高绩效公司工作一年，就像在我现在的公司工作一个月一样。[3]

　　根据全球高管猎头公司亿康先达公司主导的研究，高绩效文化具有几个共同特征，如雄心高远的绩效伦理、近乎狂热地专注于绩效持续改进，以及对培养未来领导者给予非同寻常的重点关注。[4]

绩效伦理

　　根据亿康先达公司的研究，高绩效文化的繁荣基于这样一种绩效伦理："把雄心、信心和纪律结合在一起，这雄心，是去做不可思议之事的雄心，这信心和纪律，是完成几乎不可能之事的信心和纪律"。这一伦理的核心深层是组织愿景，这个愿景就是追求、超越雄心高远的绩效目标，这个愿景往往基于一种信念体系，这种信念体系促进了坚定的信心、勇气、专注和有纪律的执行，以及独立快速做出决策、采取行动的能力。

　　绩效伦理意识强的公司认为，高绩效并不取决于外部因素，而是取决于内在能力，尤其是与卓越的领导技能和人才有关的能力。他们有意识地将目标定得比同行更高，并以骇人的信心和纪律来执行这一任务。他们还知道，在一家缺乏卓越运营也并不持续关注提升绩效的公司，单纯地把绩效目标设高是无用的，因此，他们努力解放员工思想，以实现绩效的最大化。如果真的实现了，领导者往往会获得远高于平均水平的绩效奖金和职业资历。

根据与 CFO 和其他企业领导者的多次交流，高绩效公司似乎并不以 12 个月或季度为周期考虑绩效，而是倾向于将绩效提升视为"常态"，即使年度、季度绩效周期和外部投资者挂钩，与对外报告义务挂钩。这些公司的 CFO，积极利用本书前文介绍的杠杆点来促进公司的绩效伦理，尤其是在这些时刻：制定雄心勃勃、鼓舞人心的绩效目标时，设定明确的责任时，对交付成果予以重视时。

对维新的热情

对于创建高绩效文化而言，强有力的绩效伦理至关重要，但还需要有不懈维新的真正热情，对其加以补充。德勤领先创新中心联合主席约翰·哈格尔认为，领导者需要在员工队伍中激发"探险家的热情"，以推动可以扩大化的学习，加速绩效提升。然而，根据德勤 2014 年发布的一系列研究结果，大多数公司都严重缺乏这种热情。[5] 即使员工表现出对工作的热情，也往往会被别人以带有怀疑和猜忌的眼光看待，这种情况在"风险厌恶型"的公司文化中最为常见。然而，无论人们如何看待热情，它对于高绩效文化都是至关重要的。正如哈格尔所说：

热情，尤其是真正的热情，实际上是不可预知的。它朝着意想不到的方向前进，因为它在不断寻求新的挑战。但真正有趣的是，归根结底，要维持异乎寻常的绩效提升，热情是必要的。[6]

　　根据哈格尔的说法，在特定的工作环境中，热情要么高涨，要么消失。[7] 根据他的研究，一些独特的组织属性，是最能预示这种热情的：鼓励员工跨职能工作的工作环境，让员工选择他们真正感兴趣的项目，定期与客户或外部同行进行联系和互动。除此之外，在研究各种工作环境及其对绩效的影响时，哈格尔的研究还确定了公司在设计工作环境和管理实践时应努力实现的三个主要目标。第一，公司应帮助员工和团队，让他们专注于业务方面最重要、最有影响力的领域，让他们做出有意义的贡献，并为他们提供持续学习和个人发展的新机会。第二，公司应该创造机会，让员工与公司内外的其他人合作、联系。第三，公司应该支持其团队，用合适的基础设施优化工作环境，以扩大影响、增加绩效贡献。[8] 所有这些属性，都增强了组织吸引、选拔、培养和留住合适的领导人才的能力，这也是高绩效文化的另一个核心特征。

吸引、选拔和培养领导者

　　高绩效公司投入了大量的时间，去选拔、培养和解放公司的领导者，以延续经营公司的业务。他们调整岗位职责，并竭力减少内部流程和削弱官僚作风，以便公司员工能够专注于真正的要事。支撑起高绩效文化的，往往是有能力、有信心、有自由做出快速决策，并能加快执行和缩短学习周期的领导者。由于很少有人具备高绩效文化公司中的履历，也很少有人是在高绩效文化公司中发展成长的，所以公司高管们往往会花大量的时间（这可是高级管理者的时间），去招聘和管理领导者。许多组织相当著名，因为它们在招聘时，采用严格、毫不妥协的评估方法，来确定应聘者是否会在高绩效文化所要求的工作强度、严格纪律、极高水平的期望上奋力成长。一旦确定了合适的人选，高管们就会让这些领导者承担真正的责任，并为此承担风险。

想想史蒂夫·乔布斯领导下的苹果文化。他认为，他担任苹果 CEO 时做的最重要的事情是：招聘。事实上，他自己管理团队的所有招聘工作，从未委派他人管理此事。在他的职业生涯中，他亲自面试过 5000 多名应聘者。乔布斯雇用、培养和留住优秀人才的理念，有据可查：

> 我注意到，一个普通人能做的事情，和一个最优秀的人能做的事情，它们之间的差距是 1 比 50 或 100……一个由 A+ 级玩家组成的小团队，可以远远胜过一个由 B 和 C 级玩家组成的大团队。[9]

乔布斯一旦找到了合适的领导者，他就愿意给他们相当大的自由，这也反映在他另一句十分著名的话中："雇用聪明人并告诉他们该做什么是没有意义的；我们雇用聪明人，让他们告诉我们该怎么做。"

基于同样的理念，高绩效公司倾向于在领导团队的选拔和培养方面投入更多，特别是确保所有高管在企业文化方面都做好了承担更大责任的准备。与此同时，创建高绩效文化还意味着要应对破坏文化的领导者和员工。因此，"有毒的"员工和领导者，或那些无法跟上高绩效文化步伐的员工和领导者被要求离职，并非罕见之事。正如一家著名高绩效公司的 CEO 所说："留下不干活的人，对那些干活的人来说是不公平的。"在这一点上，高绩效公司的表现，与领导职业运动队没有任何不同——如果明星队员破坏了团队精神，团队教练会毫不犹豫地放弃他。

转向绩效成长文化

许多公司都面临的一个共同困境是，对员工的期望越来越高，给员工的压力越来越大。某些因素，对创建高绩效文化至关重要，如果外部的变化和不确定性进一步放大了这些因素，那么这些因素可能会加剧员工的恐惧和压力，这通常会对绩效和员工的身心健康产生长期影响。幸运的是，许多公司对这些影响已经更加注意。毕竟，在前所未有且变革加速的时代，创建一种过于注重实现高绩效的文化，可能是不可持续的。因此，一些公司虽说仍然非常注重绩效，但它们已将重点转移到这些方面：创建更加平衡的文化，更加注重个人的长期发展和福祉；创建一个有意义的、能提供心理安全的、能促进团队协作的环境，这种环境为员工提供时间和空间来增强身心健康。

文化和行为发挥着重要作用。这些行为包括：鼓励持续对话和持续学习，支持求知欲和谦逊的品质。领导者愿意充当榜样，并为自己的缺点承担责任，对这些行为起到推动作用。绩效成长文化积极应对任何"零和"领导行为的迹象，这种行为通常表现在公司文化中，即人们要么成功，要么失败，互相竞争而不是彼此合作，并且"认真"的团队成员会被迅速淘汰。诚然，在绩效成长文化中，绩效产出和绩效结果都很重要，但除了奖励成功外，领导者还积极、公开地将失败和不足视为学习与成长的机会。不要问："可以调动多少能量？"这样提问，得到的答案是"有限的"——绩效成长文化中的领导者应该问："我们能释放多少能量？"这样提问，得到的回答是"无限的"。[10]

微软公司就是一个很好的例子，它向绩效成长文化的转变非常成功。从2000年至2014年的十几年中，微软公司的增长近乎为0，2014年新任命的CEO萨提亚·纳德拉发起了一场有重点的转型和相对快速的文化变革，除了完成其他转型步骤外，还使绩效爆炸式增长。纳德拉在他的著作《刷新：重新发现商业与未来》中，描述了他如何应对"固定心态"的文化挑战。[11]员工将任何公司问题都视为个人失败的迹象，因此他们避免冒险，而冒险行为是创造性思维和创新迫切需要的。纳德拉表达了大胆愿景——微软是未来技术（包括机器学习、人工智能和云计算）的必选平台，但他意识到，主流文化将阻碍而不是支持他的战略发展。员工评估系统导致了破坏性的内部竞争，而不是充满信任的协作与合作，尤其是在这种时候：员工被迫证明自己优于其他所有同事。后果就是，员工开始避免与表现最好的团队合作，以免自己业绩垫底。此外，高绩效团队的管理者没有任何动力帮助管理其他团队中的低绩效员工。举行的会议都是按部就班的，并没有为创造力、冒险精神和创新提供太多机会。

　　纳德拉清楚地意识到，公司文化需要进行深刻的变革，因此他和他的高级领导团队决定专注于鼓励"成长心态"，坚持不懈地将新理念融入组织的各个方面，从工作方式到领导团队的招聘和培养，都是如此。随着时间的推移，纳德拉成功地把微软公司的文化，从内部竞争激烈的文化，转变为更加注重合作、协作、倾听、学习、同理心和发挥个人激情与才能的绩效成长文化。直接拿绩效说话：纳德拉上任时，微软的股价是 45 美元，到 2020 年 1 月，微软的股价已升至 185 美元以上，在纳德拉任职期间，微软股价成长超过了标准普尔 500 指数 80% 以上。[12]

在"拉动"转型式商业变革中，文化的作用

　　除了推动业务绩效和业务增长外，文化在推动转型式商业变革中，特别是在提升数字化成熟度方面发挥着重要作用。事实证明，文化可以大大加速或抑制数字化业务转型。如果一家公司能够通过培育一种文化打好基础，这种文化在具备其他方面的同时，还能更适应变化，更容易接受实验并承担风险，那么，更具结构性、以技术为驱动的业务和运营

模式转型，就能更顺利地进行。以上是《麻省理工学院斯隆管理评论》和德勤对 16 000 多名高管进行的前文所提及研究的主要发现，并在 2019 年出版的《数字化战略推演》一书中做了进一步阐释和说明。[13]

研究表明，处于数字化成熟度不同阶段（低、中、高）的公司，在进行数字化转型时采取的方式大不相同。中、低成熟度的公司更可能通过管理指导或技术实施来推动数字化转型，但成熟度高的公司更倾向于通过培养包含协作、敏捷、实验和持续学习的公司文化来拉动转型式变革，从而为实现可持续的商业转型创造条件。研究结果表明，文化变革并不是因为技术推动的转型而凑巧发生的事情，它是应该提前完成的事情，以便让技术推动的转型得以随之而来——这一方法，与大多数公司在开始数字化转型之旅时所选择的方法有着根本的不同。

CFO 在推动文化变革中的作用

从 CFO 的角度来看，必须（更多）关注"文化设计"，将其作为业务转型、绩效、增长的关键杠杆点和驱动力。正如彼得·德鲁克所言："战略是文化的早餐。"[14] 然而，本章的目的不是推荐某种文化或某种特定行为，而是说明文化不仅在提高绩效方面发挥关键作用，而且在提高组织的敏捷性和企业家精神方面发挥着关键作用。强大的绩效文化，能够对组织各级的行为产生积极影响，从而使公司能够大大减少对正式控制机制的依赖，此类控制机制包括：密切监督、严格的层级结构和汇报线、规则，以及复杂的内部程序。如此一来，员工就会开始感受到鼓励，并有能力进行互动、做出贡献、沟通和协作，这些都会增强组织的能力——加快学习和绩效提升。

在此背景下，CFO 应考虑以下方面。第一，无论选择哪种方法，事情都很清楚：当文化与绩效愿景、目标、管理体系保持一致时，就会产生积极的结果。第二，在一个动态的、不确定的环境中，组织需要获得敏捷性和活力，以便不断适应和转变自己；并且，自我驱动和以学习为导向的文化将会变得越来越重要。第三，文化变革意味着领导风格需要演变。根据德勤发布的《2019 年全球人力资本趋势报告》，尽管大多数公司都实施了数字化领导力培训和辅导计划，但认为自己拥有强大的数字化领导者的公司，比例仍然很低。[15] 公司需要的是强有力的、鼓舞人心的领导者，他们愿意学习和探索新的机会、挑战和工作方式——即便这些于他们而言是陌生的。

在传统上，有效的领导模式是领导者是解答一切问题的人，但未来的领导模式是领导者能够提出正确的问题，最重要的是，领导者能够创造一个安全可靠的工作环境。能够建立信任文化的领导者，就能够对企业绩效产生重大影响。研究发现，与在低信任度组织工作的员工相比，在高信任度组织中的员工生产效率更高，工作精力更充沛，与同事合作得更好，更愿意参与实验、创新和变革，与雇主相处的时间更长——这些因素，都是可以增强员工实力的，都是为互联世界中的可持续绩效改进提供强大动力的关键因素。[16]

注释

1　Kane, GC, Palmer, D, Phillips, AN, Kiron, D and Buckley, N (2018) Coming of age digitally: Learning, leadership, and legacy, *MIT Sloan Management Review*

2　Deloitte (2016) Global Human Capital Trends 2016, The new organization: Different by design, Deloitte University Press

3　Tveit, M and Olli, L (2015) How exceptional companies create a high-performance culture, EgonZehnder, 10 May

4　Tveit, M and Olli, L (2015) How exceptional companies create a high-performance culture, EgonZehnder, 10 May

5　Hagel, J III, Brown, JS, Ranjan, A and Byler, D (2014) Passion at Work: Cultivating worker passion as a cornerstone of talent development, *Deloitte Insights*, 7 October

6　Hagel, J III (2009) Pursuing Passion: Edge Perspectives with John Hagel, 14 November

7　Hagel, J III, Brown, JS, Ranjan, A and Byler, D (2014) *Passion at Work: Cultivating worker passion as a cornerstone of talent development*, Deloitte University Press

8　Hagel, J III, Brown, JS and Samoylova, T (2013) *Work Environment Redesign: Accelerating talent development and performance improvement*, Deloitte University Press, 3 June

9　Elliot, J (2012) *Leading Apple with Steve Jobs*, John Wiley, Chichester

10　Schwartz, T (2018) Create a growth culture, not a performance-obsessed one, *Harvard Business Review*, 7 March

11　Nadella, S, Shaw, G and Nichols, JT (2019) *Hit Refresh: The quest to rediscover Microsoft's soul and imagine a better future for everyone*, HarperBusiness, London

12　Schwartz, T (2018) Create a growth culture, not a performance-obsessed one, *Harvard Business Review,* 7 March

13　Kane, GC (2019) *The Technology Fallacy: How people are the real key to digital transformation*, p 155, MIT Press, Cambridge, MA

14　Engel, JM (2018) Why does culture 'eat strategy for breakfast'? *Forbes*

15　Deloitte (2019) Global Human Capital Trends 2019, Deloitte

16　Zak, PJ (2017) The neuroscience of trust, *Harvard Business Review*

| 第 10 章 |

企业家视角的总结

主要观点

任何复杂的自适应系统，无论是人还是组织，最显著的特征之一就是，具有适应环境、自我进化和自我保护的能力。在系统思维中，这种特性称为"自组织"。根据德内拉·梅多斯的观察，自组织应被视为系统性能和快速恢复能力的最强形式。[1]事实上，一个能够自我进化、自我保护的系统，可以通过改变自身，做到历经几乎所有外部变化都能生存下来。试想一下人体，想想我们为进化而发展的系统机制（例如我们大脑学习、想象和创造的能力），以及为保护人体本身而发展的系统机制（例如我们的免疫系统因新疾病产生抗体的能力）。正如梅多斯强调的那样，自组织的力量是如此神奇，以至于我们倾向于将其视为"玄妙的"或"神圣"的。然而，她接着说："对自组织系统的进一步研究表明，如果神圣的造物主真的存在，进化的奇迹并不需要劳驾他来动手创造，他只要把极具智慧的自组织规则写出来就行了。"[2]

根据系统思维，任何复杂的自适应系统（生物、社会或经济系统）都会变得如此"僵化"——失去自我进化或自我保护的内在动力或自主性，受限于过度僵化的外壳，无法实现系统性进化、实验和学习，因此，从长期来看，这些系统无法在动荡的环境中茁壮成长、生存。大自然创造的系统具有"内置"的自我调节机制，但人类创造的技术系统、社会系统或两者混合的系统，必须积极对其进行设计、组织，以建成自我调节机制。

从系统思维的角度来看，这些见解阐明了 CFO 的关键干预点：对组织自我激活、自我发展和自我组织，以及（在适当情况下）自我控制的鼓励和授权，并划定明确的界限，施以积极的风险管理，以支持这些鼓励和授权。

这种思维方式早已存在，但公司在面临越来越大的绩效压力时，往往会忽视它——其后果，往往是自我肯定的循环，以及偏向于基于可靠性的绩效管理实践。现代 CFO 非常清楚这一风险，并正在有意识地采取步骤，加强新实践的发展，使人们能够参与更具互动性、协作性和以学习为导向的绩效对话。

主要发现

- **对绩效提升的期望越来越高**：公司为业务运营的转型做了诸多努力，却往往只获得现代技术所提供价值的一小部分，在许多情况下，这都是因为绩效管理方法仍然只注重获得增量效率的提升。过去的成功秘诀，已然不足以应对快速发展的互联世界带来的不断增加的绩效压力。

- **传统绩效管理系统是变革的障碍**：在过去几十年中，许多老牌公司的绩效管理系统逐渐演变，反映了业务和运营模式的演变、领导风格和绩效文化的变化。这些系统，大多数都建立在这样的前提假设之上：未来是可预测的，财务绩效可以像时钟一样做出计划、设定目标、加以控制。然而这种前提假设早已不再成立。绩效管理系统的转型所带来的挑战相当复杂，但为了平衡大型公司的稳定性和敏捷性，这个关键问题必须解决。

- **以对话和学习为导向的绩效管理方法**：对于实现组织敏捷性和企业家精神而言，采用以对话和学习为导向的企业绩效管理方法是至关重要的。系统思维艺术，可以帮助 CFO 确定、稳控重新平衡战略和运营绩效对话所需的关键杠杆点，从而加速组织学习和绩效提升。

- **战略绩效对话推动了组织的大规模协作和学习**：战略绩效对话鼓励领导团队就公司的战略方向和绩效愿景进行持续对话，同时也关注绩效管理系统自身的持续反馈，以及对反馈的采用。CFO 需要考虑五个关键杠杆点：绩效目标、增长模式、管理信息系统（MIS）、责任模型和主动风险管理。

- **运营绩效对话把基于可靠性和有效性的实践加以平衡**：为了使战略绩效对话对运营产生作用，必须让它与运营绩效对话相联系。当这两种对话协调一致时，组织学习、绩效提升的车轮就可以开始加速了。运营绩效对话使 CFO 能够把以有效性为导向、以可靠性为导向的实践予以重新平衡，特别是采用涉及以下关键杠杆点的具体方法：生成性规划和预算、动态资源分配、基于事实的决策和团队学习。

- **强大的企业文化对于实现敏捷性和企业家精神至关重要**：高绩效文化是罕见的，只有少数领导者曾有过体验。它基于关键的信念和行为，其中包括一种令人生畏的要实现尽可能高的绩效目标的热情。在压力不断增加，变革速度不断加快的驱动下，公司越来越关注福利和个人发展，以及"拉动变革"的行为，比如实验、协作、对话和持续学习。发展强大的企业文化，不仅是为了推动绩效，也是为了更新企业的正式组织架构，为组织敏捷性和企业家精神留出用武之地。

实际应用和进一步探索的指导性问题

- **绩效管理系统**
  - 你公司当前的绩效管理系统，适合并支持哪种管理方法？例如，该系统更倾向于计划和控制，还是更倾向于实验和学习？
  - 系统在多大程度上依赖于组织结构和层次体系？
  - 系统在多大程度上可以改变？
- **战略绩效对话**
  - 在你的公司，战略绩效管理的关键方面是什么？它们在多大程度上支持持续的、以学习为导向的领导者对话？
  - 是否制定了一个明确的绩效目标，并得到普遍理解、接受和支持？
  - 你的公司，如何推动长期增长？
  - 你的公司，如何平衡责任制和自主性？
  - 你的公司，具有集中式决策文化，还是分散式决策文化？

- 你的公司，如何让人们能够跨业务部门和职能部门进行有效协作？
- 你的公司，如何激励人们充分发挥自己的潜力，为组织的成功做出贡献？

- **运营绩效对话**
  - 在你的公司，运营绩效管理的关键方面是什么？它们更偏重于什么导向，是提供有效性还是可靠性？
  - 你认为，哪些机会可以创造更大的灵活性，加快决策和学习过程？
  - 目前，就你的预算而言，其编制、规划和预测方法是否足够灵活，足以应对变化，足以提高组织灵活性？
  - 在预测和决策过程中，你在多大程度上利用了数据分析和算法？
  - 你的公司，是否留出时间让团队反思自己的表现，促进开放式对话和团队学习？

- **绩效文化**
  - 在你的公司，绩效文化是什么样的？当前的文化提倡什么样的行为？
  - 你如何描述组织中的绩效伦理？
  - 人们对绩效、成长和更新是否充满热情？
  - 你如何选拔、培养下一代高级领导者？
  - 个人成长和幸福有多重要？
  - 你的公司是否在推动组织的数字化转型，是通过强制采用还是通过提供技术？
  - 或者，你的公司是否通过创造条件来推动变革，从而引发想要的变革类型？

怎样开始

调动一个跨职能团队完成如下任务

1. 评估公司绩效管理系统的当前状态，考虑本书第二部分中讨论的关键构建模块和杠杆点，以及本书第一部分中涉及的相关促成因素，如图 10-1 所示。

2. 确定关键差距、需求和机会，以强化绩效管理系统，或在必要时对绩效管理系统进行相应的变革。特别注意每个构建模块和杠杆点之间至关重要的相互依赖关系，以制定转型战略和路线图。

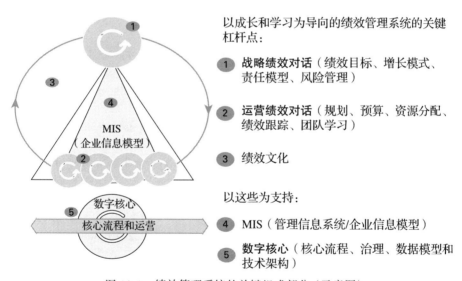

以成长和学习为导向的绩效管理系统的关键杠杆点：

① **战略绩效对话**（绩效目标、增长模式、责任模型、风险管理）

② **运营绩效对话**（规划、预算、资源分配、绩效跟踪、团队学习）

③ **绩效文化**

以这些为支持：

④ **MIS**（管理信息系统/企业信息模型）

⑤ **数字核心**（核心流程、治理、数据模型和技术架构）

图 10-1 绩效管理系统的关键组成部分（示意图）

建议对如下资源做进一步研究

- *Deloitte Insights* (2019) Beyond process: How to get better, faster as 'exceptions' become the rule.[3]

- *Deloitte Insights* (2018) Zoom-out/Zoom-in: An alternative approach to strategy in a world that defies prediction.[4]
- Deloitte (2011) Babies, bathwater and best practices: Rethinking planning, budgeting and forecasting.[5]
- *Deloitte Insights* (2020) Building the peloton: High-performance team-building in the future of work.[6]

注释

1 Meadows, D (2017) *Thinking in Systems: A primer*, p 76, Earthscan Ltd, Abingdon
2 Meadows, D (nd) Leverage points: Places to intervene in a system, The Donella Meadows Project
3 Deloitte (2019) Beyond process, How to get better, faster as 'exceptions' become the rule, *Deloitte Insights*
4 Deloitte (2018) Zoom out/zoom in: An alternative approach to strategy in a world that defies prediction, *Deloitte Insights*
5 Deloitte (2011) Babies, bathwater and best practices: Rethinking planning, budgeting, and forecasting
6 Watson, J, Evans-Greenwood, P, Peck, A and Williams, P (2020) Building the peloton, Deloitte

第 三 部 分

经济学家视角
以及网络思维艺术

The
Contemporary
CFO

| 第 11 章 |

第三部分概要介绍

新数字商业模式的出现

约翰·梅纳德·凯恩斯在《就业、利息和货币通论》中写道："经济学家和政治哲学家的思想，无论是对是错，其影响，都比一般所认为的要大得多。实际上统治这个世界的乃是他们，而不是其他人。"[1]毫无疑问，我们的经济思想和理论塑造了人类历史。在我们大多数人的记忆中，经济学领域一直在发生变化。这些变化，大多是相对较小或暂时的，例如，由政治或监管变化、市场泡沫的增大和破裂，或政治冲突等意外事件的触发。相比之下，最根本的经济转变是由重大的技术和工业突破引发的，这就是为什么我们将其称之为"工业革命"。

撰写本书时，我们经历的是 21 世纪 20 年代初期，这段时间通常被称为"第四次工业革命"，或者更准确地说，是"数字革命"，它标志着经济史上的一个历史转折点。这是世界思想潮流的一次重大转变，将会对我们这一代和未来几代人的生活产生重大影响，并且涉及我们社会的各个方面。大多数经济学家和商界领袖认为，我们现在所经历的，仅仅只是开始。新的数字商业模式的出现，驱动了数字革命，这些模式正在最根本的层面上改变我们的经济。在短短几年内，按市值排名的最有价值公司，已由两种数字商业模式主导：数字商业平台和数字商业生态系统。

通过对标准普尔 500 指数 40 多年来的数据进行的分析，我们可以看到，企业选取用来创造价值的商业模式大致分为四大类：资产建设者、服务提供商、技术创造者，以及人们所说的网络协调者。[2] 资产建设者从工业革命中崛起，并在制造业中创造了大部分公司价值。紧随其后的是服务提供商，它们出现于 20 世纪 70 年代中期和 80 年代早期，并在 1970 年至 1990 年间成为标准普尔指数的主流公司。在 20 世纪末、21 世纪初，技术创造者从信息革命中获益，紧随其后的是网络协调者，它们拥抱技术创新，创建数字平台和生态系统，获得了前所未有的市场成功和估值。

数据显示，无论是从短期还是长期看，技术创造者和网络协调者在权益报酬率（ROCE）、资产收益率（ROA）以及息税前利润（EBIT）等方面均优于其他两种商业模式，因此，其估值比资产建设者或服务提供商高出两到四倍。更令人惊讶的是，除了像微软、苹果、亚马逊和阿里巴巴这样的数字巨头之外，似乎很少有公司能够获得数字商业模式所创造的超额价值——尽管这些新模式适用于所有组织，无论其所属行业如何。

网络的变革力量

无论公司类型和行业如何，数字商业模式都是在利用互联世界中的这种共同的变革力量：网络效应。网络效应正在改变我们对互联经济运作方式的理解，从而对大多数公司仍在使用的最基本的财务管理原则提出了挑战。以收益递减为例。在道奇兄弟、沃尔特·克莱斯勒和其他汽车公司进入市场之前，亨利·福特一直享有丰厚的利润，随后所有公司的利润率都开始迅速下降。[3]

然而，在 20 世纪 90 年代，经济学家布莱恩·阿瑟注意到一些东西，它们将永远挑战收益递减的概念。在研究信息技术公司（Infotech firms）的资产负债表时，他发现，随着高科技市场的成熟，一些公司的收益正在增加，而不是减少。阿瑟说：

增加收益不会产生均衡，只会产生无常的变化：如果一种产品、一家公司或一项技术（它们是市场上众多竞争者之一）靠偶然的机遇或聪明的策略取得领先，那么增加收益就会放大这种优势，而该产品、公司或技术就会继续锁定市场。[4]

数字商业平台和生态系统，旨在利用网络效应和不断增加的回报，创造非常强大的需求侧规模经济，使其增长速度快于市场上其他任何公司。随着它们不断获得新的消费者和合作伙伴，甚至会产生更强大的网络效应。而且还不止于此：采用人工智能，创建学习经济，大型网络的优势就可以进一步扩大，例如，它们可以跨生态系统对强化的数据流和新的消费者观点进行捕获、共享。

网络中的视觉和思维

我们身处网络之中。然而，为了看到它们，我们必须改变我们的视角。我们可以通过学习网络思维艺术来做到这一点。

关注实体之间的关系，而不是关注实体本身，就能够在网络中观察、思考，这改变了我们对互联世界的看法，以及我们在互联世界中的位置。想想人文学科。人文学科的传统观点和描述，占主导地位的，往往是分析人类在不同地域、民族和文化规范之间的差异。然而，从网络的角度来看，我们可以看到人类如何发明和使用技术，从而创建了一个全球社区，在这个社区中，每个人都与其他人联系在一起，而其分离程度，已达到最小化。或者，想想经济。按照惯例，经济学家将公司视为自利和自主的行动者，它们利用市场相互竞争。然而，从网络的角度来看，我们可以看到公司如何形成一个紧密的网，这网是社区，这网是关系，这网连接一切，这就创造了市场。一些数字先驱企业发展如此迅速，与其说是因为要达成更好的交易，或者赢得现有市场的份额，不如说是因为它们有能力创造以网络为驱动的生态系统和市场。

任何复杂的自适应系统的基本组成部分，都是网络。没有连接，就没有系统。例如，在生物学中，分子连接形成细胞，细胞连接形成有机体，有机体连接形成生态系统。在一个经济体中，我们遇到的模式与此相同。人与人连接起来创造公司，公司与公司连接起来创造市场，市场与市场连接起来创造经济。生物和经济（以及社交）世界都是由网络的层次体系创建的。然而，尽管网络在创建我们的组织和经济中具有重要意义，但在日常决策中，很少有人了解或考虑网络的特点。

此外，网络不仅改变了我们的认知，也改变了系统的性质。网络科学家将这些变化称为"相变"（phase transition），表明当系统超过某些特定的连通性阈值时，系统就会发生转变。[5] 你可以用物理世界做类比。例如，拿来蒸汽并降低其温度，蒸汽首先在 100°C 时转变为液态水，然后在 0°C 时变成冰。从网络的角度来看，当网络节点和连接之间的比例发生变化时，也会发生类似的转变——事实上，每当平均连接数高于节点数时就会发生转变，反之亦然。当较小的节点组和网络开始融入较大的节点组和网络时，就可以看到这些变化——想象一下，多个国家的电话网络融合成一个跨国网络。前一刻，你有液体饮料可以喝，下一刻，你就有了固体冰块。头一个月，在某个城市的某个角落有几个感染者，下一个月，就有了一场全球大流行的疾病。上一个季度，有几个人在一个新的应用程序上建立了联系，下一个季度，爆炸式增长的连接形成了一个新的社交平台。

　　这种"更多"，意味着"不同"，这样的网络变化经常出现、无处不在，说明网络可以产生巨大的力量。在商界，大多数转型都是通过技术创新实现的。互联网可能是最著名的例子。在大约20年的时间里，它只被军方和学术界使用，但在20世纪90年代，互联网由于连接、访问都更好、更便宜，用量突然激增，从而推动了连接—用户比率的指数级增长。此外，互联网用途的持续扩大，加上新的数字技术创新，正在推动人、公司和经济体之间的联系，为我们的社会和经济世界带来全新的、往往具有高度破坏性的动态。这些动态，影响我们如何彼此沟通，影响我们身处何位，这些影响是重大的。能联系一切事物、能联系所有人的一个必然结果是，我们越来越多地接触快速发展、以网络为驱动的经济和社会系统。这样的系统拥有改变我们的经济和社会环境的能力，然而，当网络无法连接或被切断时，会给社会和经济造成巨大损失。因此，网络的作用非常重要。我们互联设备的现状，也可以成为我们组织、我们自己的现状：我们所连接的，就是我们自己。[6]

　　网络思维，是从网络连接的影响的角度来观察、理解系统的变化并对系统产生潜在影响的能力。无论我们是在管理一家大公司还是在创建一个新的社区，网络思维艺术正成为一种越来越重要的技能，我们需要学习、采用它。了解网络是如何产生的，它们是什么样子的，它们是如何发展和演变的，以及它们可以释放出哪些力量，对业务和财务领导者来说至关重要。以下有选择地介绍一些网络的特性，这些特性似乎是后面章节中最有趣和最有意义的内容。

网络增长 [7]

网络与系统一样具有这样的基本特征：内在驱动、加速增长。最初只是几个节点，这几个节点之间形成了连接，随着新节点不断增加，网络加速增长。网络每次只增加一个节点，但由于每个节点可以有多个连接，因此连接数将成倍增长，在相对较短的时间内达到相当大的规模。例如，只用 10 年的时间，万维网的信息量，从最初的一个网站增长到了 1EB（即 1 加 18 个 0）。

网络中心

为网络增长建模，是相对容易的事情。从第一个节点开始，我们不断添加新节点，一个又一个。假设我们有几个已经连接的节点，现在想添加另一个节点，应该连接到哪个节点呢？网络理论告诉我们，一般情况下，我们倾向于选择连接最多的节点。例如，有两个网站，大网站的链接数是小网站的两倍，如果你要求一组互联网用户链接到两个网站之中的一个，那么，一段时间之后，连接大网站的用户数，就是大约两倍于连接小网站的用户数。[8] 虽然单个人的选择非常难以预测，但一群人往往就会遵循这种模式。在网络理论中，这种行为模式被称为优先连接。这就是人们通常所说的"富人更富"现象，这也解释了为什么成熟的节点会以牺牲其他节点为代价吸引大量的新连接，这样一段时间之后，该节点就会变成强大的网络中心。

网络弹性 [9]

　　网络的一个重要特征是：弹性。更具体地说，就是随机删除节点和连接，很少会影响大型复杂网络的状态。例如，即使从互联网中移除大量计算机或网站，它仍能正常运行。然而，这种快速恢复的能力是有代价的：如果一个或多个主要网络中心被移除，网络可能会很快瘫痪，或停止正常运行（想象一下，如果你的孩子最喜欢的社交媒体网站停机一周会发生什么）。

网络竞争

　　然而，这些特性并不意味着最成熟、最资深的节点（即"先到者"）会自动成为最强大的节点。以谷歌为例，它在 1997 年才推出搜索引擎。[10] 尽管谷歌是互联网的"后来者"，但它很快就成了最受欢迎的搜索引擎。为什么呢？因为在竞争性网络（如用于争夺用户的公司网络）中，获胜的是最健壮的节点。在网络思维中，"健壮"描述了相对于网络中其他人，吸引和发展关系的能力。

网络标准

　　形成数字网络，是指通过数字技术使组织和人员能够相互交流、沟通和协作。数字化、无缝交互、通信和协作的基础是互操作性，换句话说，就是建立网络标准。[11] 系统要形成网络，必须能够基于共同商定的标准无缝共享信息。网络标准可以由一组规则一致的机构（例如，创建了封闭操作系统的公司）创建、拥有和控制，也可以由多组规则不一致的机构拥有（例如万维网这样的开放式网络）。

数字（布尔）网络

布尔网络是以英国数学家、哲学家乔治·布尔（1815—1864）的名字命名的，它是使用计算机处理器标准语言的数字网络，它是可以处于 0 或 1 状态的节点网络。这些数字网络最有趣的特性是：网络的状态的数量，可以用指数形式呈现。一个网络，具有两个节点，它就可以有四个（即 2^2）状态：00、10、01 和 11。一个网络，具有三个节点，它就可以有八个（即 2^3）状态，依此类推。如果我们有一个有 1000 个节点的网络，那么世界上最快的计算机也将需要数亿年的时间来计算出所有可能的状态。这种指数级增长，创造了规模经济的一种新形式。传统经济学家认为规模经济只是成本和数量的函数；但随着数字网络的形成和发展，还有另一种规模经济，即创新潜力，或者换句话说，学习、创新的潜力，最终还是知识的潜力，它呈指数级增长，它可以创造巨大的经济价值和财富。[12]

网络价值

在互联经济中，企业通过越来越广泛的数字互联网络进行沟通和协作，把数据、见解、想法和能力结合在一起，为客户创新，形成新产品和服务。在这种经济中，公司的界限越来越模糊，价值越来越多地由网络而不是公司创造。网络的形成、定位和管理以及从网络为公司创造的价值中获得合适份额并将其变现的能力，正在开始发挥重要作用。

此外，如第 3 章所述，新数字技术的出现正在导致核心流程和运营的模块化。我们习惯将公司视为一组封闭的核心业务流程，但在网络经济中，这些核心业务流程正在转变为数据流，而这些数据流，远远超出任何一个单一组织的界限。事实上，在数字商业生态系统中运营的公司，可能只为核心业务流程贡献了一部分，并以其网络协调核心业务流程的其余部分。

因此，在互联世界中，通过跨客户、供应商和其他有益合作伙伴的协作和无缝交互，跨组织边界创造的价值越来越多，企业领导者别无选择，只能在业务的各个方面与他人协作——从产品开发到销售和营销，再到规划和绩效管理。那些试图将自己的公司作为一座自给自足的孤岛来管理的人，必将使其企业的生存处于险地。

网络风险

领导者以新的方式思考和行动，仅仅因为这是领导者必须做到的事情，并不意味着此事非常容易。高级领导者应做好准备，迎接数字网络合作带来的一系列新的、无形的业务挑战和业务风险。例如，参与数字商业生态系统意味着先前保密的信息必须变得透明，知识产权也可能被公开。[13] 它再次强调了公司迫切需要建立技术基础设施，使其能够将这些集成——企业自己的系统、客户的系统、网络合作伙伴的系统，并创造新的能力来保护它们免受网络风险的影响。此外，领导者必须为企业的声誉和品牌可能受到网络合作伙伴际遇的正面和负面影响做好准备。最后，与其他公司合作创造价值，并不意味着很容易就此事达成一致：如何以公平的、从战略角度看有效的方式，变现、分享价值。

网络复杂性

网络的复杂性随节点之间连接的数量增加而增加。如果连接的数量大于节点的数量，那么复杂性会呈指数级增长。这种增长的后果，被网络思想家称为"复杂性灾难"。[14] 它解释了为什么紧密连接的网络，例如大型组织，会很快变得非常复杂、适应能力差。网络细化，让我们面对两种众所周知的对立力量，它们都在起作用：学习和探索的经济，以及复杂性和执行的不经济。随着组织或生态系统的发展，其共享信息、学习和创新的机会呈指数级增长，但其复杂性，以及因此推动跨组织协调和执行的能力，会呈指数级下降。因此，在组织内部和组织之间建立数字网络，并不是通往成功的直行大道，而是一门需要仔细考虑、设计才能找到正确方法的艺术。

将网络思维应用于业务和财务管理

将网络思维的概念应用于业务世界，可以为我们提供新的视角，以及让我们对互联世界有更深层次的理解。我们意识到，在互联经济中，网络已经开始影响、重塑业务的几乎所有方面，而最有可能的是，在本书撰写之时，我们才刚刚开始这一转型发展。换言之，当我们能够在网络中观看和思考时，我们意识到，为了生存和发展，我们的公司必须专注于与客户、供应商和其他关键利益相关者建立数字化的业务联系和协作生态系统。在这样做的过程中，网络思维的另外一些特性发挥了作用。

从 CFO 的角度来看，在财务、绩效和风险管理的各个方面，理解、考虑网络的独特特征变得越来越重要了。在一个日益由数字网络定义的经济中运营，意味着他们不再能规划并控制价值创造的驱动因素，为了推动业务绩效和增长，他们需要将注意力转移到传统的财务职能边界之外，转移到传统的业务组织边界之外。CFO 必须承认，要使公司成功，

公司运营所依的网络也必须成功。除非 CFO 发挥领导作用，否则他们的
公司很可能被强大的网络力量所驱动，而不是去主动造就网络驱动力。

　　网络思维的艺术，开始改变我们在最基本层面、所有行业对业务和
财务管理的思考方式（这是必然的且是非常缓慢的），因此它对公司的数
字化业务转型、增长和绩效管理的方法具有关键影响。本书第三部分将
探讨 CFO 需要关注的三个重要方面（见图 11-1）：其一，强大的新商业模
式的快速涌现，例如数字商业平台（第 12 章）；其二，数字商业生态系统
（第 13 章），它们正在重塑我们经济的各个方面；其三，重新思考"价值
创造"概念的必要性，特别是需要关注长期的、多方利益相关者的价值
创造（第 14 章）。

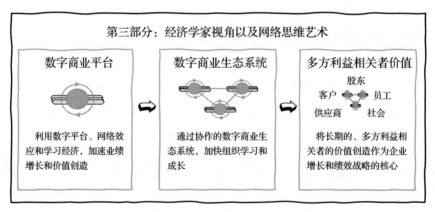

图 11-1　第三部分简介

注释

1　Keynes, JM (1936) *The General Theory of Employment, Interest and Money*,
　　p 383, Macmillan, London

2 Kambil, A (nd) The value shift: Why CFOs should lead the charge in the Digital Age, Deloitte

3 Remo, JC (2016) *The Seventh Sense*: Power, fortune and survival in the Age of Networks, p 239, Little, Brown & Co, London

4 Arthur, WB (1996) Increasing returns and the new world of business, *Harvard Business Review*, July–August

5 Solé, RV, Manrubia, SC, Luque, B, Delgado, J and Bascompte, J (1996) Phase transitions and complex systems: Simple, nonlinear models capture complex systems at the edge of chaos, *Complexity*, 1, pp 13–26

6 Remo, JC (2016) *The Seventh Sense*: Power, fortune and survival in the Age of Networks, p 35, Little, Brown & Co, London

7 Barabasi, AL (2003) *Linked: How everything is connected to everything else and what it means for business, science, and everyday life*, p 83, Perseus Books, New York City

8 Barabasi, AL (2003) *Linked: How everything is connected to everything else and what it means for business, science, and everyday life*, p 86, Perseus Books, New York City

9 Mitchell, M (2011) *Complexity: A guided tour*, p 245, Oxford University Press, Oxford

10 Barabasi, AL (2003) *Linked: How everything is connected to everything else and what it means for business, science, and everyday life*, p 96, Perseus Books, New York City

11 Dawson, R (2008) *Living Networks: Leading your company, customers, and partners in the hyperconnected economy*, p 20

12 Beinhocker, E (2007) *The Origin of Wealth; Evolution, complexity, and the radical remaking of economics*, p 149, Random House Business, London

13 Dawson, R (2008) *Living Networks: Leading your company, customers, and partners in the hyperconnected economy*, p 44

14 Beinhocker, E (2007) *The Origin of Wealth; Evolution, complexity, and the radical remaking of economics*, p 151, Random House Business, London

| 第 12 章 |

数字商业平台

1997 年，苹果公司与众多销售个人电脑的竞争对手打了一场硬仗。[1]
在巨大的压力下，苹果公司转而专注于此：迅速发展的互联网带来的机
遇。短短几年内，它就创造了 iTunes，这是一个数字市场，在这里，用
户有机会选购单曲，而无须购买整张专辑。很快，紧随其后创造了 iPod，
到 2005 年，其销量已接近 3000 万台。得益于其基于平台的数字商业
模式，苹果公司重塑了整个音乐行业，并重新定义了人们购买音乐的
方式。

苹果公司并不是唯一一家开始变革的基于平台的企业。数字商业平
台一次又一次体验了指数级的增长，并从老牌公司手中夺取了巨大的市
场份额。2020 年，全球最有价值的 10 家公司中有 7 家是基于平台的公司，
包括苹果、谷歌、微软、亚马逊、Facebook 和阿里巴巴等。虽然这些数
字巨头规模庞大、实力雄厚，足以改变行业、经济和社会，但它们在创

建数字平台方面却并非垄断。实际上，任何公司和行业，只要其产品、服务与信息或数据相关，且这些信息被认为是有价值的，就都是平台模式的参与者。这就是推动这一趋势的公司如此多样化的原因：从初创公司到数字巨头再到传统公司。

麦肯锡于 2019 年进行并发布报告的一项市场研究显示了现有公司和数字原生公司如何设计战略来利用平台的力量。[2] 近 1600 名高管接受了调查，他们来自不同行业、不同关键地区的公司。研究发现，平台已不再是数字原生公司的专属领域。随着数字化成熟度的提高，老牌公司也在建立基于平台的商业模式，推动了这一趋势。该报告还指出，不仅平台正在许多数字市场中蔓延，而且现有公司成功构建的平台还可以显著提高绩效。

事实上，研究发现，任何类型的平台，无论是企业自有的平台、第三方的平台，还是与全球平台合作或竞争的平台，都有可能将企业总收益提高到基准水平以上。平台业务的运行规律与传统的产品、服务业务不同。虽然它们的员工数量往往要少得多，但它们的创新和增长速度更快，实现的市场估值也远远高于其直接竞争对手，甚至常常高出一个数量级。这些企业遵循新的经济规则，对那些仍按旧规则运营的传统企业构成了挑战。根据麦肯锡的研究，预计到 2025 年，全球经济活动的 30% 以上将由基于平台的企业主导。

新的增长之路

数字商业平台，其意图就是要利用网络效应。正如本书"第三部分概要介绍"一章中提到的，网络效应是互联世界中一种强大的经济力量。

虽然 20 世纪工业时代领先的全球公司，以及今天大多数的成熟公司，都是通过利用供应侧的规模经济创建的，但如今，塑造经济的巨型公司，都是通过利用需求侧的规模经济创建的。供应侧的规模经济，是由规模生产的效率和单位成本的降低驱动的，需求侧的规模经济是基于社交网络的效率、需求聚合、数据驱动的洞见，以及学习、应用程序开发等诸多方面，这些方面有助于扩大网络规模，对参与者更具吸引力。

在互联世界中，需求侧的规模经济正迅速成为经济价值的主要驱动力。这并不意味着供应侧的规模经济不再重要。它们仍然很重要，尤其是对于老牌公司而言，但基于数字平台的业务能够创造需求侧的规模经济，从而产生积极的网络效应，进而可以创造市场规模、市场优势和市场力量，这些都是竞争对手很难攻克的。

我们可以用系统思维来说明需求侧的规模经济如何产生积极（或消极）的网络效应。例如，优步、滴滴、Lyft 和 Grab 等叫车公司形成了一种典型的平台业务，它们提供匹配服务，帮助乘客找到司机，反过来也帮助司机找到乘客。图 12-1 所示的增长模式说明了这些平台如何利用积极反馈回路（如第 8 章所述）来创建网络效应，以助力加速增长：司机更受需求侧的驱动；司机越多，覆盖范围越广，这意味着叫车的速度更快，价格更低。

图 12-1 是平台所谓的"需求侧的规模经济"的典型例子，当用户数量的增加对商品或服务的价值产生重大影响时，就会出现这种情况。这些需求侧的规模经济，在为每个用户提供实际价值时可以产生积极的网络效应，但为用户提供的价值减少时，也会产生消极的网络效应。当系统不均衡时，可能会产生消极的网络效应。例如，当一个叫车平台吸引的司机比乘客更多时，司机的停运率就会上升。相反，如果一个平台吸引了太多乘客而没有足够的司机，那么乘客等待的时间就会增加。

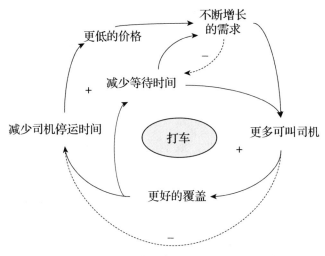

图 12-1　打车平台的高水平增长模式（示意图）

　　这个例子凸显了传统的生产产品或提供服务的企业与数字平台企业之间的几个根本区别。传统企业的运作就像一条价值创造管道，在价值贡献方面，它的安排是线性的：生产者在一端，消费者在另一端。相比之下，数字平台企业则将不同类型的生产者和消费者（其中一些既是消费者又是生产者）聚集在一起，以各种方式交换、消费和创造价值，这些都是经由平台促进的互动来实现的。

　　从管道式业务的线性价值链转变为更加复杂的数字平台业务的价值矩阵，其差异和影响是显著的，这对 CFO 来说非常重要，尤其是：

- **平台可以快速扩张**：数字商业平台可以通过数字产品而不是实物产品来放大网络效应，从而实现快速扩张。通过网络传输数字产品，是免费的、完美的、即时的。[3] 一旦某物被数字化，就可以随心所欲地立即复制和共享，可以从任意地方传送至所有地方，而且边际成本几乎为零。通过利用这些经济优势，数字平台几乎没有能与之竞争的对手。

- **平台可以利用自己没有的资产和资源**：优步平台上的汽车都是别人的。爱彼迎平台上的客房也都是别人的。Facebook 自己不制作内容。数字商业平台，将数字和实物商品的采购、生产过程，从企业内部转移到外部。这为企业提供了许多显著的优势。第一，这使企业能够比传统企业更快地扩张规模。数字平台的资产、资源和生产成本仅为边际成本，因此，数字平台能以扩展合作伙伴的速度扩大规模。第二，由于资产和资源是由生产者和消费者组成的复杂网络所拥有和分配的，数字商业平台难以被模仿。第三，把平台用户作为生产者，则平台用户就相当于外部劳动力，数字商业平台可以在内部劳动力有限的条件下蓬勃发展。由此平台就为所有参与者创造了机会，让他们专注于自己最擅长的事情，同时将其余的任务分配给他们在该平台上有联系的其他各方。

- **平台可以加速规模学习**：平台可以大规模使用数据分析和人工智能，对客户交互和服务进行持续跟踪与优化。数字商业平台不仅可以自己学习，还可以帮助所有参与者相互学习；例如，通过共享数据和见解来加速创新。彼得·舒瓦茨，Salesforce.com 负责战略规划的高级副总裁，解释道："我们认真对待这种模式，不仅构建了自己的平台和应用程序，还向数百万合作伙伴、开发人员和客户开放了我们的平台，让他们能够自己定制、自己分层。"[4]

- **平台颠覆组织**：数字商业平台可以从外部获取资产和资源，利用用户社区而不是企业自身来推动价值创造和学习，从而颠覆了传统的商业模式。此外，数字商业平台倾向于"由内而外"，例如，将营销和销售的重点从推动式转向拉动式；将供应的重点从管理库存和工厂转向协调公司不拥有的资产；将战略发展的重点从创造竞争优势、克服障碍转向协调创新社区。因此，数字商业平台不仅自身创造价值，还协调外部企业的价值创造，这将引发财务以及业务转型、企业增长和绩效管理方法的重大变化。

从管道模式变为平台模式

打算将全部业务或部分业务从管道模式转变为平台模式的成熟公司，必须改变其前台、后台和价值变现方法，从根本上改变其创造和获取价值的方式。

从价值创造的角度来看，大多数公司都需要从"一招鲜"的价值主张（即通过单一的产品或服务重点满足特定客户需求的价值创造战略）转变为包容性的价值主张（即通过各种产品或服务的协调和安排来满足更广泛客户需求的价值创造战略）。发展新的、全面的、可持续的价值主张是困难的。这需要深入了解客户旅程（从兴趣，到购买，再到售后服务）中尚未满足的客户需求。如果做得好，业务的上行潜力可能很大——但是如果价值主张不能显著改善客户的现状，那么数字化转型将是不成功的，平台也是不成功的。[5]大多数公司将通过改造其业务前台来启动这一转型，重点是开发增强型的客户体验、参与度，提高留住客户的能力。

基于新定义的价值主张，公司必须决定在形成自己的交付能力时，是自建还是外购；公司必须确定与成熟的数字平台企业建立伙伴关系是否更有意义。这一决定隐含着：确定什么样的平台交互和交付机制是首选，即目标客户和合作伙伴与平台交互的方式。建立一种平台交付机制，促进客户与广泛的合作伙伴和贡献者网络之间的无缝、数字化交互是至关重要的。随着公司从管道模式转向平台模式，它们的业务成功越来越不依赖于创新和优化自己的产品或服务范围的能力，而更多地依赖于这种能力：建立基础设施和标准，将其作为一个共享的基础，以便在广泛的合作伙伴和贡献者网络中集成多种多样的产品。

从价值捕获的角度来看，需要进行相应的更改，从采用新的收入模型和计费系统到采用新的业务绩效管理方法。对老牌公司来说，最关键的变化是：将重点从单一的对客户销售转变为创造、优化经常性收入来源。为此，公司必须引入新的定价和变现机制（例如，基于订阅、基于消费或基于效果的支付模式）。为了支持这一转变，大多数公司将需要新的财务交易系统、新的报告流程和强化的控制措施——例如，能够处理大批量、低价值交易的计费系统。

最后，也是最重要的一点，成功实现所有这些变革，需要业务和财务领导者从传统的专有思维转变为网络思维。业务绩效和增长不再是零和游戏，而是变成了依赖这些能力：吸引参与者的能力、协调和协作的能力——企业要有能力在范围广阔的网络中协调合作伙伴和贡献者，有时甚至要协调竞争对手，并与其协作。吸引他人合作并投资于基于平台的业务，需要建立信任，这是最重要的。这意味着，比如管理层必须学会与他人分享业务战略、计划和绩效相关的信息。这可能是一场艰难的文化变革，不应被低估。在纵向集成的管道模式中协调大量的供应商这一方面，大型成熟公司经验丰富，但在横向集成的平台模式中参与和培育合作伙伴网络，对这些公司而言则是另一项不同的挑战。

管理数字商业平台的绩效

由于数字商业平台利用的是需求侧的规模经济，而不是供应侧的规模经济，因此其关键价值驱动因素并非提高运营效率，而是推动用户交互。可以说，WhatsApp 能以近 200 亿美元的价格售出，与其管理和运营团队的精简程度关系不大，而与其蓬勃发展的用户群体更加相关。财务会计可能不会考虑用户交互的价值，也不会考虑与之相关的网络效应的出现，但市场会考虑。事实上，从投资者的角度来看，数字平台可以产生非凡的市场价值。因此，与传统企业相比，绩效管理活动的重点，必须从管理内部资源转向协调外部资源。忽视这些差异（例如，只关注标准的传统绩效指标），是平台失败的常见原因。对于大多数组织来说，数字平台的管理仍然是一项需要发展的新技能，并且越来越需要 CFO 和财务人员的关注与支持。

长期以来，管理具有线性价值链的传统管道业务，一直使用一套常见的、人们熟知的标准绩效报告和指标。例如一家消费品公司，将原材料和劳动力转化为消费者认为有用的商品或服务，这就是创造价值。通过遵循核心制造流程及运营支持流程的线性的、有序的步骤来做到这一点。因此，为了优化绩效，公司必须重点关注其核心端到端流程的优化，例如，重新设计核心流程并将其数字化，如本书第一部分所述。这种商业模式形成了财务会计和绩效管理的标准，包括使用常见的绩效指标，如营业额、现金流、营运资本和运营成本，这些指标我们都很熟悉，但是，这种商业模式主要侧重于消除瓶颈和低效，以优化"管道吞吐量"。

这些传统的绩效指标，不适合跟踪、管理数字平台中复杂、多向的价值流和动态网络效应。数字平台通过促进各种外部利益相关者群体和社区之间的互动而产生的积极网络效应来创造价值。在运营层面上，数字平台的关键绩效指标，往往侧重于跟踪成功的、可重复的、可扩展的用户交互。同样，在战略层面上，数字平台的绩效指标往往更侧重于长期的收入增长（该增长由持续的客户参与和满意度驱动），如续订率或复合增长率，而不是计算关键客户的生命周期总价值。

对于数字平台而言，运营绩效和战略绩效的跟踪与调整，应持续、实时地进行，最好由机器学习和人工智能等数字技术支持。这一绩效管理过程的主要目标，是扩大积极的网络效应，从而加速增长和价值创造。管理数字平台，还包括确保各方（包括生产平台用户和消费平台用户）都能从中受益。只有保持整个社区繁荣，数字平台才能保持健康发展。

CFO 在为新的数字商业模式选用绩效管理系统时，关键的成功因素、出发点是：规划一个与公司的数字战略和业务运营模式相协调的绩效管理系统。这一步骤的重要性怎么强调都不为过，尤其是对于老牌公司而言，因为如果不对传统的指导机制进行全面改革，对新商业模式的管理就注定会失败。以一家汽车原始设备制造商（OEM）为例，该制造商作为"移动服务提供商"，正在探索新的数字商业模式。[6] 如果该公司从生产、销售资本密集型产品转变为提供按用途付费的服务，那么交易量会显著增加，但价值量会下降；与此同时，公司的无形资产将大幅增加，而可变成本将减少。

这种新的收入和盈利模式，要求对核心业务和财务绩效管理采取完全不同于既往的方法：例如，通过以客户为中心的价值驱动因素和措施（如每日活跃用户数、每个用户的平均收入和转换率），来管理快速增长的客户交易量；和 / 或更多与平台相关的 KPI，如停工时间和利用率。但也需要运用财务管理的其他方面。例如，资产负债表受到很大影响，因为如今无形资产发挥了更大的作用。同样，数字模式的成本状况往往与传统商业模式完全不同，如人员成本和 IT 相关成本，它们的作用和一般管理费用并不相同。

此外，财务领导者应意识到，在数字商业平台的整个生命周期中，包括财务报表和指标在内的许多指导机制，都可能需要更改。此事至关重要：确定商业模式发生转换的时间点，并相应地调整指标。例如，在平台启动阶段，重要的是要更多地关注平台和交互设计的关键方面——数字平台中的用户吸引力、对成功交互和反馈的促进、供需匹配、内容管理，以及创建用户信任。收入和现金流等传统指标，通常不适合用来评估数字平台这一阶段的绩效。

一旦数字商业平台达到规模并产生网络效应，重点任务就会转向客户细分、交易管理和变现，以及现金流和利润的优化。随着平台的成熟，管理层需要越来越多地关注平台质量改进和创新，以确保用户满意度、保留率和吸引力。在这个阶段，至关重要的是仔细监控用户和消费者的参与模式，尤其是监控竞争平台造成的威胁，这些竞争平台可能会吸引用户的注意力。

从绩效管理的角度来看，随着时间的推移，这些运营措施和成熟度阶段的具体措施，应与这些措施相平衡：尽可能、适当地从长远角度，促进客户关系质量和价值创造潜力的提升。这些措施，可能包括：客户满意度和忠诚度指数、更新率和复合增长率，以及动态客户盈利能力分析（例如，采用客户终身价值等常见概念）。[7]

最后，对于财务领导者来说，超越内部成本结构来考虑整个经济价值链的成本驱动因素和结构，变得越来越重要和有意义。新数字商业模式的颠覆性影响，人们通常只用卓越的技术平台、客户洞察力和体验来解释，这些当然很重要，但这样解释，往往会忽视这些新商业模式能够额外实现的、通常还是显著的成本优势，因为这些新商业模式能够跨越更广泛的生态系统来管理成本，而不仅仅是管理自己内部发生的成本。[8]

智能绩效管理

数据丰富的数字商业模式的快速发展，加上人工智能的进步，开创了一种趋势，即采用"智能绩效管理"方法，这可能会影响未来战略绩效、运营绩效的管理和决策。领先的数字平台已开始使用高级分析和人工智能，将其数字商业平台转变为自组织的、智能的业务。

阿里巴巴集团学术委员会主席曾鸣认为，人工智能支持的智能绩效管理将成为数字平台和生态系统的标准。[9]曾鸣表示，成为一家"智能企业"，就意味着要学习如何利用大数据和人工智能，根据一组仔细定义、平衡的绩效指标和算法，根据不断变化的市场条件和客户偏好，实时做出反应，持续、自动对绩效进行优化。

曾鸣认为，基于人工智能的智能绩效管理，不仅将专注于推动运营绩效改进（如本书第一部分所述），还将专注于对绩效目标和绩效指标本身进行完善。例如，当阿里巴巴推出全球最大的电子商务网站淘宝时，管理团队选定的指标是为这样一个绩效目标服务的：在当年创造100万个工作岗位。阿里巴巴 CEO 建议他的管理团队，不要只专注于实现一个非常精确的、基于收入的绩效目标和增长愿景。他还告诉他们："如果你带来的收入超过了某个目标，我就会惩罚你。因为这意味着你正试图从该网站赚太多的钱。"[10]因为 CEO 设定了这样一个有意义的双重目标和指标门槛，所以每个人都明白他们必须做什么：实现既定的目标，不要多也不要少。

对于许多成熟公司的 CFO 来说，"智能绩效管理"和人工智能决策的趋势，可能仍然是带有未来主义色彩的，但随着公司自我转型去创建和参与数字商业模式，这种趋势将变得更加重要。公司必须回答许多问题，其中不少问题是很难回答的。例如，有哪些 KPI，不仅反映了既往的绩效，还推动了我们前瞻性的、富有潜力的人工智能支持的决策进程？当预测分析提出特定的行动方案时，由谁来做出业务决策，是数据驱动的算法还是人类？我们如何处理相互冲突的 KPI 和利弊权衡，尤其是在决策变得越来越自动化的情况下？企业，如何定义一个人工智能支持的、受到适当管理的决策过程？如何在人和机器之间分配决策权？

　　奈飞公司等领先的、基于平台的企业，已经创建了包括财务在内的跨职能团队，用来设计人工智能支持的决策，以及相关的、可扩展的学习平台和机制。财务部门可能不太注重让算法、数字技术发挥作用，但在设置正确的关键绩效指标（这是指导智能绩效管理所需的）方面，财务部门仍然可以发挥关键作用。2019 年，《麻省理工学院斯隆管理评论》中的一份研究报告强调了为企业领导者选择正确的关键绩效指标的重要性和关键性，这表明在人工智能业务模式中，企业战略在很大程度上会受到领导者选用的 KPI 的影响，并被这些 KPI 所定义。[11] 这意味着，为发展人工智能，仅制定战略是不够的；反之，在智能、数据驱动的数字企业中，使用人工智能去创建战略，将会是算法创新的核心。

　　人工智能大大改变了 KPI 的作用和目的，研究人员称之为"大翻转"。KPI 不仅用于跟踪管理过去的绩效和输出，以提供信息支撑人的决策，KPI 还被用作训练机器的输入。换句话说，KPI 定义了用于训练算法和机器的数据，而这些算法和机器将被用来运行业务。正如《麻省理工学院斯隆管理评论》报告的合著者迈克尔·施拉格解释的那样，战略前提是，KPI 和人工智能是实现战略目标的手段，而不是目标本身；换句话说，KPI 和人工智能是实现预期战略结果的关键促成因素和驱动因素。因此，与"这些数据驱动的技术和指标让我们做了哪些以前做不到的事情？"相比，"我们想要实现什么？"是一个更好的战略问题，也是更好的挑战性问题。

智能绩效管理的应用仍处于初级阶段，是否在公司中应用，如何在公司中应用，仍有待观察。关于智能绩效管理的对话，强调了业务和财务领导者（而不仅仅是运营团队）在定义 KPI 组合时需要发挥的重要作用。正如施拉格解释的那样：

除了对更多的数据驱动实验持开放态度外，最重要的领导技能，将会是围绕启发、促进和协作来提升关键绩效指标。我们称之为"KPI 改善"。[12]

强化 CFO—CMO—CIO 关系

成功运营基于平台的业务，需要跨职能的紧密协作。过去，CFO 可能将数字平台的创建和管理交给 CMO 和 CIO，但随着平台逐渐演变为成熟的商业模式，CMO、CIO、CFO 和其他高管之间的密切合作就显得至关重要。CMO 的本职工作是推动消费者参与和互动的优化，CIO 要领导基础数据和基础技术设施的创建，CFO 在塑造整体绩效管理系统和程序，将增加的消费者互动和见解转化为长期价值创造方面，发挥着关键作用，例如，通过分析关键的投资选择，将适当规模的资本和资源从传统商业模式转向新的商业模式，和 / 或将新的价值战略传达给外部投资者。

许多营销团队正在进行重大变革，以建立新的前台能力。对于大多数 CMO 来说，寻求 CIO 和 CFO 的支持是一项复杂的任务。困难包括：如何处理大量新数据（这些数据来自交互、新渠道的创建、成本效益管理、处理敏感数据、信息安全），以及如何将新见解之源有效运用于制定业务战略、运用于决策。CMO、CIO 和 CFO 之间的紧密协作，将有助于更有效地应对这些挑战，并将数字商业模式的创建和管理定位为：战略性的、全企业范围的变革运动和优先事项。数字商业平台将继续存在，并需要具备新的功能和工作方式，这需要时间来予以实现——这一变革的重要程度，CFO 和其他高管都不应低估。

注释

1 Hagel, J III, Brown, JS, de Maar, A and Wooll, M (2016) Approaching disruption: Charting a course for new growth and performance at the edge and beyond, *Deloitte Insights*, 5 October

2 Bughin, J, Catlin, T and Dietz, M (2019) The right digital-platform strategy, *McKinsey Digital*, 7 May

3 McAfee, A and Brynjolfsson, E (2018) *Machine, Platform, Crowd: Harnessing our digital future,* p 135, WW Norton & Company, New York, NY

4 Sarrazin, H and Sikes, J (2013) Competing in a digital world: Four lessons from the software industry, *McKinsey Digital*, 1 February

5 Sharma, D, Schroeck, M, Kwan, A and Seshaadri, V (2020) Digital platform as a growth lever, Deloitte

6 Epstein, R, Witzemann, T and Thomas, M (2020) Shifting gears: How to drive your digital businesses forward with an appropriate steering approach, Deloitte, March

7 Weber, J, Haupt, M, and Erfort, M (2012) Kundenerfolgsrechnung in der Praxis: Wie Sie profitable Kunden identifizieren, p 43, Wiley-VCH

8 Drucker, P (2015) *Management Challenges for the 21st Century*, pp 114–15, Routledge, Abingdon

9 Zeng, M (2018) Alibaba and the future of business, *Harvard Business Review*, September–October

10 Schrage, M (2019) Don't let metric critics undermine your business, *MIT Sloan Management Review*, 23 October

11 Kiron, D and Shrage, M (2019) Strategy for and with AI, *MIT Sloan Management Review*, 11 June

12 MIT IDE (2019) Q&A: How AI can lead corporate strategy, *Medium*, 24 June

| 第13章 |

数字商业生态系统

自 1999 年创立以来，阿里巴巴一直在运营一个成功的电子商务平台。[1] 在最初的 10 年里，它经历了强劲的增长，但在制定发展生态系统的战略之前，它并没有被认为是世界级企业。然而，第一个 10 年之后，阿里巴巴成为了一个数字巨头，甚至超过了沃尔玛等最强大的竞争对手，成为世界上价值最高的公司之一。阿里巴巴到底是怎么做到的呢？

早期，阿里巴巴只是简单地将商品的买家和卖家联系在一起。后来，当技术变得更加成熟时，它将越来越多的商业功能转移到了电子商务平台上，包括广告、营销、物流和金融，后来又增加了影响施加者、产品推荐者等功能。当领导团队意识到阿里巴巴可以为众多类型的企业和消费者构建一个数字商业生态系统时，阿里巴巴的成长故事就开始加速发展。所有这些企业和消费者，都在一个开放、协调的电子商务平台上相互作用，并与环境互动。阿里巴巴的战略使命不断演变，以确保该平台不仅促进客户和供货商之间的互动，而且在线业务取得成功所需的所有资源或者这些资源的获取途径，社区本身都能够提供。因此，阿里巴巴的战略支持了高效、稳健、多样和健康的生态系统的发展。

随着生态系统的扩展，阿里巴巴继续创建新的在线业务，采用的方式与亚马逊、eBay、PayPal 和谷歌相同。在此过程中，阿里巴巴重塑了中国的零售业。阿里巴巴已不仅仅是一个电子商务或在线零售平台，它还是一个由销售商、营销人员、服务提供商、物流公司和制造商组成的快速增长、不断发展和扩展的数据驱动型网络。阿里巴巴的一位创始人曾解释道："我们的理念是，我们要成为一个生态系统。我们的理念是增强他人的销售能力，增强他人的服务能力，确保他人比我们更强大。"[2]

许多世界上规模最大、发展最快、价值最高的公司，都走过同样的道路。它们中的大多数，都只有 20 年左右的历史。如此巨大的价值，如此巨大的市场力量，为何涌现得如此之快？因为，所有这些公司都充分利用了网络协调、数据智能方面的新能力。这些公司管理的生态系统，比传统产业更具经济效率、更加以客户为中心，这就是为什么它们正在迅速重塑产业、重塑规模经济。

数字商业生态系统的现象

"生态系统"一词已成为商界流行语，通常与"平台"同义。[3]虽然两者是相关的，但理解和考虑两者之间的差异仍是重要之事。商业生态系统，是指一组基本上独立的组织，它们相互协作和互动，以追求共同的目标；商业平台，是指一种数字化的商业模式，旨在实现生态系统成员之间的、无摩擦的交互和交易。商业生态系统的核心特征是：生态系统中每个组织的角色（例如协调者、参与者或补充者）；生态系统的治理结构（即这些组织协调一致互动、合作创造和共享价值的方式）；以及生态系统的价值主张（即这些组织追求的共同绩效目标）。在本书中，我们重点关注数字商业生态系统，这是彼此独立的组织群体，它们利用数字技术平台和解决方案进行动态交互和协作。

新一代动态的数字商业生态系统正在迅速演变，并且正在重塑我们的互联经济，有时甚至会跨越传统上互不相关的行业。由世界经济论坛赞助的研究估计，到 2025 年，新兴的数字商业生态系统的收入可能超过60 万亿美元。[4] 一些大型的数字商业生态系统由数千家公司和数百万人组成。数字商业生态系统，不是将产品或服务视为既成不变之物，而是关注消费者快速变化的需求。最新的数字技术，如云、物联网（IoT）和区块链，正在帮助这些生态系统超越产品设计、服务、客户体验或组织；使这些生态系统能够快速、持续地对整个行业进行重新设计。

在某些情况下，随着企业数字化成熟度的提高，数字商业生态系统会"自然"地出现。例如微软、苹果和沃尔玛。这些公司中，没有哪家公司一开始就制定了战略去创建、参与数字商业生态系统，但这是它们发展的方向，也是它们如此成功的原因之一。它们为众多生态系统合作伙伴创建产品、服务和技术的平台，从而创造了一个谁都能在其中茁壮成长的环境。例如，沃尔玛在零售杂货业务中的成本优势，很大一部分来自早期对数字商业生态系统的开创性投资。沃尔玛的采购系统为供应商提供了实时的客户信息，详细说明了客户的需求和偏好，从而创造了显著的信息和成本优势，并吸引其他大公司来合作，扩展和加强生态系统。例如，宝洁已将其 ERP 系统与沃尔玛的 ERP 系统进行整合，允许两家公司在多个领域释放出重大的价值机会。[5]

人们对数字商业生态系统如何运作的认识和理解程度逐渐提高，它们创造的机会逐渐增多，公司的数字化成熟度也随之不断提高。越来越多的公司以数字方式进行连接和协作，它们创造出的产品或服务，价值高于任何一家公司单独实现的价值。数字商业生态系统的创建，通常由现有行业的领导者发起和策划，但正在创建的生态系统可以超越传统领域，各行各业的边界也不再清晰。例如，制药公司可能希望提供技术支持的解决方案，而不是新的药物。数字解决方案将包括实时监测患者、调整治疗方案，还包括一套预防性方案。这意味着，该组织将不得不在传统的制药行业边界之外进行协作，这些协作包括：集成的、可扩展的数据传输和处理服务。

核心业务收益和风险

大多数大型组织已经在多个生态系统中运作；然而，其中大多数是传统的静态商业生态系统，主要用于聚合或集成现有资源或业务流程。[6]虽然这些静态商业生态系统将继续发挥其作用，但企业越来越注重参与动态、数字网络支持的商业生态系统，使企业能够以更大的灵活性、更快的速度进行连接和交互。[7]为此，数字商业生态系统能够创造并扩大四种核心类型的利益：

- 第一，商业生态系统可以提供快速、灵活的途径，让企业访问外部功能，而这些功能，如要在企业内部构建，可能太困难或太贵。这在创建阶段尤为重要。正如太阳微系统公司联合创始人比尔·乔伊所言："并非所有聪明人都为你工作。"[8]同样聪明但基本上独立工作的人才，可能会被吸引去支持一个鼓舞人心、令人兴奋的开放式生态系统。最初，史蒂夫·乔布斯反对向第三方应用程序开发人员开放 iPhone，但在 iPhone 发布大约八个月后，苹果应用商店成立，由于开放式创新的爆发，生态系统真正开始飞速发展了。[9]

- 第二，数字商业生态系统一旦推出（如数字平台），就可以极速扩展。阿里巴巴，自从决定成为数字商业生态系统协调者以来，经历了指数级增长，迅速成为中国第二家估值突破 5000 亿美元的公司。[10]

- 第三，数字商业生态系统往往更灵活，更能适应互联世界的动态变化。想想 Windows 操作系统，由于它是一个灵活的生态系统，因此尽管该领域发生了巨大的变化，但在 30 多年的时间里，它一直是主流操作系统。[11]

- 第四，数字化的、高度互联的商业生态系统，所产生的网络和学习效应可以让网络上几乎所有的企业创造更多的价值，并抓住新的机会——我们不久就会回到这个话题上来。

还有一些挑战需要考虑。在一个很大程度上彼此独立且多样化的组织群体之中，对它们的有效合作进行管理可能很难。即使是生态系统协调者，能采取的控制措施也是有限的。治理框架可以提供帮助，但治理框架必须在制定标准和规则与保护自由之间达成谨慎的平衡，以实现开放式创新、灵活性、弹性和自组织。这就是设计一个对所有参与者都具有经济吸引力的价值捕获和共享模型如此重要的原因——这也是我们很快就会加以讨论的另一个话题。在许多方面，商业生态系统是俱乐部，并且必须是其他人想要加入的俱乐部，对于生态系统的协调者来说，在整个商业生态系统的生命周期中，保持该俱乐部的吸引力，是一项同样重要且具有挑战性的责任。

为了实现快速扩张，生态系统必须愿意接受延迟盈利。即便是像阿里巴巴、亚马逊和微软这样的公司，在实现盈利之前，也必须进行大量投资，以构建自己的生态系统。BCG 亨德森研究所进行的一项研究称，创建和扩大数字商业生态系统存在重大风险，一些组织在最初几年的平均利润率为负 60%。[12] 例如，亚马逊在运营的头八年中累计亏损超过 30 亿美元。亚马逊对其生态系统、平台和流程进行持续投资，由此成功地确立了强大的市场地位，并将其营业利润率从 2013 年的不足 1% 提高到 2018 年的 9%。

　　虽说，在早期愿意接受重大投资和承受亏损似乎是必要的，但这些投资的回报并无保证。即使是"成功的"生态系统协调者，在寻找成功之路时也步履维艰；业务量的增长总是伴随着亏损，而且看不到尽头。根据 BCG 亨德森的研究，在接受调查的生态系统中，只有不到 15% 是可以持续成功的，鉴于调查中存在幸存者偏差，这可能还是一个乐观的估计。因此，生态系统的成功概率并不比其他治理模式更好，那些最初成功的组织，获得的收益往往是暂时的。生态系统的动态性和灵活性是利弊各半的双刃剑：这种模式是可演进、可扩展的，但它需要前期投资、持续关注和谨慎管理才能真正获得成功。

老牌公司的新前沿

　　人们对数字商业生态系统的认知和热情与日俱增，但运营它们所需的管理技术仍处在发展之中。许多高管不清楚如何创建、加入或对其进行有效管理。何时何地参与数字商业生态系统才是有意义的？应该如何设计、管理这种参与？如何平衡价值创造、共享和保护？持续管理运营绩效和风险需要哪些新能力？这些问题可能很难回答，尤其是对于老牌公司而言。它们中的许多公司都有管理传统联盟和伙伴关系模式的丰富经验，但处理动态的数字商业生态系统这件事，仍是一个新的前沿领域。

许多成熟的公司都将认识到，为了参与数字商业生态系统，它们必须加快当前运营模式和基础设施的数字商业转型（如本书第一部分所述）。麻省理工学院信息系统研究中心领导的研究发现，那些能够从生态系统中获得更多收入并且能够利用生态系统加深对客户的了解的公司，显然能够实现更高的收入增长、更高的利润率。[13] 然而，该研究还发现，主要是规模较小的公司（收入低于 10 亿美元）正在变得更加网络化，而许多规模较大的公司还在竭力应对，这可能反映了一个事实：较小的公司能更快地转变其业务和运营模式（包括其核心基础设施），以参与数字商业网络。

那些成功转向以生态系统为基础的模式的成熟公司，其案例研究和故事，始终都在强调需要进行全面的且通常是彻底的数字化转型，从领导思维、商业战略，到运营和文化都有根本变化。2018 年，在全球彼得·德鲁克论坛上，中国家电制造商海尔的商业领袖张瑞敏，从两个方面描述了该公司向生态系统思维和生态系统管理的转变。首先，面对外部，随着企业获得生态系统和物联网方面的经验，与消费者、供应商以及其他商业生态系统合作伙伴进行了直接的数字连接，这引发了价值创造机会、风险和责任方面的重大变化。其次，在内部，海尔的成功得益于一种彻底重组后的运营模式，即所谓的"人单合一"模式，这是一种组织内部的生态系统，由数百家松散连接的创业微型企业组成，它们在组织平台的基础设施上运营、互动。尽管"人单合一"模式可能不适用于所有公司，但张瑞敏的关键见解似乎具有普遍的适用性：为了成功开发基于生态系统的业务，必须在业务和运营模式的每个部分，从产品开发到绩效管理，都采用新的思维方式。"这在 21 世纪尤为重要，"张瑞敏强调："生态系统是我们创造价值的方式。"[14]

海尔向数字商业生态系统的转型

　　海尔总部位于中国青岛，它是世界上最大的家电制造商之一。2018年，海尔创造了约 350 亿美元的收入。当时，海尔在全球雇用了约75 000 名员工，其中约 27 000 名员工在中国境外工作，其中的许多人是在 2016 年海尔收购通用电气家电业务时加入的。20 世纪 10 年代，海尔传统核心业务家电的毛利润每年增长 23%。与此同时，该公司通过新的投资创造了超过 20 亿美元的市值。尽管业绩增长显著，但海尔在这段时间内还是大幅削减了长期固定员工的数量。尽管如此，但该公司在其迅速扩张的商业生态系统中创造了数万个新工作岗位。[15]

　　乍一看，海尔似乎并不是互联世界的产物，但海尔的卓越表现却是多年业务转型的结果，它从一个苦苦挣扎的制造商转变为一个欣欣向荣、数字化的商业生态系统。海尔转型的关键杠杆之一是其管理理念"人单合一"，它将员工（人）和用户价值（单）的发展与协调（合一）置于网络化商业模式的核心。在海尔业务转型的第一阶段，即"人单合一"1.0 阶段，公司创建了独立的（以客户为中心）虚拟团队，并增强了其决策权。下一阶段，"人单合一"2.0 阶段，将海尔转变为一个微型企业（ME）组成的集团——数千个独立运营的创业团队，有权在海尔的核心业务平台上推动业务绩效、合同签订、预算编制和招聘决策。2019 年，"人单合一"3.0 阶段引入了网络思维，创建了海尔的"生态系统微型企业社区"，即 EMC。EMC 模式允许众多微型企业建立临时联盟和微生态系统，以满足特定的用户需求。海尔 CEO 张瑞敏表示，海尔的目标是成为一个"三生体系：生态圈、生态收入和生态品牌。在生态圈中，不是公司对用户，而是公司、用户和供应链在生态系统中相互关联"[16]。

　　为了使 EMC 模式在财务和绩效管理方面发挥作用，海尔开发了一系列新的实践，包括在员工层面跟踪、管理、奖励价值创造和共享的方法。例如，海尔推出了一种称为"共赢增值"（WWVA）的绩效记分表。[17]共赢增值表将一系列财务和非财务指标相结合，对用户旅程、用户生命周期中的绩效进行跟踪和管理。海尔CFO邵新智表示，该表在三个方面不同于传统利润表。第一，它计算了生态系统产生的可重复收入，而不是产品产生的一次性收入。第二，它注重在范围更广的商业生态系统中，共同合作创造共赢机会，试图防止因传统的个人价值最大化造成的零和游戏。第三，通过共赢增值表能够算出个人创造和分享的价值，因此它是以人为本的。海尔还引入了一个二维矩阵来确定每位员工的薪酬。[18]在这个矩阵中，横轴表示公司的总体绩效，使用常见的财务指标，如收入、利润、市场份额等。然而，纵轴是网络价值，它是网络规模的函数（即网络中的节点数和连接到网络的用户数）。海尔将每位员工都变成公司生态系统网络的一个节点，并激励他们创造用户价值（定量贡献）和用户关系（定性改进）。

海尔绩效管理系统的其他方面，大多数都与"人单合一"模式保持一致，从目标设定到预算编制再到绩效跟踪，并随着商业模式的发展，通过不断地实验、对话和学习持续完善。在境外，海尔也运用了"人单合一"的模式，例如位于美国的通用电气家电公司（GEA）。海尔CEO张瑞敏表示，GEA的转型具有挑战性，但最终取得了成功，带来了绩效的显著提高。[19]

CFO 主要考虑的事项

在评估、支持创建和／或参与数字商业生态系统方面，CFO 发挥着重要作用。对许多财务领导者来说，尤其是对那些老牌公司的财务领导者来说，这是一个具有挑战性的新角色。一方面，对于数字商业生态系统以及重大价值创造机会的涌现，都有明确的经济趋势可以对其进行解释。另一方面，这里存在着 CFO 不能忽视的重大不确定性和风险。

财务领导者应尽可能花时间去了解、评估这些机会和风险，弄清它们对其组织而言意味着什么。对一些人来说，这可能像是在权衡"尝试失败"和"不尝试失败"的风险。然而，大多数财务领导者会发现，他们至少必须投入大量（更多）时间和资源，来了解、应对数字商业生态系统下，公司有哪些机会和风险敞口。最有可能的是，他们还将看到加快核心基础设施数字化转型的必要性。如果没有新的经验、能力和基础设施来支持数字化转型，公司将无法参与数字商业生态系统，并面临这种风险：被主导趋势边缘化，而这种趋势，正在重塑我们的互联经济。

对于数字商业生态系统所需的核心财务管理、业务管理实践，迫切需要进行详细分析和探索，但公司刚开始在这一新领域积累经验，这些分析和探索可能需要一些时间才能发展良好。以下主题，概述了 CFO 在踏上这一旅程时应思考的几个重要方面。

价值创造

公司，由其领导者引领，将资本和资源投资于他们认为能够创造商业价值的领域。驱动价值的是什么呢？对这一问题的回答的主导观点以及相应的资本、资源分配策略，在很大程度上受企业领导者、心理模型、经验水平和教育程度的影响。然而，在许多公司中，企业领导者所接受的教育是采用这样一种方法：对有形资产和核心业务的投资，要优先于对数字网络、关系和生态系统的培育。[20]

2019年，麻省理工学院斯隆管理学院和德勤进行了一项研究，对不同数字化成熟度的公司进行了调查（如本书第一部分所述），发现80%的数字化成熟公司与外部合作伙伴合作推动创新，而在处于数字化转型和成熟的早期阶段的公司中，这一比例仅为33%。[21] 然而，最有趣的则是这种现象出现的原因。这并不是因为成熟度不高的公司没有意识到外部伙伴关系的重要性（近80%的受访者表示，这些伙伴关系已经变得至关重要），而是因为它们不愿承诺提供所需的资源。该研究还发现，数字化成熟的公司对待商业伙伴关系的方式非常不同——它们更注重发展可信赖的、多维度的、广泛的、能力建设的生态系统，以同时实现短期和长期目标。

改变企业对数字商业生态系统的理解，可能是CFO要完成的首要任务，也是最重要的任务之一。第三部分第11章中的网络思维艺术，可以帮助我们理解、阐明数字商业生态系统的潜在动力和价值驱动因素，并且可以指导我们评估其对特定组织和部门的相关帮助与贡献潜力。应该考虑以下核心动力和价值驱动因素：

- **规模经济**：数字商业生态系统，不仅可以通过供应侧的规模经济来创造价值（例如，通过共享资产减少固定成本和可变成本，建立更灵活和更优秀的集成供应链等），还可以通过需求侧的规模经济来创造价值。如本书前几章所述，需求侧的规模经济创造了显著的加速增长。从网络思维的角度来看，正如前面所讨论的，此处的关键原因是"优先选择"——一个成功发展的商业生态系统对更多参与者越来越具有吸引力，从而可能发展成"富人更富"的态势，并从中受益。

- **网络效应**：基于这些规模经济，数字商业生态系统可以产生强大的

（直接或间接）网络效应，这意味着，随着消费者数量的增加，产品或服务的价值也会增加。想想移动网络——第一个拥有手机的人没有得到任何好处，但随着更多的手机用户加入网络，他们手机的价值、手机联网的价值，将会开始指数级增长。网络效应可能发生在许多行业，如物流、公用事业、酒店、旅游等。然而，当网络参与者之间的沟通受到限制时，网络效应的杠杆作用将会相对较低，这就是数字商业生态系统能有机会出现的原因。

- **学习经济**：让我们假设，不断发展的手机网络正在改善，手机、手机联网也都开始改善——例如，因为已经形成了一个众多公司参与的生态系统，所以它们共同努力提高网络和手机的质量（比如在连接、功能、应用程序、用户体验等方面）。在这种情况下，不但产品和服务对于消费者的价值开始快速增长，而且合作公司的知识、能力也开始快速增长。换句话说，作为一个整体的数字商业生态系统，以及其中的所有个体参与者，都开始变得越来越好，发展得越来越快。越来越多的参与者形成网络效应，由此产生的价值呈指数级增长，二阶递增回报放大了这些价值，生态系统就从二阶递增回报中受益。[22] 这些二阶动力是由学习经济（即信息的交流和组合，以及通过协作实现的知识共享）驱动的，这使每个参与者都能加快学习过程和绩效改进过程。

假设整个生态系统网络的信息交换已经完全数字化，并通过自我改进算法得到进一步加强，那么学习效果就可以进一步强化，至少强化到算法无法再改进为止。因此，数字商业生态系统经历了另一种更高层次的回报增长，于是这就形成了价值创造过程的另一次放大。学习经济还有更高的层次。手机网络的一些参与者，有可能利用他们收集的数据和积累的知识来创建新的商业生态系统、新的市场，例如互联汽车市场。

然后，他们可以创建、访问更高级别的协作、联系、学习以及价值创造。

规模经济、网络效应、学习经济和数字化相结合（所有这些都是相互关联的），创造了额外的动力。第一，参与者发展了更广泛、长期、基于信任的关系，并从中受益，这种关系激励他们合作和相互学习。第二，生态系统参与者多种多样，例如他们来自不同行业、不同地域，这可以对生态系统的学习、改进、创新和扩展能力产生积极影响。第三，在数字商业生态系统网络中占据中心位置的组织，以及准备利用网络核心数据流的组织，可以通过利用强化的数据分析和人工智能，提取有价值的见解并进行学习，以此来获得优势。

从谷歌到阿里巴巴，领先的数字生态系统公司都是生态系统的中心，它们能够利用积累的庞大数据流，在多个行业内创造、维持、增加竞争优势。但是，老牌公司也可以释放数字商业生态系统的巨大价值潜力——具体做法是：参与和部署不断发展的数字商业生态系统（例如，与其行业相关的不断发展的物联网系统），收购网络化业务（例如，在传统核心业务的边缘扩展新的数字商业模式），或创建自己的数字商业生态系统（例如，推出智能产品）。

鉴于数字商业生态系统的发展速度及其产生的强大动力，CFO及其团队必须与商业和技术团队合作，全面分析数字商业生态系统带来的机遇和威胁，以及公司需要建设哪种能力，才能有效参与其中。

价值获取及变现

CFO需要考虑并在必要时参与的要事，就是设计价值获取和变现机制并对其进行管理，以及设计价值共享模型并对其进行管理。这是一项复杂的任务，需要平衡多种相互依存的因素。例如，设计价值获取机制需要综合运用一系列因素，从具体的产品和服务到生态系统的治理和关系模式。设计价值变现机制也是如此，最重要的是，需要在这二者之间获得平衡：价值变现和价值共享的愿望，持续关注推动生态系统增长和生态系统的健康（例如，当有必要对某些参与者给予支持或补贴时，当支持、补贴他们对公司而言有用时）。随着数字商业生态系统的快速发展，任何价值获取、价值变现、价值共享机制都需要不断监测和调整，不仅要关注生态系统内部的复杂动态，还要关注生态系统之间的复杂动态（例如，当生态系统彼此争夺用户时，如果某一生态系统的条件不再优越，用户就可能改用另一个生态系统）。[23]

绩效衡量

CFO 需要考虑的其他要事是业务绩效管理和投资者关系。如果公司开始将资金和资源投入到开发新的数字商业模式，那么应该通知投资者和分析师，并让他们参与进来。对于许多老牌公司来说，这意味着，不仅需要改变公司的价值创造故事，还需要改变公司内部、外部的绩效衡量标准和绩效报告——事实上，在许多情况下，需要改变的，可能是投资者和分析师本身。

为了让投资者们给企业更高的估值，并让企业因此获益，CFO 不仅要清楚地解释企业如何利用网络动态推动卓越的业绩增长和价值创造，还要能够跟踪这些承诺的相关进展情况。由于 80% 以上的估值是无形资产创造的，因此原有的标准财务数据已经不够用了。从网络增长、生态系统健康、客户互动、客户交易、库存水平等多个方面收集的新绩效指标和支持性大数据分析（它们通常是实时的，数量之多难以想象），需要与财务数据融合，以对这些新的、往往无法衡量和报告的价值来源所产生的业绩结果进行不断的衡量、监测和报告。[24] 只要浏览一下分析师对领先的数字商业生态系统所做的报告，就可以看出其与传统财务绩效报告的不同。对于许多 CFO 来说，这也意味着，需要对这些进行投资：新的推广和分析能力、支持运营的基础设施。

如海尔的案例所示，在数字商业生态系统中跟踪、管理业务绩效和价值创造所需的实践，可能与传统方法有很大的不同。利润表，最初是为管理 20 世纪的工业和资产型公司而编制的，它可能不太适用于 21 世纪的数字商业生态系统——快速比较一下网约车公司和运输公司、家庭共享网络和连锁酒店、电子商务平台公司和传统零售商，就可以说明这一点。在新的常规做法得以建立并获得认可之前（如果真有这种做法的话），考虑到新的数字商业模式快速、多样的演变，要想在当代业务管理需求和传统外部规范之间取得平衡，需要 CFO 具备创造力、勇气和领导力。

信息管理

数字商业生态系统所需的信息管理已超越了组织的边界。如果价值产生于数字连接和数字赋能的商业生态系统，那么组织之间可扩展的、安全的数据交换就变得至关重要——无论是为了创建更全面的客户视图，还是为了在价值链网络中协调贡献和活动，都是如此。数据交换的实现带来了巨大的挑战，特别是对于拥有复杂基础设施"遗产"的大型老牌公司而言，更是如此。如本书第一部分所述，对信息管理的需求是核心运营流程、数据和技术平台转型的关键驱动因素。

如本书第 3 章所述，公司应特别关注跨生态系统和跨价值链的通用数据标准的创建或出现，以及它们带来的机遇和挑战。数据标准融合的趋势是第四次工业革命的主要驱动力之一，并且，该趋势因数字商业生态系统的发展而加速。虽然财务领导者不需要负责这个领域，但应该与业务和技术团队合作，对这个领域给予更多关注。正如彼得·德鲁克多年前预测的那样，未来将不再是技术专家和数据科学家，而是业务和财务领导者，必须了解他们需要什么信息，他们需要交流什么信息，从而在最大程度上创造经济价值。[25]

生态系统管理

财务和业务领导者必须习惯这样一个事实，即在互联世界中，关键价值驱动因素、绩效驱动因素越来越多地不在组织之内，而是在组织之外。创建、参与数字商业生态系统的理念，挑战了大多数传统企业固守的传统精神，即它们是大型的独立、自主的商业实体，在预先定义好的特定行业市场上与其他企业竞争。虽然听起来可能很简单，但实际上，人们可能需要很长时间才能意识到，与行业内外的合作伙伴、同行进行合作与协作，对组织的成功和生存至关重要。

通过比较商业生态系统和生物生态系统的生命周期，哈佛大学教授马可·依恩斯蒂和罗伊·雷文建立了一个企业领导者可能会觉得易懂、有用的类比。[26] 他们描述了商业生态系统和生物生态系统的特点，即这二者如何由诸多相互依赖的因素，以及生态系统的繁荣所构成：如果生态系统健康，个体参与者就会茁壮成长；如果生态系统不健康，个体参与者会受到影响。或者换个说法，谷歌母公司 Alphabet 的 CFO 露丝·波拉特在 2020 年接受 BNN Bloomberg 采访时说："当我们的生态系统中的合作伙伴业绩良好时，我们也会业绩良好。"

许多公司在商业生态系统中运营，它们在多种相互依赖的关系中彼此交织着，在这种关系之外，它们就没有什么意义了。而这些商业关系的结果，往往不在任何参与者的控制之中，取决于系统整体状态，生态系统网络内外的变化，都会对系统整体状态持续地造成影响。当然，与生物生态系统做类比并不完美，但也说明了一个基本要点：若要在数字商业生态系统中成功运营，企业领导者不能仅参与寻找、成交好生意，还要为这些做出贡献：优化生态系统的长期健康和增强其力量，增强生态系统让公司共同发展、有效合作的能力。

但是，我们说的商业生态系统的健康，是什么意思？马可·依恩斯蒂和罗伊·雷文定义了三个关键参数：生产力、鲁棒性和多样性。[27]

- **生产力**：系统的生产力是表明商业生态系统健康和绩效情况的最重要参数，特别是其这种能力：将技术创新和资源持续转化为商品和服务——这些商品和服务对于客户而言具有更高价值。在查看生态系统的生产力时，有多种方法可供考虑。一种简单但高效的方法是查看参与者的财务、业务和运营生产力，要查看最有影响力、最有贡献的参与者，尤其是与生态系统协调者、生态系统中枢相关的参与者。以专业软件行业为例：了解诸如微软、SalesForce.com、SAP或 Oracle 等公司的表现，以及它们如何规划自己的未来，这对依赖它们生态系统的每家公司都很重要，而且，它们的这些事情通常都是透明的。这些公司中的大多数都投入了大量资源，为其生态系统合作伙伴安排年度活动，以分享和规划自己的业务战略。例如，SAP 的合作伙伴生态系统汇集了一大批对当地客户的需求有着深入了解的合作伙伴。[28] 将这些合作伙伴有效地结合起来以增强 SAP 的产品战略的能力是业绩增长和生产力提升的关键引擎，不仅对 SAP是如此，对参与其数字商业生态系统的每家企业也都是如此。
- **鲁棒性**：商业生态系统必须有足够的鲁棒性，以应对颠覆性变化和

意想不到的技术创新。参与到强健商业生态系统的公司，往往具有
这样的优势：它们能够获得其他参与者的支持。这种优势可以帮助
它们度过需求不足或不可预测的时期，并保护它们免受外部冲击。
微软将自己嵌入由独立供应商组成的生态系统，使其在万维网风靡
全球的环境中幸存下来。还有一些情况是，生态系统的关键参与者
面临着意想不到的困难，这让生态系统的健康和生存面临风险——
金融危机和随后雷曼兄弟的破产就是一个例子。鲁棒性与生产力相
关，并提供了一个新的理由，让人关注生态系统关键参与者的商
业、运营和财务实力。商业生态系统的类型不同，鲁棒性应被重视
的方面也不同。鉴于数字商业生态系统本质上依赖于赋能技术（例
如物联网）的稳定性，还应定期评估技术相关方面，例如技术互操
作性或连通性。也许最重要的是，成功的商业生态系统采用这种方
法驱动鲁棒性：创造持续扩展、持续更新生态系统自身的能力和文
化。即使是最强大的商业生态系统也会遭遇市场灾难，并可能在某
些时候被新的竞争对手取代。然而，鲁棒性最强的商业生态系统会
通过不断自我改造来应对市场灾难，而这种自我改造又往往是靠采
用和开发新技术来实现的。更新率是一个重要指标，在查看更新率
时，应考虑生态系统在自身内部进行技术创新的能力（如微软开发
新的云平台和服务），以及整合外部力量的能力（例如 Facebook 快
速整合 Instagram 和 WhatsApp）。

- **多样性**：尽管鲁棒性和生产力是健康生态系统的要件，但健康生态
  系统的特征并不止这两个。紧密相关的合作伙伴组成了不同社区，
  并在其中联系、协作、学习和共同成长，依靠这些，数字商业生态
  系统蓬勃发展。平台参与者、开发人员、数据或技术服务提供商等
  之间的健康的结构平衡，需要数字商业生态系统加以保护。正是这

种多样性，带来了最佳创新。在数字商业生态系统中，如果合作伙伴过于相似，那么竞争的可能性大于合作，从而导致创新水平降低。反之，商业生态系统将高度多样化的参与者集合在一起，可以达到极高的创新水平，即使是在最传统、历史上竞争最激烈且保护性最强的行业中也是如此。汽车行业是竞争最激烈的行业之一，它与新兴的利基市场（例如技术和电信运营商进入 OEM 拥有的领域）发生了激烈的竞争。[29] 如前所述，汽车行业已开始形成高度多样化的商业生态系统，不再只是转运产品，而是变成了消费者的平台。例如，几乎所有领先的制造商都创建了多种生态系统，将诸多媒体应用程序集成到汽车的内置控制系统之中。由于消费者最终可能会购买自动驾驶汽车，仅"消费者接入"这事儿，就可能价值数千亿美元，该价值由汽车制造商、技术和网络提供商、社交媒体和内容平台、保险公司和消费品公司、监管机构和其他公共领域的组织共同分享。

就像使用平衡计分卡一样，公司可以考虑使用生产力、鲁棒性和多样性，以及任何其他可以反映核心网络动态的参数（如结构和向心性等），来定义另外一套面向生态系统的"宏观绩效指标"，然后定期监测、讨论。财务领导者和财务团队可能并不熟悉这类指标，但由于他们在绩效和风险管理方面具备核心技能和经验，所以，他们能够很好地促进这种对话。这样做，将有助于确保：对生态系统相关的机会和风险予以明确界定、监测，从而加强、保护价值创造过程。

关系管理

数字商业生态系统不仅适用于企业，对于任何与外部组织、人员的关系（范围极广），它都适用，例如学术机构、政府实体、非政府组织以及众多的竞争对手。如前所述，根据麻省理工学院斯隆管理学院和德勤的研究，商业生态系统内协作的性质，往往会因组织自身的数字化成熟度的不同而不同。数字化成熟的组织，倾向于发展更加多样化的关系，更加注重长期合作。[30] 然而，这并不意味着这些"关系"需要正式化。虽然正式的合作伙伴关系在推动合作方面发挥的作用至关重要，并且往往能为形成更广泛的商业生态系统奠定基础，但该研究表明，数字化成熟的公司形成的联盟往往涉及不太正式、不太受控制的关系，并且越来越依靠关系而不是详细的合同进行合作和治理。正如研究报告所概述的那样，牢固的关系可以对能力的"交叉授粉"产生非常积极的影响，进而提高创新、敏捷性和韧性。这意味着，任何一个部件发生了故障，整个系统都不会那么脆弱。提高参与者的自主性确实需要不同形式的治理，特别是需要明确的道德准则和道德底线，以确保自治单元服务于生态系统的总体目标并保护其声誉，这是我们将进一步探讨的一个重要话题。

另一组实证研究表明，在数字商业生态系统中，公司为建立关系做准备、管理其关系的方式，可以对绩效和价值创造产生重大影响。根据 2020 年进行的研究，麻省理工学院斯隆管理学院信息系统研究中心（CISR）的科学家们强调了关系准备（例如，发展独特的价值主张，发展强大和开放的基础设施）和关系管理（例如，制定价值共享和信息交换的联合目标）的重要性。[31] 研究发现，数字准备度排名在前 1/4 的数字商业生态系统，平均市场份额比排名后 1/4 的数字商业生态系统高出 110%。在管理上排名前 1/4 的生态系统，平均市场份额比排名后 1/4 的生态系统高出 128%。

治理和风险管理

当公司决定创建或参与数字商业生态系统时，它们的活动就会变得越来越相互关联，就会无缝跨越全球各个行业、市场。随着创新、协作和数字化互动的速度加快，各个组织也开始越来越多地相互依赖，即使它们形式上是独立的。这些不断加强的联系，可以为参与者、生态系统和经济创造巨大的活力，但也可能带来重大的风险并波及整个系统。这些风险可能是外部风险，例如市场风险或技术风险；可能是与生态系统关键参与者所遇到的生产力问题相关的风险；或者在许多情况下，这些风险是行为风险。麻省理工学院和德勤的研究发现，商业生态系统面临的一部分主要挑战是：参与者之间缺乏一致性，利益实现和分配缺乏透明度，不同合作伙伴之间的文化差距无法弥合，以及保护商业生态系统的健康和信任方面的治理不足。[32]

数字先驱人士比如阿里巴巴的曾鸣等警告说，"永远不要让 MBA 接近一个可以自行运作的市场"，但至少在大多数情况下，似乎仍然需要一定程度的治理——尽管可能不需要详细的双边合同。[33] 最重要的是，所需的治理类型必须创造激励（财务或其他方面均可以，例如社交激励）以促进参与者加入、合作，推动目标的一致性，提供公平规则来分享所选业务和收入模式产生的价值，监控风险以保护生态系统的完整性和健康，从而建立信任；治理的目的绝不是寻求控制。治理的主要目标是促进网络效应，为用户和生态系统参与者创造和分享价值，这些价值，要比企业自己所能实现的更多，要比它们参与其他生态系统所能实现的更多。以苹果应用的生态系统为例[34]；在这里，有（一些，但有限的）合同义务和支持机制，例如，谁可以使用哪些数据，如何将这些数据变现，如何分享收入，包括如何在苹果公司与应用程序开发者之间分享收入——这些都是被管理的。数字商业生态系统的治理，是一门快速演进的学科，随着区块链和智能合约等赋能技术的成熟，它的发展可能会进一步加速。财务部门可能会发挥关键作用，但在大多数情况下，这需要快速开发新的技能和能力才行。

数字生态系统还让另一门学科加速发展，这就是风险管理，特别是预防网络犯罪。每天，阿里云都要拦截 3 亿次暴力破解攻击和 2000 万次网络黑客攻击。[35] 网络风险无处不在，这只是其吓人规模的一个例子。早在 2014 年，德勤的季度 CFO 调查就表明，网络风险正迅速成为 CFO 最担忧的威胁，它已然超越了经济波动、技术破坏和过度监管等其他威胁。[36] 基于对风险价值的考虑，CFO 担心并专注于识别潜在的网络风险，是可以理解的。因为有很大比例的 CFO 也在监督 IT 部门，所以他们同时也在努力权衡、决定：如何运用公司资源投资、把公司资源投向何处。在新的数字商业模式和平台赋能技术（如云和应用程序编程接口（API））方面进行投资，对互联世界中的公司至关重要，但若不悉心管理，则可能很快就会导致灾难性局面。勇敢直面这些"新真相"，对于建立适当级别的治理和风险管理模式而言至关重要。数字生态系统可能不会为 CFO 提供全面的安全保障，但有了正确的治理结构和风险管理能力，安全保障可能会达到一个颇为良好的水平，从而证明投资于创新的数字商业新模式是对的。

伦理

数字商业生态系统并不以传统方式进行竞争，它们改变了传统的竞争规则，不是只改变了一个行业，而是改变了所有行业。[37] 数字商业生态系统一旦达到了一定规模，就可以在一个环境中利用基于网络的客户连接、关系和资产，然后利用它们进入另一个行业，重塑这个行业的竞争性市场结构。占主导地位的数字商业生态系统和网络协调者，能够接触数十亿移动消费者（这是其他产品和服务提供商希望接触到的），并与各行各业的合作企业和组织建立了庞大的网络。这些合作企业和组织，不仅可以利用这些关系来加速目标市场、跨目标市场的业绩增长，还可以影响所有参与者之间的信息流。加入这些网络的用户和合作伙伴越多，企业通过这些网络提供产品和服务的吸引力就越大，甚至是必要的。

通过提高规模回报率、控制竞争瓶颈，一些大型数字企业可以赚取大得不成比例的价值，打破全球竞争平衡，从而变得更加强大。尽管如此，关于数字商业模式监管的辩论仍在进行中——通常争论的是让数字商业平台不受监管，还是对其进行严格监管（例如，将数字生态系统拆分为较小的公司，或严格监管其提供的服务）。那些主张不进行监管的人认为，无论新的数字商业模式可能带来什么样的危害，它们在未来经济和社会效益方面（例如，加速创新、数据和知识共享、协作和价值创造）的潜在作用都会超过其危害，即利大于弊。那些力推监管的人认为，这些数字商业模式是为了挑战经济和社会制度与法律（例如，市场和竞争、领土和税收相关法律）[38] 而故意设计出来的，因此，需要制定新的规则和条例，来确保用户能够在网上获得安全的产品和服务；让企业的线上竞争，能够像线下一样自由、公平。[39] 围观这场辩论如何继续，将会是一件有趣的事情——很可能需要花大量的时间，才能分析、评估、把握好始终不变的经济和社会权衡规律。

无论是否受到监管，数字商业模式都将继续挑战所有行业的老牌公司和市场。数字商业模式必须通过制定负责任的战略和方法来创造与分享经济价值，从而成为解决方案的一部分。公司、政府和社区的领导者以及消费者都应受到教导，以了解数字商业模式如何运作，以及数字商业模式创造了哪些机遇和挑战。这些教导，将使他们能够在塑造互联经济中发挥积极作用，例如，对要加入、支持的生态系统做出深思熟虑的选择——不仅基于经济利益，还基于社会、环境和道德伦理价值。

积极应对挑战

CFO 应做好准备，帮助其公司在快速发展的数字商业生态系统的世界中正确航行。一些 CFO 可能会义正词严地强调参与数字商业生态系统的风险，但是，无所作为带来的日益增长的风险，也不应被忽视。数字商业生态系统必然会变得强大，强大到不容忽视，CFO 需要适应这种变化。这并不意味着 CFO 应无条件支持对生态系统的投资和参与，CFO 应在财务部门发展所需的各种能力，以便对这些新的商业模式进行有效的评估、潜在的管理。

随着互联经济转型的推进，公司必将成为数字商业生态系统的一部分，至少成为一个数字商业生态系统的一部分。很有可能每个企业、每个业务的领导者，都必须准备好：在数字商业生态系统的新世界中有效运作。此外，在所有行业和地区，所有生态系统参与者，尤其是领先的数字商业生态系统中的协调者和中枢，都必须创建和保护适当的标准，以维护我们的全球经济和社会健康，从而为全人类的利益贡献力量。在此过程中，可能会有一个令人兴奋的机会，将人们对数字商业生态系统的普遍看法，从神话和令人焦虑的事转变为一种创造希望的方式——网络的巨大力量可以被人类利用，以应对世界上一些最大的挑战。然而，这需要从不同的角度来理解"共享价值"的含义，或者说理解其可能具有的含义；此外，我们需要认识到，除了保护我们的自然生态系统之外，我们还需要一种更加可持续、更加平衡的创造财富和分配财富的方法——这是本书下一章的重点，也是最后一章的重点。

注释

1　Zeng, M (2018) Alibaba and the future of business, *Harvard Business Review*, September–October

2　Balakrishnan, A (2017) Jack Ma explains the difference between Alibaba and Amazon: 'Amazon is more like an empire', CNBC

3　Jacobides, MG, Sundararajan, A and Van Alstyne, M (2019) Platform and Ecosystems: Enabling the digital economy, World Economic Forum

4　Jacobides, MG, Sundararajan, A and Van Alstyne, M (2019) Platform and Ecosystems: Enabling the digital economy, World Economic Forum, February

5　Iansiti, M and Levien, R (2004) Strategy as ecology, *Harvard Business Review*, March

6　Hagel, J III, Brown, JS and Kulasooriya, D (2012) Performance Ecosystems: A decision framework to take performance to the next level, *Deloitte Insights*, 2 January

7　Jacobides, MG, Sundararajan, A and Van Alstyne, M (2019) Platform and Ecosystems: Enabling the digital economy, World Economic Forum, February

8　Edstrom, D (2013) MTConnect: To measure is to know, p 19, Virtual Photons Electronics, Ashburn, VA

9　Pudin, U, Reeves, M and Schüssler, M (2019) Do you need a business ecosystem?, BCG, 27 September

10　He, L (2018) Alibaba joins Tencent in the exclusive US $500 billion market value club, *South China Morning Post*, 25 January

11　Nayak, M (2014) Timeline: Microsoft's journey: four decades, three CEOs, Reuters, 4 February

12　Reeves, M, Lotan, H, Legrand, J and Jacobides, MG (2019) How business ecosystems rise (and often fall), *MIT Sloan Management Review*, 30 July

13　Weill, P and Woerner, SL (2015) Thriving in an increasingly digital ecosystem, *MIT Sloan Management Review*

14　Straub, R (2019) What management needs to become in an era of ecosystems, *Harvard Business Review*, 5 June

15　Hamel, G and Zanini, M (2018) The end of bureaucracy, *Harvard Business Review*

16　Jacobides, MG (2019) Goodbye business as usual, Think at London Business School

17 Krumwiede, K (2019) Haier's win–win value added approach, *Strategic Finance*

18 Ruimin, Z (nd) Reflections on managing a multinational corporation in China: Business model innovations of the internet era, *AIB Insights*

19 Ruimin, Z (nd) Why Haier is reorganizing itself around the Internet of Things, *Strategy-Business*

20 Ajit, K (nd) The value shift: Why CFOs should lead the charge in the digital age, Deloitte

21 Kane, GC, Palmer, D, Phillips, AN, Kiron, D and Buckley, N (2019) Accelerating digital innovation inside and out, *Deloitte Insights*, 4 June

22 Hagel, J III, Brown, JS and Kulasooriya, D (2012) Performance ecosystems, Deloitte

23 Jacobides, MG, Cennamo, C and Gawer, A (2018) Towards a theory of ecosystems, *Strategic Management Journal*, 39, pp 2255–276

24 Ajit, K (nd) The value shift: Why CFOs should lead the charge in the digital age, Deloitte

25 Drucker, P (2007) *Management Challenges for the 21st Century*, pp 110–15, Routledge, Abingdon

26 Iansiti, M and Levien, R (2004) Strategy as ecology, *Harvard Business Review*, March

27 Iansiti, M and Levien, R (2004) Strategy as ecology, *Harvard Business Review*, March

28 Casagrande, N (2020) A look back at 12 months of partner enablement, SAP

29 Helbig, N, Sandau, J and Heinrich, J (2017) The future of the automotive value chain, 2025 and beyond, Deloitte

30 Kane, GC, Palmer, D, Phillips, AN, Kiron, D and Buckley, N (2019) Accelerating digital innovation inside and out, *MIT Sloan Management Review*

31 Sebastian, IM, Weill, P and Woerner, SL (2020) Driving growth in digital ecosystems, *MIT Sloan Management Review*

32 Kane, GC, Palmer, D, Phillips, AN, Kiron, D and Buckley, N (2019) Accelerating digital innovation inside and out, *Deloitte Insights*, 4 June

33 Reeves, M (2013) Algorithms can make your organization self-tuning, *Harvard Business Review*, 13 May

34 Van Alstyne, MW, Parker, GG and Choudary, SP (2016) Pipelines, platforms and the news rules of strategy, *Harvard Business Review*, April

35 Gilchrist, K (2019) Alibaba Group thwarts 300 million hack attempts per day, CNBC, 16 October

36 Dickinson, G and Kambil, A (2014) What's keeping CFOs up in 2014?, *CFO Insights*, June

37 Iansiti, M and Lakhani, KL (2017) Managing Our Hub Economy, *Harvard Business Review*, September–October

38 Lobel, O (2016) The law of the platform, *Minnesota Law Review*;

Strowel, A and Vergote, W (2016) Digital Platforms: To regulate or not to regulate? European Commission

39 European Commission (2020) Europe fit for the Digital Age: Commission proposes new rules for digital platforms

| 第 14 章 |

多方利益相关者价值

在本书中，我们讨论了 CFO 在互联世界中作为数字化业务转型、业绩增长和绩效管理领导者的作用，或者换句话说，讨论了 CFO 作为"业务价值的架构师"的作用。我们还讨论了互联世界的快速发展如何改变我们的业务和经济运作方式，以及 CFO 需要如何修正传统的观点和方法，从而专注于价值创造和价值保护。然而，我们尚未做的是：后退一步，跳出价值看价值，反思"价值"或"价值创造"的实际含义，或者它可能具有的含义。

因此，本书的第一个主题，有助于我们总结这个探索性的讨论：在互联世界中，CFO 具有不断变化的角色，产生不断变化的影响；这使我们能够将前几章中的发现和见解，置于更广泛的经济和社会背景之中。

为多方利益相关者创造长期价值，乃是共同目标

1970 年，诺贝尔经济学奖得主米尔顿·弗里德曼写道：

企业有且只有一个社会责任——在遵守游戏规则的前提下，运用其资源从事以营利为目的的活动，也就是说，在不蒙骗或欺诈的情况下进行公开、自由的竞争。[1]

此后的几十年里，人们对"价值创造"的理解和关注，都受到弗里德曼这一观点的强烈影响，至少在美国和英国等以资本为主的经济体中是这样。"股东至上"或"股东价值最大化"成为传统的商业智慧，它反映了这种思想：自利的投资者，总想寻求将其资本投入风险报酬率最高的地方。由于债务资本的回报率是固定的，而权益报酬则反映了企业的盈利能力和未来的现金流，因此，股东最适合用此指标来判断企业管理层在业务经营方面是否表现优秀。

1997 年，颇具影响力的商业圆桌会议（BRT），一个由近 200 家美国最著名公司的 CEO 组成的协会，在一份正式签署的公司宗旨声明中庄严载入了"股东至上"的理念。这群高管宣称："管理层和董事会的首要职责是对公司股东负责""其他利益相关者的利益，是公司对股东义务的衍生品"。[2] 自 1978 年以来，BRT 定期发布《公司治理原则》；1997 年以来发布的每一份声明都支持"股东至上"的原则，即公司的存在主要是为了服务股东。

2019 年，BRT 发布了一份新的"公司宗旨声明"，由 181 位 CFO 签署，他们承诺领导他们的公司为所有利益相关者谋福利——客户、员工、供应商、社会和股东。这份新的声明取代了以前的声明，从而标志着，企业从为股东创造价值到为多方利益相关者创造价值的重大转变。[3]

改变的原因是什么？企业应该如何应对？出于多种原因，企业高管

越来越感到需要重新思考企业在社会中的角色定位。社会常态正在发生变化，员工、客户甚至投资者的期望也在快速提高。气候变化、收入不平等、数字商业生态系统呈指数级增长等诸如此类的全球性挑战，动摇了公众对大公司的信心。越来越多的政府领导者、团体、科学家和政治家，要求进行更系统的努力、全球合作和监管，他们强调，单靠以"个人利润最大化"为目标的企业，无法承受或者说无法应对这些全球共同面临的挑战。尽管许多企业高管已经重新阐述了他们各自的企业宗旨，人们还是越来越担心，如果不进行更多的共同努力，我们要想解决威胁地球和人类的问题，还是路漫漫其修远兮。

价值创造的理论体系受到抨击，这已经不是第一次了，这种抨击，不仅来自外部，也来自企业领导者自己。21 世纪初，通用电气前首席执行官杰克·韦尔奇和其他美国商界领袖宣布，将股东价值作为核心战略是"世界上最愚蠢的想法"。[4] 像强生这样的领先公司坚持自己的信条，在"股东应该获得合理回报"之前，加上了"我们为谁服务，就把谁的需求和福利放在首位"。[5] 在欧洲大陆和日本，法律规定公司董事会和高管对更广泛的利益相关者负有受托责任，包括员工（通常由工会代表）、消费者、公司经营所在的社区和政府。

股东至上主义和利益相关者主义之间的辩论，有可能最终成为"非此即彼"的谬误，而忽略了问题的核心。[6] 要成功经营企业，高管需要与一系列关键利益相关者合作。企业必须产生可观的资本回报，以吸引投资者，还要为客户开发创新的产品和服务，为关键的员工提供良好的工作条件和激励，以公平的方式与供应商合作，并履行法律义务。无论盈利能力是首要目标，还是生存的必备条件，经营一个成功的企业始终离不开与多个利益相关者群体的合作。然而，关键的区别在于，公司如何满足营利需求——特别是如何在短期价值创造和长期价值创造之间获得平衡。

在太多情况下，"股东价值最大化"的目标，已经变成了对短期收益的痴迷。为了实现季度利润目标和满足短期投资者的期望，CFO 一直被迫放弃能创造长期价值和繁荣的投资，而这些投资的受益者是核心业务、其他利益相关者和子孙后代。因此，2019 年 BRT 最新声明中最终强调的承诺可能是最关键的因素，在那个声明中，高管们承诺为"我们公司、我们社会和我们国家未来的成功"提供价值。[7]

但这对 CFO 意味着什么？这意味着，虽然个别公司继续为自己的企业宗旨服务，但长期、多方利益相关者的价值创造，应被视为共同的"企业宗旨"——为将 BRT 的声明真正落地，公司可能需要以更全面的视角和方法去创造价值。

创造共享价值

为了实现长期、多方利益相关者的价值创造，公司领导者，尤其是 CFO，需要将以下价值主张整合成一种连贯且有力的方法。几十年来，股东价值一直是 CFO 关注的焦点，它将继续发挥重要作用。正如前几章所讨论的，财务领导者需要更多地关注客户价值驱动因素（如面向客户服务的运营）、员工价值驱动因素（如加速学习）和生态系统价值驱动因素（如网络效应），这些价值驱动因素是快速演变的。此外，CFO 将不得不付出更大的努力，将资本与投资的积极方面与社会进步重新连接起来，并予以整合——这种努力，必须远远超出对企业社会责任或企业慈善事业的常规承诺（见"企业社会责任及其他"）。

哈佛商学院教授迈克尔·波特提出了"创造共享价值"（CSV）理念，这是一种很有前途、越来越被认可、被越来越多企业采用的方法。

在 2011 年发表的一篇开创性文章中，迈克尔·波特和马克·克莱默介绍了"共享价值"原则，即"通过满足社会需求和应对社会挑战，为经济创造价值，同时也为社会创造价值"。作者进一步强调，CSV 不是要说明"社会责任、慈善事业或可持续性，而是要说明公司实现经济成功的新途径"。[8]

CSV 理念基于这样一种信念：企业作为企业，而不是慈善捐赠者，如果能够秉承整体价值创造理念，而不是狭隘地关注短期利润，那么企业就能成为最强大的力量来解决重大经济和社会问题。共享价值的核心理念和原则并不是无人知晓的全新概念。领先的全球公司已经开始做出诸多重要努力，通过重新认识客户导向、社会和企业绩效三者之间的交叉点来创造共享价值。它们的举措范围，从重新聚焦于客户服务和产品组合，到重组价值链、创建本地生态系统。

CSV 是推动、整合商业和社会价值创造的一种方法，但人们对其潜力的认识仍然有限，在撰写本文时，对其核心原则的运用，仍处在初级阶段。创造共享价值需要新的管理技能和组织能力，尤其是这种能力：更深入地了解我们所面临的环境和社会挑战，更好地理解公司如何在获得优异利润的同时，大规模地帮助应对这些挑战，以及跨越营利和非营利的界限进行合作，以产生真正的影响。

最重要的是，CSV 代表了一种新的思维方式，当高级领导者对我们所面临的环境和社会挑战有了更深入的认识，更好地理解了公司如何在保持商业成功的同时帮助解决这些挑战，以及企业跨越营利和非营利的界限开展合作以产生真正影响的能力时，CSV 就出现了。这种思维方式，可以在互联世界中为企业的转型、绩效和增长创造全新的重大机遇，同时通过建设企业来帮助解决全球问题，从而造福社会。虽然这些机遇因行业、公司、地理位置而异，并取决于公司的重点业务与社会问题的交

叉方式，但它们往往属于以下三个领域之一：[9]

- 重新审视产品和市场，从中创造共享价值，需要重点提高公司的这一方面：产品和服务带来环境、社会或经济发展效益，从而带来业绩增长、市场份额和盈利能力。制定一项战略来释放这些效益，往往要做到：根据社会弊病或未满足的需求来定义新市场或细分市场，一旦明确定义，就可以通过新的服务或创新的产品有效地满足这些需求。例如，阿迪达斯公司已与诺贝尔奖获得者穆罕默德·尤努斯的小额信贷组织格莱珉银行合作，为孟加拉国的穷人生产一款低价鞋。尤努斯说："这种鞋，对穷人来说是便宜的，他们买得起，而且可以保护人们免受疾病的侵害。"[10]

- 重新定义价值链中的生产力，以创造共享价值，其重点在于改进内部业务运营；例如，通过改善环境、提高资源利用率、对员工投资、优化供应商能力等方面，优化成本、质量和生产率。解锁共享价值的活动，可能需要公司（或其供应商）消除其价值链中的环境和社会障碍，以提高生产力。例如，世界上最大的酒店公司洲际酒店集团（IHG）启动了"绿色环保参与计划"，以减少其环境破坏和能源消耗。[11] 该集团采用了共享价值理念，来辨认、优先考虑、跟踪各酒店提高资源效率和降低成本的机会，并使用在线工具，以不断增长的方案采用者为基础，更新实际的共享价值回报金额。

- 对当地社区、供应商和基础设施进行投资，从而改善企业的外部环境，继而提高企业的生产力，然后促进当地社会发展，并从中创造共享价值。例如，诺华公司多年来一直在印度销售药品，重点在基础设施完善的大城市销售。[12] 然而，诺华公司意识到，印度70%的人口生活在农村，这些人通常得不到服务。自2007年开始，诺

华公司雇用、培训数百名健康教育工作者（通常是当地妇女），以
增加人们的基本健康医疗常识，并建立了系统，向 50 000 家农村
诊所分销药品。该公司与医生、医院和非政府组织合作，为村民组
织"健康营地"。到 21 世纪 20 年代初，该计划为居住在 33 000 个
村庄的 4200 万人提供了更好的医疗服务，并在 30 个月内实现了盈
利，销售额增长了 25 倍。

正如迈克尔·波特和马克·克莱默在 2011 年强调的那样，在实践中
应用 CSV 原则可以帮助公司在某一领域创造价值，并在其他领域创造新
的机会，由此形成一个良性循环——创造社会价值可以推动商业价值，
反之亦然。[13] 共享价值理念，不是要把已经创造的价值进行再分配，而是
要做大经济、生态和社会价值的"总蛋糕"。

当公司抓住机会，以更加一体化的方式为企业和社会创造价值，并
且价值创造使得企业彼此促进共同发展时，业务重点就可以从被动的风
险规避转向主动的业务发展，从口头报告转向实际行动。社会价值创造
不再仅仅是对实现短期利润产生的负面影响的"附加"性合规要求或业
务成本，而是成为长期业务价值创造、战略和转型的重要方面之一。这
是重要的见解和经验，值得进一步探索，因为它使企业能够在互联世界
中创造可持续增长的机会，同时为应对重大社会挑战（包括可持续发展、
防止气候变化等最紧迫的问题）做出更大贡献。

企业社会责任及其他

企业社会责任（CSR）理念的根源出现在工业革命期间。当时，企业
开始对慈善事业进行战略性投资，在大多数情况下，这被视为企业经营
所必要的"附加"成本，以获得经营许可。[14] 随着弗里德曼 1970 年的文

章的发表，关于"企业在社会中发挥什么作用"的讨论活跃起来，并且自 2019 年发布 BRT 声明之后，这一讨论以指数级的速度改变和发展。在弗里德曼的文章和 BRT 的声明之间的半个世纪里，企业社会责任的理念开始流行。

CSR 经常被定义为可持续的、具有社会意识的企业实践的综合概念，为企业提供了一个可行的途径，使其更具社会责任感，并以不会对广泛的社区、员工、消费者或环境产生负面影响的方式运营。企业慈善家主要关注的是赞助与企业无关的公益事业，而 CSR 运动开始探索这类机会：用企业自身"为社会和环境做好事"。然而，在实践中，许多这类举措都是以"抵消"的心态进行的，这意味着，一家企业试图在一处做好事，以弥补在另一处造成的伤害——就好像企业的排放、污染可以通过做社会慈善来抵消一样。此外，在大多数公司中，企业社会责任举措发挥的作用相当小。小型企业倡议、志愿服务、宣传日和员工福利都属于企业社会责任的范畴，回收政策、努力减少碳排放也包括在内。企业社会责任的范围很广，完全是自我管控的，通常没有跨组织的协调，因此也不成规模。当然，并非所有的企业社会责任活动都是错误的，但是，如果企业社会责任计划仅仅是为了在年度报告上获得认可，或是为了抵消其不可持续做法的后果，那么，这对人类和地球造成的伤害可能大于创造的价值，同时为企业的短期主义提供了方便的借口。

尽管如此，但商业世界已经向前发展。1987 年，联合国世界环境与发展委员会发表了一份名为《我们共同的未来》的报告，该报告提出了可持续发展的理念，以及与之相关的可持续商业理念。该委员会将可持续发展定义为："既满足当代人的需求，又不损害后代人满足自身需求的能力"——这是一项重要的原则性声明，但对企业如何在实践中设计、实施可持续发展，几乎没有提供指导。[15]

为了给实施工作提供指导，联合国首先在 2000 年制定了"千年发展目标"（MDG），随后在 2015 年制定了 17 项"可持续发展目标"（SDG），作为联合国《2030 年可持续发展议程》的一部分。可持续发展目标的设定，解决了相当广泛的、相互关联的系列全球问题，其中包括与贫困、不平等、气候、环境恶化、繁荣以及和平与正义相关的问题，强调了有必要开展全球和跨领域的合作，以汇集必要的知识、技术、金融资本和政治能力。

可持续发展目标确认了企业在实现 2030 年议程方面必须做出哪些重要贡献——从提供资金到提供解决可持续性问题的产品和服务。为了防止全球变暖，同时保护全球经济增长，以服务于迅速增长的全球人口，并帮助数百万人摆脱贫困，需要将碳排放量大幅减少直至"净零"，这是一个决定性的挑战。如果不能应对这一挑战，就可能会扩大一系列可持续性风险。

企业面临着越来越大的压力，需要做出回应——不仅从报告和合规方面来回应，还要从企业战略角度来回应。主要利益相关者群体（包括消费者、员工、监管机构和投资者在内）的综合反应表明，可持续发展的势头正要达到一个临界点。

消费者

消费者，尤其是年轻一代，其偏好和购买行为，越来越倾向于可持续产品和服务。"2019 年德勤全球千禧一代调查"发现，42% 的千禧一代表示，由于他们认为某些公司的产品或服务对社会和 / 或环境有积极影响，他们已经和这些公司开始了或加深了业务关系。[16] 多项研究表明，超过 2/3 的消费者在做出购买决策时会考虑可持续性，并愿意为可持续产品和品牌支付更高的费用，[17] 其中 Z 世代购物者在这方面占主导地位。[18]

员工

员工，正逐渐成为一个越来越有发言权、越来越有影响力的利益相关者群体，他们推动着公司的业务战略走向可持续发展。如果不能满足员工对可持续发展的期望，那么公司将在吸引、留住、激励现有和未来人才方面面临越来越大的困难。德勤之前进行的调查发现，千禧一代和 Z 世代对大胆解决他们深切关注的环境和社会问题的雇主表现出了更高的忠诚度。一项研究发现，近 40% 的千禧一代选择一份工作，是因为公司对可持续发展的承诺，[19] 还有一份研究报告显示，超过 60% 的千禧一代表示，他们不会在不致力于可持续发展的公司工作。[20]

监管机构

各国政府和跨国组织越来越多地利用监管机构敦促公司采取更可持续的商业实践。例如，在法国，2017 年批准的法规要求跨国公司识别、阻止其自身活动以及其分包商或供应商的活动对可持续发展造成的不利影响。[21]

投资者

投资者越来越多地将资金改投到可持续投资基金。在 2019 年联合国年度气候大会上，630 多名投资者签署了一份声明，敦促公司采取更有力的行动应对气候变化，他们合计管理着超过 37 万亿美元的资产。[22] 拉里·芬克，全球最大的机构投资者贝莱德集团的 CEO，在 2020 年"致 CEO 的年度信函"中，敦促各公司面对"新的气候现实"，指出气候风险会带来投资风险，因此，各组织应准备应对"重大的资本重置"。[23] 芬克表示，随着投资者和企业转向低碳经济，未能将可持续发展和气候因素纳入业务考量的公司，可能会被甩在后面——非可持续发展的企业在短期内可能更有利可图，但从长远来看，负外部性可能会破坏股东价值。

所有这些反应，都将可持续发展升级为企业高管们的优先应对事项。关键利益相关者的态度转变，不仅反映了商业风险，而且蕴含着重大机遇，这使得企业必须将可持续发展置于其战略的核心。

那么，企业领导者对此有何反应？为了解企业领导者在气候变化问题上的优先事项和关注之事，德勤在 2020 年和 2021 年对全球领先企业的高管进行了调查。[24] 最新的调查结果于 2021 年 3 月发布，代表了 750 名被调查者的观点。2021 年的这项调查发现，超过 80% 的高管对气候变化表示"关注"，这与 2020 年的调查结果相似。超过 1/4 的高管对气候变化"极为关注"。从地理角度来看，美国、英国、中国和澳大利亚的高管最关心气候变化（这些国家 80% 以上的受访者表示关注或非常关注）。

近 60% 的高管认为，世界正处于应对气候变化的临界点。尽管目前形势严峻，但希望仍存，63% 的高管认为立即采取行动仍然可以限制气候变化的最严重影响。1/3 的高管认为，世界已经到了不可逆转的地步，他们表现出更强的紧迫感，即主张应该赶在为时已晚之前应对气候变化。

根据 2021 年的调查，超过 1/4 的企业受到气候变化的影响。环境问题成为被提及最多的影响企业运营的问题，因为气候相关事件日益扰乱全球商业模式和供应网络。资源稀缺和资源成本仍然是首要问题。

然而，2020 年和 2021 年的调查也表明，可持续发展仍然被视为"附加的成本"，而不是企业战略和企业转型的组成部分。[25] 但在 2021 年的调查中，各公司不仅表示关注可持续发展，还有 46% 的公司表示，其可持续性努力直接对收入增长和盈利能力产生了积极影响，并对客户满意度（49%）、员工招聘和保留（47%）以及品牌认可度（38%）产生了积极的影响,这真是令人惊讶。

虽然大多数高管都认识到可持续性努力的价值,但这两项调查都表明,短期思维对其产生了阻碍,新冠疫情的经济影响进一步放大了这一普遍趋势(企业需要关注短期利益,这成为可持续性努力的首要障碍,所占调查比例从 2020 年的 30% 上升到 2021 的 37%)。[26] 当被问及从环境可持续发展的角度来看哪些行动最具影响力时,高管们强调:需要采取集体行动、集体参与,并以更广泛的教育为后盾,以促进科学的气候研究为后盾。

开拓可持续商业转型

为了寻找已采纳并应用综合方法创造价值的公司,匹兹堡大学可持续发展与伦理系主席、可持续商业圆桌会议创始人巴塔查里亚教授,找到了几家能够通过推动可持续商业变革创造重大经济和社会价值的企业。

这些企业,将可持续性和社会福利视为商业机会,而不是威胁或义务。它们正在进行战略投资,来开发新的商业模式、新的产品和服务、商业网络和生态系统以及商业能力,所有这些,都将使它们能够更快、更有效地应对多个利益相关者群体对可持续商业日益增长的需求 [27](见"企业社会责任及其他")。正如巴塔查里亚教授在《小行动,大差异》一书中所描述的那样,他的研究表明,许多这样的企业之所以脱颖而出,是因为其高层领导已经完全掌握了控制权,将可持续性作为企业战略级别的优先事项,并据此对企业进行了相应改造。[28] 此外,这些高层的业务和财务领导者,能够将其主人翁精神和普遍联系的理念,扩展和渗透到整个企业以及企业外部，具体如以下两个例子所示。

例 1：并非所有利润都是有价值的

意大利跨国能源公司意大利国家电力公司（Enel Group）的 CEO 弗朗西斯科·斯塔雷斯仍然记得他第一次反思这些问题的时候：能源公司为什么要做它正在做的这些事，为谁做，为了什么目的而做。[29] 斯塔雷斯开始相信，能源企业的目标，并不是提高消费者对电力的需求以产生短期盈利，因此，他拓展了对企业目标和责任的看法，他的新观念超越了利润范畴，并走上了一条不凡之路，将 Enel Group 从一家传统的电力公司，转变为全球领先的可再生能源发电厂。

能源是社会和经济发展与增长的重要推动力，但有研究估计，全球仍有超过 7.5 亿人无法用电。[30] 虽然许多组织努力扩大能源供应以助力实现发展目标，但使用不可再生技术会导致温室气体排放，并推动气候变化。在斯塔雷斯的领导下，Enel Group 制定了新的商业战略，该战略涵盖了商业、数字化和可持续发展转型的关键方面，并将这些整合在一起，通过提供低价、可靠和清洁的能源来应对挑战，同时保护环境和当地社区。

Enel Group 应用共享价值理念和思维确定哪些措施可以加快集团转型进程，然后优先对其进行投资。根据斯塔雷斯的说法："通过应对价值链所有环节的社会挑战和环境挑战，共享价值方法成为开启新商业机会的关键。"[31]Enel Group 发现，把追求长期财务利益和追求更高的社会目标相结合，可以显著促进可持续增长和价值创造。[32] 基于这一理念，Enel Group 引入了可持续性挂钩债券（SLB）的概念。与绿色债券不同，SLB 并非仅限于单个项目，还有就是，如果公司达到与联合国可持续发展目标（SDG）相关的特定绩效指标，SLB 将支付更高的利息。正如 Enel Group CFO 阿尔贝托·德·保利解释的：

> 可持续性与价值创造之间有着明确的联系，因为，通过投资于从社会和环境的角度来看可持续的产品，企业可以最大限度地提高产品质量、降低风险，同时帮助企业实现可持续发展目标。

与此同时，Enel Group 决定在其核心业务流程、运营的数字化方面进行重大投资，使集团能够转变为数字商业平台和生态系统，以提高效率、灵活性和创新能力，从而巩固其运营的可持续性。

随着 Enel Group 业务转型的步伐不断加快，斯塔雷斯于 2020 年 11 月宣布 2030 年 Enel Group 的愿景：可再生能源投资更上一层楼，使用可持续融资工具，目的在于"进一步推动能源消耗和业务平台的脱碳及电气化，为所有利益相关者创造可持续的共享价值和中长期的盈利能力"。[33]

例 2：并非所有增长都是可持续的

联合利华前 CEO 保罗·波尔曼，是创立、实践以多方利益相关者为导向的管理思想的先驱，他说："企业本身需要成为解决方案的一部分。在一个赋予企业最初生命的系统中，企业根本不可能成为一个旁观者。我们必须承担责任，这需要对我们的商业模式进行更长期的思考。"[34]

2014 年接受采访时，波尔曼解释了在他的领导下，联合利华如何探索新的方法，在平衡可持续和公平增长的同时，为股东创造长期财务回报。

波尔曼说："第一件事是心态。"2009 年 1 月，他接任 CEO 时，就计划将营业额翻一番。在经历了 10 年的零增长期并受到来自股东的巨大压力之后，让企业重新聚焦于增长至关重要。波尔曼继续说道："第二件事是企业的增长模式。我们把此事弄得很明白，我们需要以不同的方式思考资源的使用，并制定一种更具包容性的财务增长模式。"[35]

2010 年，联合利华创建并推出了"联合利华可持续行动计划"(USLP)，该计划是核心商业模式，也是核心战略，它通过服务社会和地球实现可持续和公平的增长；世界资源日益受限、不平等日益加剧，这是挑战也是机遇，该计划就是对这些挑战和机遇的回应。USLP 旨在证明联合利华的增长目标可以与环境破坏脱钩，同时产生积极的社会影响。为了实施新战略，公司采用了一系列明确定义的长期承诺和目标，这些承诺和目标反映了公司在整个价值链中的经济、环境和社会绩效愿景。

联合利华 2010 年引入的财务增长模式，强调了这一承诺：将可持续性置于公司长期价值创造战略的核心（见图 14-1）。可持续发展品牌越受欢迎，公司的发展就越快；公司管理资源的效率越高，成本和风险就越低，就可以将更多的资源用于推动可持续创新。然而，正如波尔曼所强调的，根据我们在前几章中的讨论，对长期增长和价值创造更加重视，并不意味着减少对运营绩效完成情况进行追责的重视，而是提供了一个明确的参考点，从中推动绩效提升。

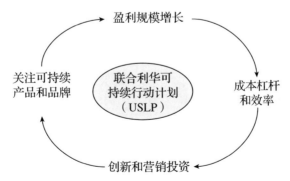

图 14-1　联合利华以可持续发展为中心的增长模式（示意图）[36]

"USLP 是我们的商业模式。它不是企业社会责任计划；它是我们运

营方式的一个组成部分，并带来了可衡量的商业利益。"联合利华CFO
格雷姆·皮特克特里在2016年的一次采访中如此解释，他强调了关键绩
效驱动因素，包括可持续品牌的卓越增长、通过消除运营浪费和提高效
率降低成本，以及由于供应链更加一体化而降低投入风险。[37] 这些有助于
联合利华大大提高信任度、对员工的吸引力和员工的积极性。

就在我开始写这一章的时候，联合利华在2020年5月庆祝了USLP
实施的第十年，也是最后一年。回顾往昔，联合利华新任CEO阿兰·乔
普评论道："联合利华可持续行动计划改变了我们业务的游戏规则。在过
去，有些目标我们实现了，有些没有实现，但如今，我们已然成为一家
更勇于尝试的企业。"此外，他还说，虽然全球化通常对联合利华这样的
大公司有利，但它绝不能以牺牲人类和地球为代价。[38]

可持续性是长期价值创造的关键驱动力

Enel Group和联合利华等公司的成就和经验表明，尽管银行业危机
和新冠疫情造成了经济波动，但对可持续增长的承诺却可以成为长期
增长和价值创造的关键驱动力。在波尔曼任职期间，联合利华实现了
持续的收入和利润增长，实现了290%的股东总回报率（2009～2019
年）。[39] 自斯塔雷斯担任Enel Group的CEO以来，该公司的股价大约翻
了一番（2014～2020年）。

正如这两个例子所表明的，多方利益相关者的价值创造，可以而且
应该与企业的社会责任和慈善倡议有很大的不同，因为它强调社会创新
和福利是经济创新的源泉，反之亦然，多方利益相关者的价值创造可以
带来可持续的经济增长和盈利能力。其目标是使企业通过造福社会来赚

取利润，而不是要求企业补偿其造成的损失，或者重新分配以伤害社会为代价所赚取的利润。虽然股东价值最大化的传统定义表明，资本市场是一场零和游戏，在这场游戏中，公司的胜利意味着社会的损失，反之亦然，但共享价值创造原则或一般意义上的多方利益相关者价值创造原则，却以完全相反的情况作为前提假设。如前所述，多方利益相关者价值创造意味着每个人都必须共同努力并取得胜利：公司需要健康的客户、员工和社会，客户、员工和社会也需要健康的公司。我们都是同一个经济、生态和社会系统的组成部分，我们在这个系统中相互关联、相互依存。

大多数公司都不以这种方式开展业务，但 Enel Group 和联合利华的故事表明，变革不仅是必要的，还是可能完成的。正如波特和克莱默概括的那样：

> 社会目标，包括赚钱盈利的目标，代表了一种更高形式的投资理念——它将使社会进步更快，同时允许公司发展更快。其结果是形成公司兴旺和社区繁荣的良性循环，从而带来持久的利润。[40]

欠缺集体进步

遗憾的是，Enel Group 和联合利华的成功故事，只代表了少数先驱公司。只要随便翻看上市公司的年度报告就会发现，只有少数公司完全接受"可持续发展能力是创造长期价值的机会"，并将可持续发展纳入自身业务战略和转型进程。如此缺乏认识，缺乏一体大局观，不仅会错失商业机会，还给社会带来了挑战。

　　甚至还可能存在这样一种风险：如果在协调绩效指标和报告标准这方面取得良好进展，可能会导致公司继续专注于自我满足的报告，专注于自我满足的合规要求，而不去花时间重新设计基本业务战略，也不去仔细考虑它们所处的更广泛的生态系统。[41] 然而，系统思维、网络思维都曾教给我们，为了推动有影响力的变革，我们需要超越组织边界和时间维度，以扩展视角、扩展关注面和责任感，从而观察、影响不断演变的整体系统。这样做，且只有这样做，我们才能完成有影响力的变革。这听起来颇为复杂，但只有通过集体责任、领导能力、实际行动来解决系统整体的问题，才能实现系统性变革。注意力仅仅局限于满足自己的需求，雄心仅仅局限于不伤害别人，或者，依靠少数人的力量来实现全部变革，都是不够的。

　　尽管少数公司的进展令人鼓舞，但我们的进展还远远不足以应对最紧迫的社会挑战，这其中就包括气候变化。根据联合国环境规划署发布的《2020 年排放差距报告》，新冠疫情造成经济放缓，由此导致温室气体排放量下降，但尽管如此，在 21 世纪，全球仍将面临 3℃以上的灾难性升温，远远超出《巴黎协定》的目标。[42] 虽然已有具体的例子、明确的信号表明取得进展还是有可能的，但是，迄今并没有证据表明，世界各地的政府和企业正在共同努力，使全球减排走上正轨，以实现与 1.5 ～ 2.0℃升温相关的 2050 年排放和脱碳目标。[43] 企业可以共同做些什么，来推动变革？

21 世纪经济学家思维

　　对于业务和财务领导者来说，对 21 世纪的经济思维做更深的了解，变得至关重要。贯穿于本书的设计、系统和网络思维之间的许多相似之处和联系点，经济学家凯特·拉沃斯在《甜甜圈经济学》一书中对其做了强调。

她认为，我们难以平衡经济繁荣与可持续发展的原因，本质上是设计问题。老牌公司的主导商业模式，遵循的是工业设计，而这种工业设计已然退化。这种设计的基础是管道价值链：我们开采自然资源来制造产品，再将产品输送给消费者，消费者就会消耗掉这些产品，并将剩余物扔掉。这种模式，会逐渐耗尽管道价值链赖以存在的系统。虽然这种模式带来了显著的经济增长，但其设计却有根本性的缺陷，因为地球只有通过循环利用碳、氧、水等生命要素才能生存，而这种设计却不断削弱这样一个有生命的星球。我们的商业模式和经济模式，打破了地球的再生循环——我们正在"耗尽大自然的资源，并将太多的残余废物倾倒在大自然的洗碗池中"。[44]

传统经济学已经认识到这些"负外部性"，并引入政策、配额和税收手段，来解决这些问题，这可以缓解对大自然的压力，但尚不足以改变我们的商业和经济模式。从系统思维的角度来看，此类政策提供了一个薄弱的杠杆点。为了推动变革，我们需要改变一个系统的样式、目标、增长战略和责任，根据凯特·拉沃斯的说法，这可以解锁重要的经济和社会机会。

根据拉沃斯的说法，当老牌公司第一次意识到其商业和行业设计已然退化时，它们的第一级反应是什么都不做。只要环境税无害于公司的利润，就不用改变商业模式。它们最常见的第二级反应是什么动作有回报就做什么；这些动作可能包括减少排放、浪费以提高效率，追求绿色品牌以吸引愿意为环保产品额外付费的顾客。它们的第三级反应是承认对环境的所有损害，承认必须改变，去做应做之事，但通常并不打算改变其业务的管道模式。它们的第四级反应是无害，通常被称为"净零"

(net zero)，它标志着一场变革，从工业模式转型为可持续的商业战略、商业模式。然而，这种做法意味着公司将不再为社会做慈善，也不再使用新的商业模式发展业务去补偿世界。因此，从经济和社会的角度来看，第五级反应是慷慨，这是最合乎逻辑、最具价值的选择。这需要一个设计好的转型，从退化的商业模式转型到再生的商业模式，允许公司以这种方式繁荣发展：公司回馈大自然，但不是为了让社会回归最好的自然环境而付出更多代价。换言之，这种模式"让我们承担应有责任，让世界变得更美好"。当企业遵循第五级反应的思维模式和设计时，经济开始从退化设计过渡为再生设计，或通常所说的循环经济（这种经济模式，旨在利用可再生资源和能源，不断将材料转化为有用的产品和服务）。

推动影响力强大的规模化变革

推动变革，扩大变革的规模和影响程度，从而推动围绕可持续发展和气候改善的系统进步，并非易事，任何一个组织都无法独自实现。即使是参与度最高、最领先的全球性组织也面临着重大障碍，比如政府政策和文化规则。这些障碍通常很复杂，超出了任何一家公司的影响力和控制力，正因如此，公司必须与多个利益相关者和部门开展更紧密的合作。消费者、供应商、同行和竞争对手、政府、非政府组织和社区，都可以发挥重要作用——然而，在没有共同平台或机制的情况下，它们常常孤军作战，甚至可能彼此背道而驰。

为了克服这些障碍，先驱组织已经开始以公共方式，或者以私人方式组建联盟和生态系统。在本书行文之时，这些合作中有许多还处于初始阶段，但它们确实创造了很好的机会去应对互联世界中最复杂的社会挑战：它们创建新的商业生态系统来推动循环经济，通过交换数据来应对可持续性挑战。

加快发展循环经济

在食品行业，例如达能，该公司设立了一个 1 亿欧元的生态系统基金，用于开发和测试再生商业模式。[45] 再如玛氏公司，在传统渠道难以触及的贫困城市和农村地区，与微型企业形成合作生态系统，增加了市场机会。[46] 又如雀巢，它是共享价值的先锋倡导者，于 2019 年成立了包装科学研究所，与供应商、研究机构和初创企业一起开发、测试环保包装材料和系统，旨在到 2025 年使其包装 100% 达到可回收或可重复使用。[47] 达能、玛氏、雀巢和联合利华，共同建立了可持续食品政策联盟（SFPA），这是一个商业生态系统，它要为可持续发展的关键驱动因素制定食品相关规则，SFPA 有把整个行业向循环经济推得更近的雄心。[48]

利用数字商业生态系统

为解决可持续性问题，要开发创新的商业模式、产品、服务和其他解决方案，这需要把范围广阔的、源自公共和私人的数据予以集中、共享，并快速交换见解以加速学习。2020 ～ 2021 年间，新冠疫苗的快速开发只是最新的一例，说明了当全世界公共和私营组织开始以新的方式合作和学习时，世界可能会发生什么。

以数据共享推动可持续发展是机遇也是挑战，为应对此事，2019 年，联合国启动了"全球脉搏"计划，这项举措，通过全球数字实验室网络，加速开发、发展和负责任地使用大数据和人工智能的创新和政策，以促进可持续发展。[49]

公司有机会（甚至有义务）创建、加入、丰富、利用数字网络与生态系统，为数据共享、学习和协作过程做出贡献，并在可持续发展转型中增强其他组织的能力。

如前一章所述，数字商业生态系统强大而独特，能够通过共享目标、加速学习和其他方式推动合作。数字商业生态系统可以提供框架和治理结构，以巩固可持续性创新，确定优先领域和领先的行动实践，并将公司与公共和私人合作伙伴、技术提供商联系起来。随着人工智能、物联网和区块链等技术的激增，公司应准备探索、利用以可持续性为导向的创新路径。公司不应局限于推动自身的数字化业务转型和价值创造，还应创造能够应对社会挑战的商业模式。例如，唯链公司创建了一个"数字低碳生态系统"，这是一个利用了区块链和物联网的数字平台和市场。当消费者参与低碳行动（例如购买低碳产品）时，他们能够获得碳减排信贷，这可以从零售商或金融服务提供商等其他生态系统合作伙伴那里兑换到利益。

重新定义互联世界的业务转型战略

正如本章中的探究和举例所示，越来越多的企业将会发现，可持续性是（数字）业务转型的主要驱动力。通过从价值创造、创新驱动的增长和绩效改进的视角来观察可持续性，企业将学会运用创造力和能力去应对重大的社会和环境挑战，同时也创造新的商业机会，加快商业模式和工作方式的转变（包括前几章所述的许多方面）（见图 14-2）。[50] 在这种情况下，可持续性转型（无论是否采用技术）成为数字成熟度的重要方面和主要驱动因素，换句话说，这是一个组织适应互联世界快速发展环境的能力。

来自……

转向……

以风险和合规为导向。公司仅从风险和合规的角度看待可持续性，专注于防止可能损害利润可持续性的相关威胁

以机遇和增长为导向。公司从增长和机遇的角度看待可持续性，重点关注可持续性如何推动战略收入和利润增长

利润驱动。公司专注于为股东带来财务回报。推动决策的是短期利润最大化

目的驱动。公司注重长期的多方利益相关者价值。指导战略和决策的是目标和可持续性

以企业为中心。公司专注于内部。与外部利益相关者（如客户、供应商或社区）的互动是交易性的，而非互惠性的

以生态系统为中心。公司的重点超越了传统的组织边界，涉及协作生态系统，认识到公司与多个外部利益相关者的系统相互依赖

防护式。公司不披露有关其可持续发展绩效的信息，不共享可能暴露公司知识的数据、网络和生态系统

透明化。公司采用数字技术实现数据共享、彻底透明，以加强生态系统层面的协作和集体学习

线性模式。公司对资源的利用采取线性的"获取—制造—消费—浪费"方法。原材料被转化为产品，产品在其生命周期结束后被丢弃

循环模式。公司努力采用循环模式，以防止浪费，旨在逐步将业绩增长与原材料消耗脱钩，以保护有限的资源

图 14-2　可持续性转型方法的标志性关键转变（示例）[51]

CFO 是可持续发展转型的催化剂

在塑造和推动可持续经营战略方面，CFO 发挥着关键作用——确保可持续发展的方法不仅仅局限于报告和合规要求，还要成为长期、多方利益相关者价值创造的驱动因素。可持续性投资，不应被财务领导者视为"附加"成本，而应被视为在互联世界中推动业务转型、绩效提升和

企业增长的机会。对于 CFO 来说，以下步骤至关重要：

- **新的绩效范式**：CFO 的首要也是最重要的任务是（再次强调）改变现有的思维模式和关于价值创造的基本假设。许多高级领导者都接受过要追求股东价值的教育，所以他们把可持续性视为外部强加的义务和成本。迄今，这一观点在许多组织中仍然普遍存在。这一思维模式正在发生变化——这种变化可能仍然过于缓慢，但进展是稳定的，而且越来越集体化、越来越明确。正如 2019 年商业圆桌会议（BRT）的"公司宗旨声明"所表明的，同时还有利益相关者需求的不断变化，以及越来越多的例子，CFO 必须与其他董事会成员和高层领导密切合作，审查公司的业务战略、投资者陈述和资本分配战略，以反映可持续性带来的日益增加的压力和机遇。

- **新绩效目标**：为了将组织重点从短期"股东价值最大化"转变为长期"多方利益相关者的价值创造"，CFO 必须定义新的、易于理解的、鼓舞人心且可实现的绩效目标。围绕绩效的不同言论可能有助于引入新的价值创造方法，包括外部绩效说明和内部绩效对话。财务领导者要能解释社会、生态和经济价值创造如何相互支持——在理想情况下，这些要素是相互加强的。

- **新绩效对话**：新的以可持续性为导向的绩效战略必须充分植入绩效对话的各个方面。战略绩效对话的内容包括增长模式、责任模型（包括制定个人和团队的目标与激励措施），当然还包括主动风险管理的所有方面。关于运营绩效对话，CFO 可以应用本书第 8 章中介绍的多种非传统规划实践，包括放大 / 缩小和情景规划，以确定一系列能加快公司可持续发展进程的举措。动态预算分配，可用于鼓励创新、实验、持续学习和持续改善。所有这些步骤都需要得到增强的绩效跟踪解决方案的支持，以及监测和分析与可持续性相关的投资杠杆、绩效驱动因素和绩效结果之间相互关系的能力（如第5 章所示）的支持，从而实现以事实为基础的决策和团队学习。

- **新的商业模式和新的能力**：CFO 必须关注实现可持续商业转型所需的结构性变革。他们必须特别关注新的核心流程（例如，在核心端到端流程中嵌入可持续性目标和控制）、数据（例如，新的非财务数据集，能支持可持续性报告和分析）和能力要求（例如，建立组织全局意识，获取专业知识，以识别和把握以可持续性为导向的价值机会）。在企业内部构建所有这些能力，或许不一定是可行的，也不一定是可取的，而通过与（数字）商业生态系统中的其他组织合作，有可能会有机会付出更少的成本而实现更多的能力。

- **新的绩效文化和领导力**：CFO 在创建可持续发展的绩效文化方面发挥着重要作用。"实现可持续发展需要什么？"巴塔查里亚教授问。可口可乐公司（现为可口可乐欧洲太平洋合作伙伴公司）前CEO 约翰·布罗克回答："最重要的是，领导者必须决定什么对他们来说是重要的，然后持续不断地进行沟通并采取行动。"布罗克补充道："我没有一次演讲不谈及可持续性，坦率地说，我的任何高级团队成员也都每讲必谈。我们是在不停地砰、砰、砰轰炸听众。"[52] 他说，领导者要推动变革，可以提出问题，要求为可持续的未来确定具体的优先事项。例如，在未来，什么推动增长、谁推动增长？我们的客户、员工、供应商和投资者希望从业务发展中获得什么？应鼓励领导团队思考：利益相关者的需求不断变化，对企业意味着什么？布罗克认为，正是"这种具体的过程和对话，给了领导者机会，使他们能将利益相关者的观点带入组织，让高层领导者变得更具前瞻性"。[53]

未来的新兴愿景

"可持续性意味着什么？"或"可持续性可能意味着什么？"随着人们对这两个问题的理解不断加深，一个长期的、多方利益相关者和社会影响导向型经济的愿景，开始出现了。

在这一愿景中，领先的私人企业、公共组织，在商业生态系统中互相合作，它们一起发明新产品、新服务，其速度之快、规模之大，超过任何一个企业单独行动的战果。这些创新，推动了下一波经济增长，同时解决了我们这个互联世界的主要社会问题和生态问题。更强有力的基础技术设施，使这些商业生态系统能够更快地创新和学习，保持活力，并更加有效地在众多消费者、社区、彼此之间更有效地连接、参与——释放出未开发的资源和资产，以推动可持续的、公平的、创新驱动的增长。

财务和绩效管理方面出现了新的做法和态势。这些做法和态势跟踪并解释了可持续性和商业价值创造之间多样的相互依赖关系，例如共享价值理念，这一理念已被广泛接受并持续使用。在新水平的商业创新和透明度的鼓励下，投资者重新分配资本，为可持续商业融资。消费者将更多的支出用于社会性企业，从而促使每家企业衡量和追求社会影响，鼓励企业家创造创新的解决方案，从而推动企业规模和生产力的突破性增长。

这种新的经济态势，对投资体系的理解和使用是不同的。新经济态势建立了投资体系和价值创造的更高级模式——在这种模式中，是否优先投入、分配资本，不是仅根据财务回报，而是基于既定机制去选择、资助最有希望和最具影响力的创新，这种创新既能带来可持续的经济增长，也能产生社会影响。

作为"价值架构师"、公司与外部投资者和监管机构之间的接口，以及互联世界中业务转型的驱动者，CFO 的作用在不断演变和发展。CFO

这一角色，将使面向未来、具有系统思维的领导者，能够通过论证"如何通过可持续的经济增长和价值创造服务于社会"，而具备变革企业所需的想象力和勇气。

以不同的方式思考

阿尔伯特·爱因斯坦告诉我们，不能用制造问题时的思维方式来解决问题。我们在整本书中都遵循了他的这一建议，试图挑战线性工业模式的传统范式；从设计思维艺术开始，然后转向系统和网络思维。多方利益相关者的价值创造，是企业和财务领导者的另一个重要范式转变。

多方利益相关者的价值创造，为我们提供了一个新框架，可以用来整合本书讨论的不同观点和新思维方式。它不仅是一个新的框架，还是可能有实际突破的战略方案。例如，设计思维可以通过响应多个利益相关者群体的需求，帮助我们找到创造价值的新机会，这些需求结合在一起，可以形成可持续增长和长期价值创造的良性循环。系统思维可以帮助我们应对互联世界的动态复杂性，如，要平衡短期增长目标和长期增长目标，以及要采取更系统、循环的方法解决可持续性问题。网络思维可以帮助我们找到以新的方式进行连接和协作的机会，从而加快知识的创造。知识的创造是推动创新、资源生产力提高和高质量增长的主要因素。

回顾我们对数字成熟度的定义（如本书开头所介绍的）之后，我们得出了另一个重要结论。企业的能力——调整其战略、结构、能力和文化以支持多方利益相关者模型的能力，包括围绕可持续性和社会的所有考虑，代表着数字化成熟度的一个日益重要的方面，因此，也应在所有数字化业务转型中发挥越来越重要的作用。换言之，一家蓬勃发展的公司，若想达到数字化成熟，必须改造其组织，进行这种改造的方式，必须是提高其有效应对快速变化的经济、生态和社会需求的能力。在一个日益由数字网络塑造的互联世界中，这需要有效利用数字技术——例如，创建新的数字商业模式（如协作平台和生态系统），以加快数据交换速度，加快（可持续的）产品创新和开发，提高（资源）生产率和跨组织学习。

如图 14-3 所示，要实施数字化多方利益相关者模型，所需的变革非同小可，这些变革，是公司生存和成功所必需的，同样也是相互关联的经济、生态和社会生态系统所必需的。CFO 不应或者说不能独自承担实现这些变革的责任，但正如本书所讨论的那样，在许多至关重要的领域，财务领导者必须带头推动互联世界的业务转型、绩效和增长。

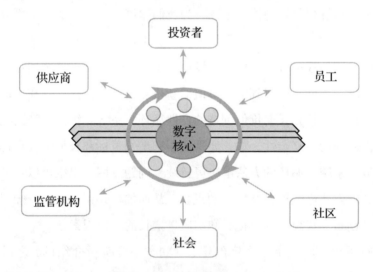

学习、可持续增长和长期价值创造的良性循环。

数据、产品和服务的持续（数字化）交换。

一线团队"遵循多方利益相关者的价值"。

图 14-3　互联世界中的多方利益相关者价值创造（示意图）

注释

1　Friedman, M (1970) A Friedman doctrine: The social responsibility of business is to increase its profits, *The New York Times*, 13 September

2　Business Roundtable (nd) Our Commitment, Business Roundtable

3　Business Roundtable (2019) Business Roundtable redefines the purpose of a corporation to promote 'An Economy that Serves all Americans', Business Roundtable, 19 August

4　Denning, S (2017) Making sense of shareholder value: 'The World's Dumbest Idea', *Forbes*

5　Johnson and Johnson (nd) Our Credo

6　Winston, A (2019) Is the Business Roundtable statement just empty rhetoric? *Harvard Business Review*, 30 August

7　Business Roundtable (2019) Business Roundtable redefines the purpose of a corporation to promote 'An Economy that Serves all Americans', Business Roundtable, 19 August

8　Porter, ME and Kramer, M (2011) Creating shared value, *Harvard Business Review,* January–February

9　Porter, ME, Hills, G, Pfitzer, M, Sonja Patscheke, S and Hawkins, E (nd) *Measuring Shared Value: How to unlock value by linking social and business results*, Harvard Business School

10　Klein, P (2011) Three great examples of shared value in action, *Forbes*

11　IHG (nd) IHG Green Engage™ system

12　Kramer, M (2012) Better ways of doing business: Creating shared value, *The Guardian*

13　Porter, ME and Kramer, MR (2011) Creating shared value, *Harvard Business Review*

14　Bhattacharya, CB (2019) *Small Actions, Big Difference: Leveraging corporate sustainability to drive business and societal value*, p 121, Routledge, Abingdon

15　United Nations (nd) Report of the World Commission on Environment and Development: Our Common Future

16　Deloitte (2019) The Deloitte Global Millennial Survey 2019

17　Nielsen (2015) Our Story, NielsenIQ

18　CGS (2019) CGS Survey reveals 'sustainability' is driving demand and customer loyalty

19 Peters, A (2019) Most millennials would take a pay cut to work at a environmentally responsible company, *Fast Company*

20 Cone (2016) 2016 Cone Communications Millennial Employee Engagement Study

21 Norton Rose Fulbright (2017) A new duty of care for the most significant companies in France

22 United Nations (2019) COP25: Global investors urge countries to meet climate action goals, *UN News*

23 Fink, L (2021) Larry Fink's 2021 letter to CEOs

24 Deloitte (2021) 2021 Climate Check: Business' views on environmental sustainability; Deloitte (nd) Climate check: Business's views on environmental sustainability

25 Deloitte (2021) 2021 Climate Check: Business' views on environmental sustainability; Deloitte (nd) Climate check: Business's views on environmental sustainability

26 Deloitte (2021) 2021 Climate Check: Business' views on environmental sustainability; Deloitte (nd) Climate check: Business's views on environmental sustainability

27 Kerrigan, S and Kulasooriya, D (2020) The sustainability transformation, Deloitte

28 Bhattacharya, CB (2019) *Small Actions, Big Difference: Leveraging corporate sustainability to drive business and societal value,* Routledge, Abingdon

29 Bhattacharya, CB (2020) Taking ownership of a sustainable future, *McKinsey Quarterly*

30 IEA (2020) SDG7: Data and Projections: Access to electricity

31 Hurst, G (2016) Enel: Redefining the value chain. Shared value initiative

32 Bhattacharya, CB (2020) Three CEOs offer lessons on their pursuit of sustainability, *McKinsey Quarterly,* 12 May

33 Enel (2020) Enel's 2030 vision in 2021–2023 Strategic Plan: A decade of opportunities

34 Polman, P (2014) Business, society, and the future of capitalism, *McKinsey Quarterly*, 1 May

35 Polman, P (2014) Business, society, and the future of capitalism, *McKinsey Quarterly*, 1 May

36 Unilever Partner Zone (2013) Unilever's sustainable living plan helps cut cost and drive growth, *The Guardian*, 22 April

37 *FDE* (2016) The navigator – CFO Graeme Pitkethly on the future of Unilever, *FDE*, 5 July

38 Unilever (2020) Unilever celebrates 10 years of the sustainable living plan, Unilever, press release, 6 May

39 Unilever (2018) Unilever CEO announcement: Paul Polman to retire; Alan Jope appointed as successor, press release, 29 November

40 Porter, ME and Kramer, M (2011) Creating shared value, *Harvard Business Review,* January–February

41 World Economic Forum (2020) Measuring stakeholder capitalism: Towards common metrics and consistent reporting of sustainable value creation

42 UNEP, UNEP DTU Partnership (2020) Emissions Gap Report 2020

43 Pielke, R (2019) The world is not going to halve carbon emissions by 2030, so now what?, *Forbes*; Ritchie, H and Roser, M (2017) CO2 and Greenhouse Gas Emissions

44 Raworth, K (2017) *Doughnut Economics: Seven ways to think like a 21st-century economist,* p 182, Random House, London

45 *Financial Times* (2016) Emmanuel Faber, Danone CEO: On the alert for blind spots

46 Economics of Mutuality (2018) Kenyan President expresses support for Project Maua

47 Nestlé (2019) Nestlé inaugurates packaging research institute, first-of-its-kind in the food industry

48 Sustainable Food Policy Alliance (nd) Environmental

49 UN Global Pulse (nd) Big Data and Artificial Intelligence

50 Kerrigan, S and Kulasooriya, D (2020) The sustainability transformation: Look ahead, look inside, and look around, *Deloitte Review*, Issue 27

51 Kerrigan, S and Kulasooriya, D (2020) The sustainability transformation: Look ahead, look inside, and look around, *Deloitte Review*, Issue 27

52 Bhattacharya, CB (2020) Taking ownership of a sustainable future, *McKinsey Quarterly*

53 Bhattacharya, CB (2020) Taking ownership of a sustainable future, *McKinsey Quarterly*

| 第 15 章 |

经济学家视角的总结

主要观点

本书第三部分探讨的经济学家视角，鼓励财务领导者超越组织的边界，将自己和公司视为快速发展、高度网络化、复杂的社会经济体系（我们在本书中将其描述为"互联世界"）中的相互关联的元素之一。

网络思维艺术，有助于财务领导者认识在互联世界中推动业务转型、绩效和增长的几个新方面。第一，价值创造是由组织所属的网络驱动的，而不是由组织本身驱动的。管理艺术，是让公司通过参与网络经济来获取价值。第二，网络效应正变得越来越强大，并产生了新的数字商业模式，特别是数字商业平台和生态系统，它们正在跨行业重塑我们的经济，因此需要新的管理方法、能力和治理模式。第三，现有企业的数字化转型需要加快——新技术能够创建平台和模块化运营模式，其所用的信息和价值流，分布在客户、供应商、合作伙伴甚至竞争对手之间。

互联世界中的领先组织，需要的能力，是充分发展的人类能力——想象力、同理心、创造力、理性、道德，以及对我们所生活的世界的深切同情和责任感。

物质经济的显著增长，与此相关的自然资源的使用，以及排放和污染的增加，已经超出了可持续发展的限度，给我们留下了三种应对方式。[1]第一，忽视所有报警信号，继续推动短期经济增长，希望技术创新能够补偿过往之失，为我们解决问题——这种方案，很可能会使事情变得更糟。[2]第二，强力推行新的规则和界限——这是必要步骤，但不会消除问题的根源。第三，将解决产生问题的根源作为应对措施，即划定一种范式，用来规范我们的经济目标、激励措施和信息流，并推动系统行为。范式，是所有系统的源头，它是我们关于世界如何运作的最深刻的、潜在的和不言而喻的前提与信念。

从约翰内斯·开普勒到阿尔伯特·爱因斯坦，从农业革命到工业革命，每当范式发生转变时，系统都可以从根本上迅速转变。范式比系统中的其他东西都更难改变，但一旦范式发生改变，几乎没有什么能阻止变革的发生。[3]所需要的只是，开始从新的角度思考和看待世界的人足够多，如此而已。为了帮助人们以不同的方式看待世界，最重要的是，我们需要做两件事：第一，我们需要采用、传授新的思维和观察方式；第二，我们需要支持和推动一代领导者，他们愿意并能够创造、执行一个新的未来画卷，在这个画卷里，有一个转型的、可持续的经济、生态和社会体系。

主要发现

- **经济体系正在急剧变化**：我们在 21 世纪开头的 20 年中所经历的，

通常被称为"数字革命",这标志着一场对我们的社会产生重大影响的、根本性的经济变革。数字革命,是由新出现的数字商业模式推动的,这些模式正在最根本的层面上改变我们的经济。在短短几年内,按市值排名的最有价值公司,已由两种数字商业模式主导:数字商业平台和数字商业生态系统。

- **数字商业模式正在重塑经济**:公司正在创建和采用数字赋能、基于网络的商业模式,以利用网络效应,使公司能够在互联经济中加速增长和创造价值。这些模式,包括数字商业平台和数字商业生态系统,不再是数字原生代的独占领域——成熟的公司可以通过自主创建、收购或协作来采用这些新的商业模式。这些数字商业模式,跨越了传统上相互分离的行业,也跨越了国界,正在迅速重塑我们的企业、经济,并潜在重塑我们的社会。

- **数字商业模式的管理不够成熟**:传统企业,就像价值创造管道一样运作——价值贡献以线性方式安排,生产者在一端,消费者在另一端,而数字商业模式将不同类型的生产者和消费者聚集在一起,通过平台和生态系统交换、消耗和创造价值。尽管人们对这些新的数字商业模式充满热情,但这些模式对商业和财务管理的影响,往往没有充分发挥,也不被充分理解,使管理者不清楚如何才能成功地、负责任地创建、加入或管理一个生态系统。

- **数字商业生态系统为社会带来了新的挑战和机遇**:数字商业生态系统将继续存在,并可能进一步发展扩大,给几乎每一个企业以及整个经济和社会带来巨大的破坏,同时也带来新的机遇。每位领导者都必须了解数字生态系统是如何工作的,并积极应对挑战,以确保谨慎和负责地使用这些商业模式所创造的强大动力——不仅是为了获得竞争优势,还是为了加强经济健康,加强社会生态系统健康。

数字商业的力量之大，令人生畏，但是，它也可能提供新的机会，就是以其力量解决重大经济和社会问题。

- **作为共同目标的长期多方利益相关者价值创造**：气候变化、收入不平等等此类全球性问题动摇了公众对商业的信心。尽管许多高管重新阐述了企业宗旨，但人们越来越担心，如果没有更多的集体努力，要解决威胁我们地球的问题，我们还有很长的路要走。一个共同目标是，以长期多方利益相关者价值创造为中心，鼓励企业平衡并整合股东利益与客户、员工和社会利益。采用新的价值理念，如创造共享价值（CSV）的理念，以及采用共同商定的（以可持续性为导向的）绩效指标和报告标准，是实现集体努力的重要步骤。也就是说，企业，尤其是CFO，可以进一步探索可持续性，将其作为价值创造的源泉，从而作为商业战略——比如（数字化）业务转型的关键方面，最终提高数字化成熟度。

实际应用和进一步探索的指导性问题

- **数字商业平台**
  - 就你所在行业而言，新数字商业平台和数字商业生态系统在哪些地方出现，它们对你所处的市场有何影响？
  - 这些数字商业模式在市场上表现如何，尤其是在满足新客户需求方面？
  - 它们与传统商业模式相比有何不同？
- **数字商业生态系统**
  - 创建数字商业平台、生态系统，或与数字商业平台、生态系统合作，你业务中的哪一部分将会适合利用互联经济、网络效应或相关学习经济？

○ 价值创造的关键驱动因素是什么？如何有效管理此类新业务？

○ 从流程、数据和技术的角度来看，会有什么影响？需要对核心能力和基础设施进行哪些投资来支持这种模式的运行？

○ 这些，与你从本书第一部分和第二部分中得到的关键结论，是怎样达成一致的？

○ 采用（或不采用）新的数字商业模式，可能会产生哪些战略和运营风险？

• **共享价值创造和可持续性**

○ 在你的公司，"价值"的主流定义是什么？

○ 该定义在多大程度上反映了多方利益相关者对长期价值创造的期望？

○ 净零和可持续性，对你的价值创造战略有何影响？

○ 你认为，将经济和社会价值创造联系起来的主要取舍考量和 / 或新商业机会是什么？

○ 在利用商业生态系统的力量来产生更大的经济和社会影响方面，你看到了哪些机遇和挑战？

○ 是否有机会将可持续性作为业务转型的驱动因素？

如何开始

数字商业平台和协同系统

制定战略网络分析，通过分析网络连接、位置和发展场景（关于网络创新、增长、供应链优化等），评估增长和价值创造潜力。

多方利益相关者的价值创造和转型

根据多方利益相关者模型评估你当前的业务战略。

识别和评估战略性商业机会和风险（例如，通过分析各利益相关者群体不断变化的需求、期望和偏好），并制定应对策略，以释放和保护长期的多方利益相关者商业价值（见图 15-1）。

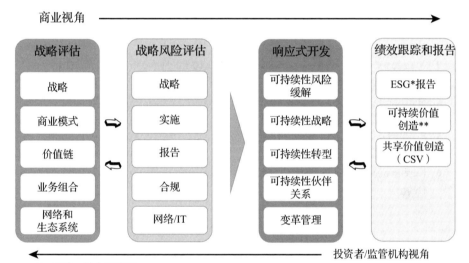

*　环境、社会和治理。

**　例如，发布了可持续价值创造的共同衡量标准和一致报告（世界经济论坛，2020年）。

图 15-1　战略可持续性评估框架（示意图）

建议进一步探究的资源

- *Deloitte Insights* (2020) Digital platform as a growth lever.[4]
- Deloitte University Press (2015) *Business ecosystems come of age*.[5]

- *Deloitte Insights* (2020) The sustainability transformation.[6]

注释

1　Meadows, D, Randers, J and Meadows, D (nd) *Limits to Growth: The 30-year update*, pp 234–36, Chelsea Green Publishing, London

2　Deloitte (nd) Climate scenarios and consumer business: Four futures for a changing sector

3　Meadows, D (1999) Leverage Points: Places to intervene in a system, Sustainability Institute

4　Sharma, D, Schroeck, M, Kwan, A and Seshaadri, V (2020) Digital platform as a growth lever, *Deloitte Insights*

5　Bruun-Jensen, J and Hagel, J (nd) *Business ecosystems come of age*, Deloitte University Press

6　Kerrigan, S and Kulasooriya, D (2020) The sustainability transformation, Deloitte

参 考 文 献

Anthony, SD, Viguerie, SP, Schwartz, EI and van Landeghem, J (2018) 2018 Corporate longevity forecast: Creative destruction is accelerating, *Innosight*, February

Arthur, WB (1996) Increasing returns and the new world of business, *Harvard Business Review*, July–August

Atsmon, Y (2016) How nimble resource allocation can double your company's value, McKinsey & Company, 30 August

Bean, R and Davenport, TH (2019) Companies are failing in their efforts to become data-driven, *Harvard Business Review*, 5 February

Beinhocker, E (2007) *The Origin of Wealth: Evolution, complexity and the radical remaking of economics*, Random House Business, London

Bhattacharya, CB (2020) Three CEOs offer lessons on their pursuit of sustainability, *McKinsey Quarterly*, 12 May

Bughin, J, Catlin, T and Dietz, M (2019) The right digital-platform strategy, *McKinsey Digital*, 7 May

Business Roundtable (2019) Business Roundtable redefines the purpose of a corporation to promote 'An Economy that Serves all Americans', Business Roundtable, 19 August

Business Roundtable (nd) Our Commitment, Business Roundtable

CFO Journal (2017) For CFOs, disruption gives rise to new leadership challenges, *The Wall Street Journal*, 25 October

CIO Journal (2019) Forecasting in a digital world, *The Wall Street Journal*, 8 August

Clancy, T (2018) Systems thinking: Three system archetypes every manager should know, *IEEE Engineering Management Review*, 46 (2), pp 32–41, 1 second quarter, June 2018

Collins, J and Porras, J (2005) *Built to Last: Successful habits of visionary companies,* Random House Business, London

Davenport, TH (2009) Make better decisions, *Harvard Business Review*, November

Davenport, TH (2010) *Analytics at Work: Smarter decisions, better results,* Harvard Business Review Press, Boston, MA

Davenport, TH and Ronaki, R (2018) Artificial intelligence for the real world, *Harvard Business Review*, January–February

Deloitte (2016) Business meets design: Creative changes starts here, Deloitte, June

Deloitte (2018) Robotic roll-outs reap results: 95% of organisations using RPA say the technology has improved productivity, Deloitte, 10 October

Deloitte (2018) Special Edition: European CFO Survey, Spring

Deloitte (2019) Global Human Capital Trends 2019, Deloitte

Deloitte (2020) 2020 Global Human Capital Trends Report: The social enterprise at work, Deloitte

Dickinson, G and Kambil, A (2014) What's keeping CFOs up in 2014?, *CFO Insights*, June

Drucker, P (1992) Planning for Uncertainty, *The Wall Street Journal*, July

Drucker, P (2001) *The Management Challenge for the 21st Century,* HarperBusiness, London

Drucker, P (2006) *The Practice of Management,* Reissue edn, HarperBusiness, London

Drucker, P (2007) *Management Challenges for the 21st Century,* Routledge, Abingdon

Dweck, CS (2006) *Mindset: The new psychology of success,* Random House, New York, NY

Ehrenhalt, S (2016) Crunch time: Finance in a digital world, Deloitte

Elliot, J (2012) *Leading Apple with Steve Jobs*, John Wiley, Chichester

Epstein, R, Witzemann, T and Thomas, M (2020) Shifting gears: How to drive your digital businesses forward with an appropriate steering approach, Deloitte, March

Experience Ford (nd)

FDE (2016) The navigator: CFO Graeme Pitkethly on the future of Unilever, *FDE*, 5 July

Friedman, F (2014) Why CFOs should 'own' analytics, *CFO*, 29 October

Friedman, M (1970) A Friedman doctrine: The social responsibility of business is to increase its profits, *The New York Times*, 13 September

Gilchrist, K (2019) Alibaba Group thwarts 300 million hack attempts per day, CNBC, 16 October

Gurumurthy, R and Schatsky, D (2019) Pivoting to digital maturity: Seven capabilities central to digital transformation, *Deloitte Insights*, 13 March

Hagel, J III (2009) Pursuing passion, Edge Perspectives with John Hagel, 14 November

Hagel, J III and Wooll, M (2019) What is work? *Deloitte Insights*, 28 January

Hagel, J III, Brown, JS and Kulasooriya, D (2012) Performance ecosystems: A decision framework to take performance to the next level, *Deloitte Insights*, 2 January

Hagel, J III, Brown, JS, de Maar, A and Wooll, M (2016) Approaching disruption: Charting a course for new growth and performance at the edge and beyond, *Deloitte Insights*, 5 October

Hagel, J III, Brown, JS, de Maar, A and Wooll, M (2018) Moving from best to better to better, *Deloitte Insights*, 31 January

Hagel, J III, Brown, JS, Ranjan, A and Byler, D (2014) Passion at work: Cultivating worker passion as a cornerstone of talent development, *Deloitte Insights*, 7 October

Hagel, J III, Wooll, M and Brown, JS (2019) Skills change, but capabilities endure: Why fostering human capabilities first might be more important than reskilling in the future of work, *Deloitte Insights*, 30 August

Harvard Business Review Analytic Services (2011) Risk Management at a time of global uncertainty, *Harvard Business Review*

He, L (2018) Alibaba joins Tencent in the exclusive US$ 500 billion market value club, *South China Morning Post*, 25 January

Holley, C (nd) What CEOs want – and need – from their CFOs, Deloitte

Homburg C, Stephan, J and Haupt, M (2005) Risikomanagement unter Nutzung der 'Balanced Scorecard', *Der Betrieb*, 58 (20), pp 1069–075

Horton, R (2014–16) Finance Business Partnering: less than the sum of its parts, Deloitte

Horton, R, Searles, P and Stone, K (2014) Integrated Performance Management: Plan. Budget. Forecast, Deloitte

Iansiti, M and Lakhani, KR (2017) Managing our hub economy, *Harvard Business Review*, September–October

Iansiti, M and Lakhani, KR (2020) Competing in the age of AI, *Harvard Business Review*, January–February

Iansiti, M and Levien, R (2004) Strategy as ecology, *Harvard Business Review*, March

Inside Big Data (2017) The exponential growth of data, *Inside Big Data*, 16 February

Jacobides, MG, Sundararajan, A and Van Alstyne, M (2019) Platforms and ecosystems: Enabling the digital economy, World Economic Forum, February

Kahneman, D (2012) *Thinking Fast and Slow,* Penguin, London

Kambil, A (nd) The value shift: Why CFOs should lead the charge in the digital age, Deloitte

Kane, GC, Palmer, D, Phillips, AN, Kiron, D and Buckley, N (2017) Achieving digital maturity: Adapting your company to a changing world, *MIT Sloan Management Review*, 13 July

Kane, GC, Palmer, D, Phillips, AN, Kiron, D and Buckley, N (2018) Coming of age digitally: Learning, leadership, and legacy, *MIT Sloan Management Review*

Kane, GC, Palmer, D, Phillips, AN, Kiron, D and Buckley, N (2019) Accelerating digital innovation inside and out, *Deloitte Insights,* 4 June

Kane, GC, Palmer, D, Phillips, AN, Kiron, D and Buckley, N (2019) Innovation inside and out: Agile teams, ecosystems, and ethics, *MIT Sloan Management Review*, 4 June

Kiron, D and Shrage, M (2019) Strategy for and with AI, *MIT Sloan Management Review*, 11 June

Kurzweil, R (2001) The law of accelerating returns, Kurzweil Accelerating Intelligence, 7 March

Lafley, AG and Martin, RL (2013) *Playing to Win*, Harvard Business Review Press, Boston, MA

Levy, F (2005) *The New Division of Labor: How computers are creating the next job market*, new edn, Princeton University Press, NJ

Loughrey, C (2017) Minority Report: 6 predictions that came true, 15 years on, *The Independent*, 25 June

Manyika, J (2011) Google's CFO on growth, capital structure, and leadership, McKinsey & Company, 1 August

Martin, R (2009) *The Design of Business: Why design thinking is the next competitive advantage*, Harvard Business Review Press, Boston, MA

Martin, RL (2013) Rethinking the decision factory, *Harvard Business Review*, October

Martin, TJ (1995) Jack Welch lets fly on budgets, bonuses, and buddy boards, *Fortune* (archive), 29 May

McAfee, A and Brynjolfsson, E (2018) *Machine, Platform, Crowd: Harnessing our digital future*, WW Norton & Company, New York, NY

Meadows, DH (2009) *Thinking in Systems: A primer*, Earthscan Ltd, Abingdon

Meejia, J (2018) This simple method is used by Bill Gates, Larry Page and even Bono to tackle their biggest goals, CNBC, 14 August

MIT IDE (2019) Q&A: How AI can lead corporate strategy, *Medium*, 24 June

Munger, M (nd) Division of Labor, The Library of Economics and Liberty

Nadella, S, Shaw, G and Nichols, JT (2019) *Hit Refresh: The quest to rediscover Microsoft's soul and imagine a better future for everyone*, HarperBusiness, London

Nayak, M (2014) Timeline: Microsoft's journey: four decades, three CEOs, Reuters, 4 February

NPR (2012) 'Signal' and 'Noise': Prediction as art and science, *NPR*, 10 October

Parker, GG, Van Alstyne, MW and Choudary, SG (2016) *The Platform Revolution*, WW Norton & Company, London

Pink, DH (2005) *A Whole New Mind: Why right-brainers will rule the future*, Riverhead Books, New York, NY

Polman, P (2014) Business, society, and the future of capitalism, *McKinsey Quarterly*, 1 May

Porter, ME and Kramer, M (2011) Creating shared value, *Harvard Business Review*, January–February

Pudin, U, Reeves, M and Schüssler, M (2019) Do you need a business ecosystem?, *BCG*, 27 September

Puiu, T (2020) Your smartphone is millions of times more powerful than the Apollo 11 guidance computers, *ZME Science*, 11 February

Rae, J (2015) 2014 Design Value Index results and commentary: Good design drives shareholder value, Design Management Institute, May

Redman, TC (2016) Bad data costs the U.S. $3 trillion per year, *Harvard Business Review*, 22 September

Reeves, M (2013) Algorithms can make your organization self-tuning, *Harvard Business Review*, 13 May

Reeves, M, Lotan, H, Legrand, J and Jacobides, MG (2019) How business ecosystems rise (and often fall), *MIT Sloan Management Review*, 30 July

Sarrazin, H and Sikes, J (2013) Competing in a digital world: Four lessons from the software industry, *McKinsey Digital*, 1 February

Schmiedgen, J, Rhinow, H, Köppen, E and Meinel, C (2015) Parts without a whole? The current state of design thinking practice in organizations, Study Report No. 97, Hasso-Plattner-Institut für Softwaresystemtechnik an der Universität Potsdam

Schrage, M (2019) Don't let metric critics undermine your business, *MIT Sloan Management Review*, 23 October

Schwartz, T (2018) Create a growth culture, not a performance-obsessed one, *Harvard Business Review*, 7 March

Senge, PM (1990) *The Fifth Discipline: The art and practice of the learning organization,* Doubleday/Currency, New York, NY

Shaywitz, D (2019) Novartis CEO who wanted to bring tech into pharma now explains why it's so hard, *Forbes*, 16 January

Sheppard, B, London, S and Yeon, H (2018) Tapping into the business value of design, *McKinsey Quarterly*, 21 December (podcast)

Smith, T, Stiller, B, Guszcza, J and Davenport, T (2019) Analytics and AI-driven enterprises thrive in the Age of With, *Deloitte Insights*

Sniderman, B and Brown, JS (2019) Strategic planning: Why you should zoom out and zoom in, Deloitte, May

Straub, R (2019) What management needs to become in an era of ecosystems, *Harvard Business Review*, 5 June

Thier, J (2020) 2020 trends: Rise of the CFO-COO, *CFO Dive*, 26 January

Tveit, M and Olli, L (2015) How exceptional companies create a high-performance culture, EgonZehnder, 10 May

Unilever (2020) Unilever celebrates 10 years of the sustainable living plan, Unilever, 6 May

Unilever Partner Zone (2013) Unilever's sustainable living plan helps cut cost and drive growth, *The Guardian*, 22 April